〈マイノリティ〉の政策実現戦略

SNSと「同性パートナーシップ制度」

横尾俊成

新曜社

ＳＮＳは、その使われ方によっては、為政者の権威性を高める「デジタル権威主義」につながる恐れもある。

しかし、もし、本書で構築したモデルが今後一般化できるとすれば、それは、多数決によって敗北してしまうマイノリティでも、ＳＮＳで自らの権利を主張し、自治体を越えて政策を広げていくことができることを意味する。

はじめに

本書は、「同性パートナーシップ制度」が渋谷区で採用された後、世田谷区を経由して札幌市と港区に政策波及する一連の過程を研究対象とし、社会運動によるSNSの活用で政策が自治体を越えて波及する現象を捉える事例研究をまとめたものである。

今では広く社会に認知されている「同性パートナーシップ制度」とは、同性カップルに対して、その二人のあいだのパートナーシップが婚姻と同等であると認め、地方自治体が独自の証明書等を発行する制度である。渋谷区で最初に条例に定められ、直後に世田谷区で要綱に定められた後に各地に政策波及し、二〇二一年四月一日付の東京新聞によると、同日時点で、全国で一〇〇の自治体で導入されている。港区での導入には、筆者自身も関与した。

この制度の導入はSNSが普及した二〇一〇年代であったが、それまで自治体が運動の影響を受けてLGBTの課題に関する新施策を採用し、各地に波及した例はなかった。そこで現代の運動が一般的に使うSNSが要因の一つとなったと推察した。事例の検証を通じ、SNSが政策波及に果たした役割を解明することが本研究の目的である。少し詳しく述べたい。

「同性パートナーシップ制度」の導入は、SNSが普及した二〇一〇年代に初めて議論され、政策が推進されたものであった。それまで、LGBTの課題について自治体が運動の影響を受けて新施策を採用し、それが各地に波及した例がなかったのは、当事者が顔を出して声をあげて主張をしづらいという

ＬＧＢＴ特有の問題もあったと言われている。そうした中、この時期での制度導入の背景には、現代の運動が一般的に使い、匿名性が確保されたＳＮＳが要因の一つとなったと推察し、一連の過程の検証により、ＳＮＳが政策波及に果たした役割を解明することができると考えた。

また、日本の社会運動はＳＮＳの登場により、その手法が変化している。近年では、ＳＮＳを主戦場として、個人のつぶやきやハッシュタグを活用した運動が盛んにみられ、それが官邸前デモや脱原発の社会運動、あるいは、大学入試改革の中止を求める抗議などに現れている。しかし、その実態に対する分析はあるものの、ＳＮＳが政策過程に与える影響に関する分析は少なく、運動家は手探りで運動を繰り返す状況が続いていた。私自身も研究者であるかたわら、地方議員を三期務め、また過去にはＮＰＯの代表等も務めていたこともあり、現場感覚としても、そのように感じていた。

一方、地方自治体が新施策を採用する際に、どのような要因の影響を受けるのか、そういったことに関する研究は、地方自治の研究においても比較的未開拓の分野となっている。そこで、社会運動によるＳＮＳの活用が政策過程に果たす役割について理論的な検討を行うことには意義があると考えたのである。本書では、ライブ配信やハッシュタグ、リツイートの活用など、さまざまに工夫しながら社会運動が日々活用しているＳＮＳは、政策過程に何かしらの影響を与えているのか、あるいは徒労に終わっているのかを、理論的に明らかにしていく。

次に、本書の構成とそこでの内容について簡単に述べたい。

本研究は、社会運動によるＳＮＳの活用が影響して自治体で新政策が採用され、さらに政策が自治体を越えて波及する現象を捉えようとする学際研究である。そのため、本論ではまず序章で、社会学・社会情報学における近年の社会運動研究と政治学・行政学における自治体の政策過程研究との接点を探った。関連する研究を俯瞰的に参照し、その接点に分析のための視点を得ることを重視した。

ちなみに、本書の鍵となる概念は「フレーミング」である。これは後に詳しく述べるが、先行研究での知見からは、社会運動がSNSを活用する際は、従来の運動が企図するデモ等への動員に加え、フレーミングにより政策推進者の認知を変えることで政策転換を狙えることがわかった。また、フレームがSNSを通じて自治体間に伝播することで政策波及が起きる可能性が示唆された。そこで、各自治体で運動がフレーミングを行ったか、またそれが政策推進者の認知を変えたかを検証し、一連の過程ではSNSによるフレームの伝播に注目することを研究の視点に設定した。

次に、第1章から第4章では、各自治体の政策過程を検討した。SNS分析に加え、運動の意図を調べるために運動家に、SNSでの認知を調べるために首長・議員・官僚に行った聞き取り調査を分析した。結果、一連の過程で「多様性フレーム」が伝播し、賛成論が伝統的な家族観に基づく反対論をSNS上で圧倒していた。そして、自治体内のLGBT当事者や制度への賛同者の可視化が政策推進者の認知形成と保守派議員の反対表明の抑制につながっていたことがわかった。

終章では、事例観察の結果から、政策波及の背景に「フレーム伝播」と呼べる事象があったと結論づけ、モデル化した。運動家が政策推進者とつながりを持たずSNSを活用した運動に依存したこと、また本制度が理念的なものであり首長・議員の認知で進められたことは、研究の発見を限定する。実際、本事例以外で制度を導入した自治体の政策過程を網羅的に概観したところ、他自治体では政策推進者がSNSとは別の要因で課題を認知しており、フレーム伝播は見られなかった。しかし、本研究から、政策推進者や既存の運動体と関係を持たない人でも、ＳＮＳの活用で政策転換と波及を狙える可能性が示された。

本書は、筆者が議員を務めながら、五年かけて大学院に通い、二〇二二年にまとめた博士論文に加筆修正を施したものである。同性パートナーシップ制度がはじめてつくられたのは二〇一六年であるから、事例としては六年が経ってしまったが、それでもここで得られた知見は、研究者のみならず、多くの社会運動家にとってもいまだに参考となる部分が多いと考えられる。

従来、ＳＮＳを活用した運動については、デモなどへの動員効果が説明されていたが、デモというのは、日本では特に、市井の人々にとってはハードルが高いものである。その点、今回、匿名性の高い運動の政策過程への影響を明らかにできたことは意義深いと考える。それは、性的マイノリティにかぎらず、また、運動家にかぎらず、様々な人たちが気軽に自らの主張を発信し、政策を実現させることができるということを意味し、このことは、民主主義の成熟にもつながっていくはずであろう。本書の最後には、近年の本研究の意義や課題について改めてまとめているが、ぜひ、多くの方に本書を手に取ってもらい、理論や実践の場で役立てていただければと考えている。

ＳＮＳは時に、政治にとって諸刃の剣ともなる。近年では、ロシアや中国をはじめとするさまざまな国で国家によりＳＮＳの情報が操作され、フェイクニュースが意図的に流されて為政者の権威性を高めようとする動きがみられ、「デジタル権威主義」の危険性が叫ばれている。そのような今こそ、私たちはＳＮＳと民主主義について、もう一度、より深く議論する必要がある。本書がそうした議論の端緒になることを期待したい。

《目次》

〈マイノリティ〉の政策実現戦略

SNSと「同性パートナーシップ制度」

序章

本研究は、「同性パートナーシップ制度」が渋谷区で採用された後、世田谷区を経由して札幌市と港区に政策波及する一連の過程を研究対象とし、社会運動によるSNSの活用で、政策が自治体を越えて波及する現象を捉える事例研究である。

同性パートナーシップ制度、すなわち、同性カップルに対して、その二人のあいだのパートナーシップが婚姻と同等であると認め、自治体独自の証明書等を発行する制度は、渋谷区で条例に定められ、直後に世田谷区で要綱に定められた後は、様々な自治体に政策波及し、二〇二一年四月現在、全国で一〇〇の自治体で導入されている。証明書等の発行を要綱で定める「世田谷方式」は宝塚市、伊賀市、那覇市、札幌市、福岡市などの自治体へ波及し、条例で定める「渋谷方式」は豊島区で導入されたほか、港区に波及することが確実になっているのだ。

ＬＧＢＴが抱える課題を解消するための革新的な施策が各地で導入されるようになったのは、同性パートナーシップ制度がはじまった二〇一五年春以降（服部 2017）とされているが、それまで導入が進まなかったのには、次のような理由がある。第一に、地方自治体や地方議会は、典型的には自民党の議員やその支持基盤に象徴されるように、地域の町会・自治会、商店会、PTAなど古くからある組織の支えによってつくられる小さな世界であったためである。自治体の施策は、そうした組織とのやり取りの中で生まれ、一般にサラリーマンや働く女性、外国人などのマイノリティの声はあまり反映されてこなかった（片岡 2003）。

第二に、自治体において新政策が検討される際、そこに議題を載せるには、ある程度まとまった規模の要望とそれに対する明示的な支持が寄せられ、政策推進者がそれを認知することが必要である（山田 2016）ためである。一般に、LGBT当事者は[1]、自己のプライバシーを犠牲にして存在を公にしなければ、行政に意見を伝えることができない（Richardson 2000）。また、性的少数者の人権について語ることは、それが性に関わることであるために困難が伴う（小澤 2015）。そのため、当事者は政府に要望を届けづらく、LGBTによる運動にしても、当事者を対象とした学習会や相談窓口の開設などの活動が中心であり（堀川 2016a）、運動家が自らの顔を出し、自治体に抗議することは少なかった。したがって、日本の自治体が運動の影響を受けてLGBTに関する新施策を採用し、それが他の自治体に政策波及したことはなかったのである[2]。

同性パートナーシップ制度の採用と波及は、自治体にとっての転換点といえるが、制度が導入された二〇一五年当時は、SNSが広く一般に普及した二〇一〇年代であった（高谷 2017）ことから、筆者は、政策転換が起きた要因の一つに、匿名性の高いSNSを活用した社会運動のアプローチがあったと推察した。そして、制度を導入した自治体の政策過程を探ったところ、終章で詳述するが、渋谷区から世田谷区を経由し、札幌市と港区に政策波及する一連の過程があり、当該自治体の政策過程においてのみ、運動の意図を明確に持ったＳＮＳでの投稿をみることができた。

そこで本研究では、一連の過程を、ＳＮＳが政策波及に果たした役割に焦点を当てて分析することとした。これにより、政策過程に影響を与える諸要因の中で、社会運動によるＳＮＳの活用がどのような役割を果たしたのか、また、実際に起きた政策波及にはＳＮＳが活用される以前の運動とは異なるいかなる要因が作用したのかについて明らかにできると考えたからである。次節では、本研究を行うに至った背景と目的を、事例選択の観点から改めて記す。

第1節　本研究の背景と目的

本稿研究は、以下のような理由で、同性パートナーシップ制度が採用され波及する、渋谷区から港区にかけての一連の政策過程に注目した。社会学・社会情報学における近年の社会運動研究の側面、政治学・行政学における自治体の政策過程研究の側面から記述する。

まず、日本の社会運動は、ＳＮＳの登場に伴いその手法が変わりつつあるが、運動が与える影響について十分な研究の蓄積がなく、一連の政策過程からそれを明らかにできると考えたためである。「官邸前デモ」や「脱原発運動」を挙げるまでもなく、現代の社会運動には従来のような組織的な動員や特定のリーダーの存在が認めらない（小熊 2012）。代わりに、ＳＮＳを主戦場として、個人のつぶやきやハッシュタグ等を活用した運動が行われている。そうした状況を捉え、伊藤昌亮（2012）は、ソーシャルメディアはデモの計画局面における集合的企画の場や、発信局面における集合的表現の場で積極的に活用され、効果を上げているとする。また、小熊英二（2016）は、SNSは特定の問題に強い関心を持ってはいるが、地域や職場では少数派であり、地理的に拡散している人々の間にゆるやかにつながるネットワークを形成し、人々をデモなどに動員することに役立つという。だが、こうした運動の実態に関する研究はあるものの、SNSが政策過程に与える影響に関する分析は少なく、政策過程に議題を載せるため、運動家は手探りで運動を繰り返している状況であった。

二〇二〇年五月には、検察官の定年延長を可能にする「検察庁法改正案」に反対する個人がTwitter上に「#検察庁法改正案に抗議します」というハッシュタグをつけた投稿をすると、それが次々と拡散された。結果的に、首相は法案の採決を見送らざるを得なくなったのであるが、マスメディアの報道等もある中で、この投稿により政治がどのような影響を受けたのかについての解明もまた、待たれるところである。

一方、地方自治体が新施策を採用する際に、どのような要因の影響を受けるのかに関する研究は、自治体の政策過程研究においても比較的未開拓の分野であり、伊藤修一郎による都道府県および市町村レベルの政策波及に関する実証研究まで、研究はあまり蓄積されてこなかった（片岡 2003）。また、伊藤の研究にしても、行政主導で行われた政策を対象とした結果、住民による直接請求や議員立法など、政治部門が主導権を握って行う新政策の採用、すなわち政策転換やその波及の研究は、視野の外に置かれていた（片岡 2003）。だが近年では、例えば住民投票条例の制定過程において、地方議員や住民運動が重要な役割を担ったことを明らかにする研究等も出てきている（秋葉 2001）。社会運動によるSNSの活用が政策過程に果たす役割について理論的な検討を行うことは、意義あることである。

したがって、本稿では、同性パートナーシップ制度が採用され、波及する一連の政策過程に注目した。特にLGBTに関する政策については、先述した通り、これまで日本の自治体が社会運動を受けて新政策を採用し、さらにそれが複数の自治体に政策波及した事例は少なく、ここで起きた政策波及には、匿名性に加え、地理的に拡散している人々をゆるやかにつなげ、世論をつくるSNSの特性が働いていると推察された。社会運動によるSNSの活用がみられた特異値である本事例の政策過程を記述することで、現代の運動の特異性とそれが実際の政治に与える影響を捉えることができると考えたのである。

本研究の目的は、社会運動によるSNSの活用が自治体の政策波及に果たした役割を事例により検証することである。本事例において、もし社会運動によるSNSの活用が自治体における新政策の採用と波及の一助となっていたのであれば、その意義は大きい。なぜならそれは、組織を持たない個人のSNS上での行動が政治的な意味を持ち得ることを示すのと同時に、今後既存の政治体系に包摂されていない住民がSNSという手段で、身近な自治体を起点に広く社会に影響を与える可能性を示唆するからである。

第2節　先行研究の整理

次に行うのは、先行研究の整理である。本節では、社会学・社会情報学における近年の社会運動研究と政治学・行政学における自治体の政策過程研究を概観し、その接点に分析の視点を得る。本研究は、社会運動によるＳＮＳの活用で政策が自治体を越えて波及する現象を捉えようとする学際研究である。政策波及の際の社会運動組織、および行政の内部における対立や合意といったミクロな動きではなく、自治体を越えて広がるＳＮＳの動きの総体に注目している。したがって、ここでは関連する研究のそれぞれに深く立ち入るのではなく、諸研究を俯瞰的に参照した上で、そこからＳＮＳを分析する際の視点を得ることとしたい。

はじめに参照するのは、近年の社会運動研究である。まず、「2-1-①　現代の社会運動の特徴」の項では、従来の運動とＳＮＳを活用することが一般的となった現代の運動との違いに注目する。後述するが、社会運動がＳＮＳを活用する際は、従来の運動が企図するデモ等への「動員」に加え、「フレーミング」により政策推進者の認知を変えることで、政策転換を狙える可能性があることがわかっている。そのため、次に、「2-1-②　フレーミング理論」の項において、フレーミングに関する理論を参照する。また、「2-1-③　フレーミングの成否と政治的機会構造」の項では、フレーミングが影響を与える際の前提条件についての知見を得る。

一方、運動が接続する先としての自治体の政策過程研究においては、後述の通り、政策推進者に新たな認知が形成されることによる政策転換が、政治闘争の勝敗によるそれとは別の類型として位置づけられている。そのため、「2-2-①　自治体の政策転換」の項でまず、Campbell（1992=1995）による「政策転換の四類型」を参照し、その類型の中で、特に政策推進者の認知が関わっているとされる「認知型」・「政治型」の政策転換とフレーミングとの接続を検討する。併せて、「2-2-②　首長・議員・官僚の行動原理」では自治体の首長と議員、官僚（本稿ではこれらを片岡（2003）にならい、政策推進者と呼ぶ）の行動原理、また、「2−2−③議会における意思決定過程」では議会の合意形成について整理し、彼らの政策転換への動機を探る。本事例では政策波及に注目していることから、最後に、「2−1−④政策波及モデル」で、自治体で採用された新政策が他自治体に波及する際の、官僚による「相互参照」を中心とした従来のモデルを参照し、そこに社会運動によるＳＮＳの活用が関与する余地を探る。

【2−1】社会運動に関する先行研究

【2−1−①】現代の社会運動の特徴

まず、ＳＮＳを活用することが一般的となった現代の運動の特徴を明らかにする。一般に「社会構造や価値観の変化の促進または阻止といった社会的な目標のために、ゆるやかに組織化された持続的なキャンペーン」（Killian et al. 2020）などと定義されている社会運動であるが、これを社会現象として客観的に捉えようという試みは一九五〇年代にはじまって以来、様々な変遷を遂げてきた。

初期の研究においては主に社会構造上の要因から社会運動の発生が説明され、資本主義社会の生む階級対立から労働者による運動の発生を説明する「マルクス主義理論」、また、個々人が群衆という集合的な場の中に入ることにより、そこでの不安や不満が積み重なり、全体としては不合理な行動となってあらわれるとする「集合行動論」などが代表的なものであった（大石 1998）。しかし、七〇年代になると、McCarthy と Zald によって、運動は必ずしも人々の不満から生じるのではなく、組織が活動するために必要な資金やネットワークなどの資源を得た時に生まれるものであるという説明がなされ、「資源動員論」が唱えられた。彼らは、社会運動を集団による合理的な行動と捉え、運動は「資源の調達や管理、敵手との関係といった点を重視する」（樋口 2004: 102）とした。そして、目標とする変革のために、運動体がどういった資源を動員し、どのような組織で、いかなる戦略で相手と闘うのかに注目した。集合行動論が依拠し、孤立した個人を社会運動の担い手とする「崩壊モデル」に対して、資源動員論は既存の集団や社会に統合されている個人を重視したのである。個人の運動参加に対する説明として、不満や不安といったプッシュ要因ではなく、運動組織からの勧誘というプル要因を中心的な変数に据えたのが、資源動員論だともいえる（樋口 1999）。いずれにせよ、社会運動は、それを行う運動組織の存在と不可分のものとして捉えられていた。

だが、生産の効率化を図るべく、政治や社会、宗教といった分野で様々に組織化が進められた産業社会が過ぎ、脱産業社会やポスト・モダニズムが唱えられる時代になると、組織による運動という考え方に変化が起きはじめた。そして、トゥレーヌらが提唱し、非官僚制的でゆるやかなネットワーク組織、直接民主主義的な活動原則などを指向する「新しい社会運動」が生まれた。「新しい社会運動」では、主に先進国で従来の社会運動では周辺的とみられた課題が焦点化し、運動の中心をなすようになった状況の中で、女性解放運動、環境運動、反原発・反核運動などとともに民族的なマイノリティによる解放運動やゲイ・レズビアンなどの性的マイノリティの運動などに注目が集まるようになった（小倉 2002）。

インターネットが普及すると、組織による運動という考え方を否定する傾向はさらに強まり、オンライン署名サイトやオンラインボイコット、電子メールなどは為政者への個々人からの直接抗議を促進し、もはやオフラインにおいて集団で行う抗議の必然性はなくなってきている（Bennett and Fielding 1999; Earl 2010）とされた。インターネットは伝統的な集団行動の障壁を下げたのであり（Shirky 2011）、インターネットを活用した社会運動は、抗議活動の創造、組織化、参加にかかるコストの大幅削減、また、ともに活動する運動家がデモなどで空間を共有する必要性の減少をもたらした（Earl and Kimport 2011）。さらに、塩原勉によると、近年の社会運動はそこからさらに進み、組織に依存せず、むしろ組織を否定して、個人たちが自発的に横に結合するネットワーキングという形をとって展開することに特徴があるという（塩原 2017）。こうした特徴を生み出したものの一つが、SNSという新たなコミュニケーションツールである。

ソーシャルメディア、さらには具体的なサービスを指すSNS自体には明確な定義がなく、それらは、一般消費者が自ら参加し発言することでつくられるメディアの総称（武田 2011: 7-8）、またユーザーとユーザーがつながって、双方向に情報を提供したり、編集したりするネット上のサービス（津田 2012: 24）などとされている。高谷邦彦（2017）は、「ソーシャル」という単語を日本語に置き換える際は、従来の「社会的」という言葉よりも、「つながり」という言葉が適切であるとし、ソーシャルメディアを、特に見知らぬ人々との出会いとつながりを生み出す「つながりのメディア」と呼んでいる。さらに、SNSは旧来のインターネットメディアに比べ、人々に与える影響が大きいとする指摘もある。なぜなら、FacebookやTwitterでは自ら興味があるアカウントのみをフォローしているため、そこから影響を受けやすい。また、こうしたプッシュ型のメディアによって従来は能動的にウェブを見なければ得られなかった情報が受動的に得られるようになり、情報接触機会が大幅に増加したからである（鳥海・榊 2016）。

実際、二〇一〇〜二〇一一年のチュニジアにおけるジャスミン革命や、エジプトのムバラク長期政権の打倒に向けた民衆蜂起などの際に、SNSは組織に所属しない個人をネット上でつなげ、ネット世論を喚起して人々のオンラインとオフラインでの行動を促すためのツールとなった。近年の民主化運動や抗議活動にこうしたSNSの特徴があらわれたことは、多くの論文で指摘されている（五野井2012；庄司2012など）。SNSを活用することが一般的となった現代の社会運動には、地理的に拡散している人々をSNS上でつなげ、ネット世論を喚起することで、人々の行動を促すという一面があるといえる。

なお、そのような特徴を持つ現代の社会運動の政策過程への具体的な影響について研究したものをみると、いくつかの研究において、人々をデモなどに動員する「動員」に加え、人々に認知の枠組みを与える「フレーミング」が政策過程に果たす役割が強調されていることがわかる。例えば、DeLucaら（2012）は、オキュパイ・ウォールストリート運動におけるフレーム形成を時系列に沿って記述する中で、以前は伝統的なマスメディアが世界の境界と歴史の物語を決定することができたが、今はその機能がソーシャルメディアにあり、SNSはネット上に新たな文脈を生み出すことで政治を動かすことができるとしている。また、Twitter上での言説を計量社会学的な見地から分析したPapacharissi（2016）は、エジプト革命やオキュパイ・ウォールストリート運動の過程で様々なTwitterのハッシュタグが生まれ、人々の感情を呼び起こしたこと、またそれらが長い時間をかけて広まり、人々に共通の感覚をつくったことを明らかにしている。同様に、二〇一三年にウクライナで起きた欧州連合協定の調印棚上げに対する抗議運動「ユーロマイダン」では、Facebook上の計量分析によって、多くのフレームが生まれ、それらが相互に影響し合い政府の決定に影響を与えた可能性が指摘されている（Surzhko-Harned and Zahuranec 2017）。

しかし、これらの研究は事例におけるフレームの形成過程に重きが置かれており、何をもってフレーミングが成功したといえるのか、どのような時にフレーミングが成功するのか、また、フレーミングにより人々の認知が変化し、企図したネット世論を形成することがなぜ政策転換につながるのかについて分析したものではない。フレーミングの成否の判断基準、フレーミングが成功する際の前提条件、および、フレーミングと政策転換との関係を明らかにした上で、社会運動によるSNSの活用が政策波及に果たす役割を明らかにする必要がある。

【2-1-②】フレーミング理論

ここで改めてフレーミングを定義しておこう。Snowらによれば、フレームとは「個人がその生活空間や社会全体の中で起きたことを位置づけ、認識し、特定し、ラベルづけすることを可能にする解釈スキーム」(Snow et al. 1986: 464)であり、フレーミングとは意味の構成(meaning construction)を指し、具体的には、フレームの創造や展開を意味する。これは、潜在的な支持者や構成員を動員し、傍観者の支持を獲得し、さらに敵対者の動員解体を意図して行われる、関連する出来事や状態を枠づけ、意味づけ、解釈する運動組織の試みの総体である(Benford and Snow 2000)。フレーミングとは、人々が物事を解釈する際の認知の枠組みを変える、もしくはつくる行為だといえる。

Snowらによれば、運動体は、次のような「フレーム調整(frame alignment)」のプロセスによって人々の解釈スキームをつくり、社会変化を起こそうとするという。そのプロセスとは、以下の四つの過程の総合である。すなわち、(1)イデオロギー的には適合するが構造的にはつながっていない二つかそれ以上のフレームをつなぎ、問題意識がない人々が理解するための枠組みを与える「フレームブリッジ（frame bridging）」、（2）特定の問題や事象に関する解釈フレームを明確化し、活性化する「フレーム増幅（frame amplification）」、（3）支持基盤の拡大のため、理解の枠組みを拡張する「フレーム拡張（frame extension）」、（4）対象者の既存の認識の枠組みを変える「フレーム変換（frame transformation）」である（Snow et al. 1986）。上記を達成するために、運動は、個人と運動組織の解釈志向をつなげ、個人の関心・価値・信念と社会運動の活動・目標・イデオロギーを一致させ、相補的にするフレーム調整を行うことが必要である（西城戸 2003）。そのためには、争うべき問題の状況に適切な意味付けをし、多くの人が運動の主張に賛同しやすくするための問題の解釈の枠組みを設定することが求められる。Melucci（1996）は、社会運動は、「支配的な文化コード」を批判的に解読し、それとは異なるコードを公共圏に届けることで成果をあげるとしているが、人々がフレームを運動家の企図した通りに解釈したり、それに沿った言説や世論が形成されたりした時、フレーミングは成功したといえる。

成功事例の研究も進んでいる。例えば、長谷川公一（1999）は、新潟県巻町で行われた運動体によるフレーミングに注目し、運動体が草の根的な自己決定の希求を鮮やかにフレーミングしたことが、有利な世論をつくるのに重要であったと指摘している。また、西城戸誠（2003）は、札幌市・江別市における環境運動の事例を挙げ、指導者側の運動体が投企するフレームに受け手の「文化的基盤」の一致がみられれば、大衆は抗議活動に参加するという説明図式の可能性を論じた。杉並区の女性団体の会議室から自然発生的に開始された原水爆禁止運動も同様である。この運動では、既存の「平和運動＝感情的な反戦・反米運動」との認識を避け、ヒューマニズムに基づいた社会運動という認識を人々に周知することで社会的正統性の獲得を狙おうとした戦術、また、水爆禁止の課題のみに集中するシングル・イッシュー化戦略などで誰もが賛同しやすい解釈の枠組みをつくったことが、運動成功の鍵であったと指摘されている（小林 2013）。

なお、Lenz（2018）は、東南アジア諸国連合、南米共同市場、南部アフリカ開発共同体といった異なる地域組織がある時期に共通の市場と関税同盟を採択したプロセスを挙げ、フレーム論者はその内因的な起源ばかりに注目していると批判した。そして、フレームが時に国際的な起源をもち、つくられた言説が組織や分野を越えて広がる可能性があるという事実を明らかにした。また、Jenness（1995）は、実際にゲイ／レズビアン運動が女性解放運動からフレームを輸入した事実を持ち出し、運動はゲイやレズビアンに対する暴力が女性に対する暴力と同様のものと位置付けることで、新たな世論を形成したとしている。本稿も同様に、フレームの外因的な起源に注意を払う。さらに、ＳＮＳという手段によりフレームが地理的に拡散した人々に広がり、運動家の企図するネット世論が自治体内に、また自治体という単位を越えて広範囲にわたりつくられやすくなっているであろうことを、事例によって明らかにする。

事例の分析にあたっては、ＳＮＳにおいてそれぞれのユーザーが持つ力の平等性にも注意を向ける必要がある。かつて、Katz と Lazarsfeld（1955）は「コミュニケーションの二段階の流れ仮説」において、様々な情報はまずマスメディアからオピニオンリーダーへと流れ、さらに、オピニオンリーダーからより能動性の低い人に流れるという説を提起した。同様に、Twitter においても、フォロワー数が多いユーザーは「インフルエンサー」と呼ばれ、ＳＮＳ上での世論形成に一定の力をもっていると言われる。例えば、Hong ら（2011）は、Twitter でのリツイート（ＲＴ）の拡散要因は、元のツイートをした人のフォロワー数であるとする。

しかし、近年では、個人間の双方向の情報伝達の活発化によって生まれた、従来のオピニオンリーダーの概念では説明できないリーダー像にも注目されている（池田2008）。例えば、Metaxasら（2014）は、リツイートには投稿内容が重要であり、誰のツイートであるかは関係ないとする。Twitterには、ハッシュタグといった、キーワードを用いてより多くの人の注目を集めようとする仕組みもある。投稿内容によっては、フォロワーの少ない個人のつぶやきであっても、そこに多数のリツイートがなされる場合があるし、時にそれが重なり炎上することもある。また、一般ユーザーがフレームをつくり、インフルエンサーが後追いすることで、情報拡散が行われることもある。すなわち、SNS上では、情報拡散の際にインフルエンサーが一般ユーザーより優位であることには変わりがないが、両者の間には、「コミュニケーションの二段階の流れ仮説」で示されたような完全な主従関係があるわけではない。LGBT等のマイノリティであっても、彼らのコミュニティを越え、フレームを自治体の内外に拡散させる力を持ち得るのである。

【2-1-③】フレーミングの成否と政治的機会構造

前項ではフレーミング理論を参照し、フレーミングの成否の判断基準や、フレーミングがコミュニティを越えて拡散していく可能性について明らかにした。一方、フレーミングは、運動家が企図すれば必ず成功するというものではなく、それが影響を与える場合の前提条件がある。これを明らかにするには、政治的機会構造論を参照する必要がある。社会運動論において、政治的機会構造論は、動員構造論やフレーミング理論と並び、主流をなす理論として評価されている（McAdam 1996）。これは運動の外的環境、特に政治的環境に着目する理論であり、運動の発生、成否、行為形態など様々な側面を説明する際に用いられてきた。政治的機会構造論は、政治がどのような状態にある時に運動が効果を発揮するのかを解明するものであり、資源動員論等が相対的に看過してきた運動と政治の関連に注目し、政治環境が運動に及ぼすインパクトや運動が政治に与える影響を分析するアプローチの一つとなっている。Tarrowは、政治的機会構造論は、「なぜ運動が当局やエリートに対する急激な、しかし一時的な影響力を獲得し、そして運動による優れた努力にもかかわらず、それを失ってしまうのかを理解するうえで有効であり、また、動員が深い不満や強力な資源を持つ人々から、全く異なった状況におかれた人々に、いかに伝播するのかを説明する時にも役立つ」（Tarrow 1994: 85-86）とする。

政治的機会構造には運動を促進する、もしくは制約するすべての環境要因が規定されるともいわれる（Gamson and Meyer 1996）が、主には、国家機構の集権化の程度、政党構造、利益集団と政府との関係、政策推進者間の連携の程度、政権交代や政策変動の度合いといった制度的な側面、また、国家や社会の伝統的な考え方、特定のイシューに関する考え方、イデオロギーといった文化的な側面がある。このうち、フレーミングが有効に作用するのは、文化的側面に対してである。政治的討論や社会闘争において、特定のイシューにフレームが与えられる仕方は、その国家や共同体の中で培われてきた政治的伝統や文化に依存するというが（Joppke 1993）、運動側からすれば、ここに集合行為を行う余地がある。

McAdamは、「もっとも政治的な機会として擁護できる構造的変動や権力変化のような要因は、それらの変動が解釈され、フレーミングされる集合的過程と混同されてはならない。この二つを分離して

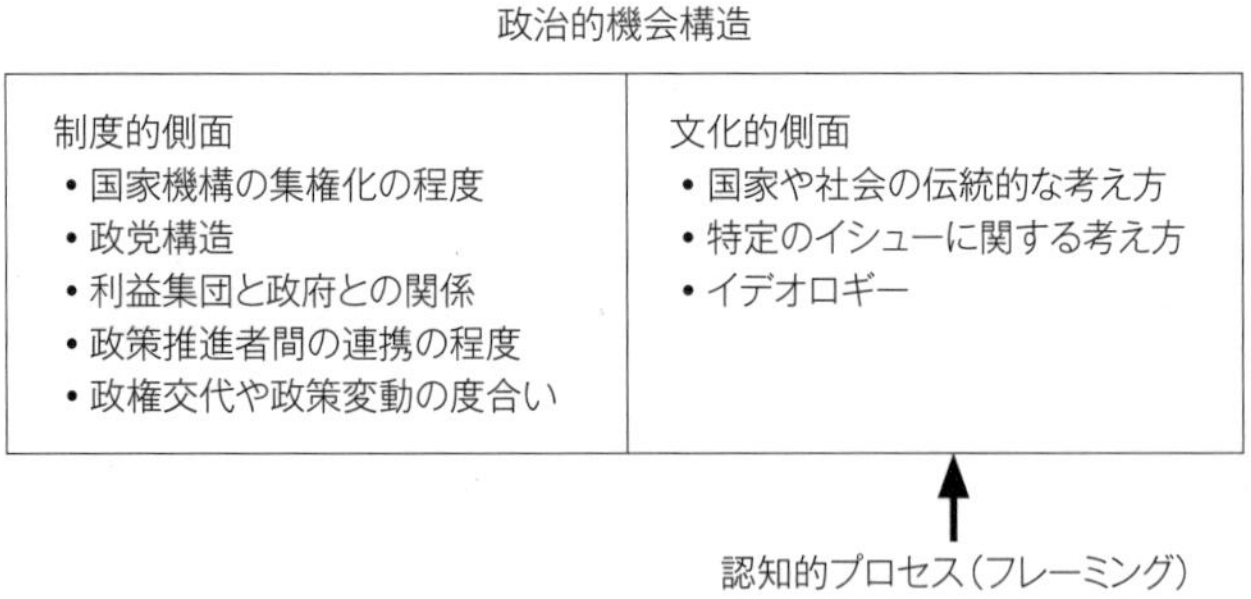

政治的機会構造
制度的側面
・国家機構の集権化の程度
・政党構造
・利益集団と政府との関係
・政策推進者間の連携の程度
・政権交代や政策変動の度合い
文化的側面
・国家や社会の伝統的な考え方
・特定のイシューに関する考え方
・イデオロギー
認知的プロセス(フレーミング)

図 1　政治的機会構造とフレーミング
(Gamson and Meyer (1996) による政治的機会構造の分類に従い筆者作成)

扱うのは、政治的機会の概念的正確さを保つためだけではなく、二つの興味深い現象を見分けるためである。すなわち、一つは集合行為にとって明らかに有利な政治的変動があるにもかかわらず、集合行為を促す解釈が行われないケースで、もう一つは、挑戦者集団の権力関係に大した変化がないにもかかわらず、集合行為が起こるケースである」(McAdam 1996: 26)という。

社会運動を捉える際には、政治的機会とそれを解釈する個人や集団の認知的プロセスの両面を考えることが必要であるという指摘であり、このことは、フレーミングが、**図1**の通り、特定のイシューに関する考え方などを表す政治的機会構造の文化的側面に接続し得るということを示唆する。なお、成ら(2003)によると、政治的機会の文化的側面の中にも、相対的に恒常的で漸次的にしか変化しないものと、変化しやすいものとがあるという。前者の代表が政治文化であり、意識的、もしくは無意識的に人々の政治活動を規定し、政治制度の機能に重大な影響を与える。後者が特定のイシューに対する態度であり、政治体、運動体、メディア等による相互作用により変容する。

成ら(2003)は、こうした政治的機会構造の文化的側面に注目し、個人や集団によるフレーミングが効果的に作用する前提条件として、二つのケースを想定する。

一つ目は、ある問題状況に対し共通の不備や危機意識が形成されていないため、個人的ネットワークや組織による伝達手段を通じて、個人間および集団間に共通のフレームを形成しなければならない場合である。二つ目は、個人や集団が共通の不備や危機意識を持ってはいるが、その不備を表出し利害や目標を追求する制度的チャンネルや組織的基盤を持たない場合である。前者の場合は、特定の出来事や社会状況を変化が必要なものとして診断する「診断的フレーミング」、もしくは、診断された問題の解決策を提示し、それに到達する道筋を示す「予言的フレーミング」が相対的な有効性を持つ。一方、後者の場合は特に、人々に問題状況や事態を改善するための行為に参加するように呼びかける「動機的フレーミング」が重要である（Snow and Benford 1988）。価値観がはっきりと定まっていない、もしくは特定の利害が存在しない場合は、フレーミングが効果を発揮しやすいということであり、逆に言えば、特定のイシューに対し、集団間の利害の対立等の結果、既に一定の価値観が定まり、固定化してしまっているケースでは、フレーミングは作用しづらいであろう。

本研究で取り上げるテーマについて補足すれば、一九七〇年代から大規模社会調査を行い、データを収集してきた欧米とは異なり、日本におけるLGBTに関する実証研究は、二〇〇〇年代に入ってようやくはじまっている（中 2021）。高年齢層も含めた意識調査については、同性パートナーシップ制度ができる二〇一五年まで、「日本版総合的社会調査」や「世界価値観調査」以外ではほとんど行われていなかった。そのため、LGBTに関するイシューについて、人々の価値観の「初期値」は判別しづらい。なお、「世界価値観調査」において、日本人の同性愛に対する寛容度は一九九〇年代以降、徐々に

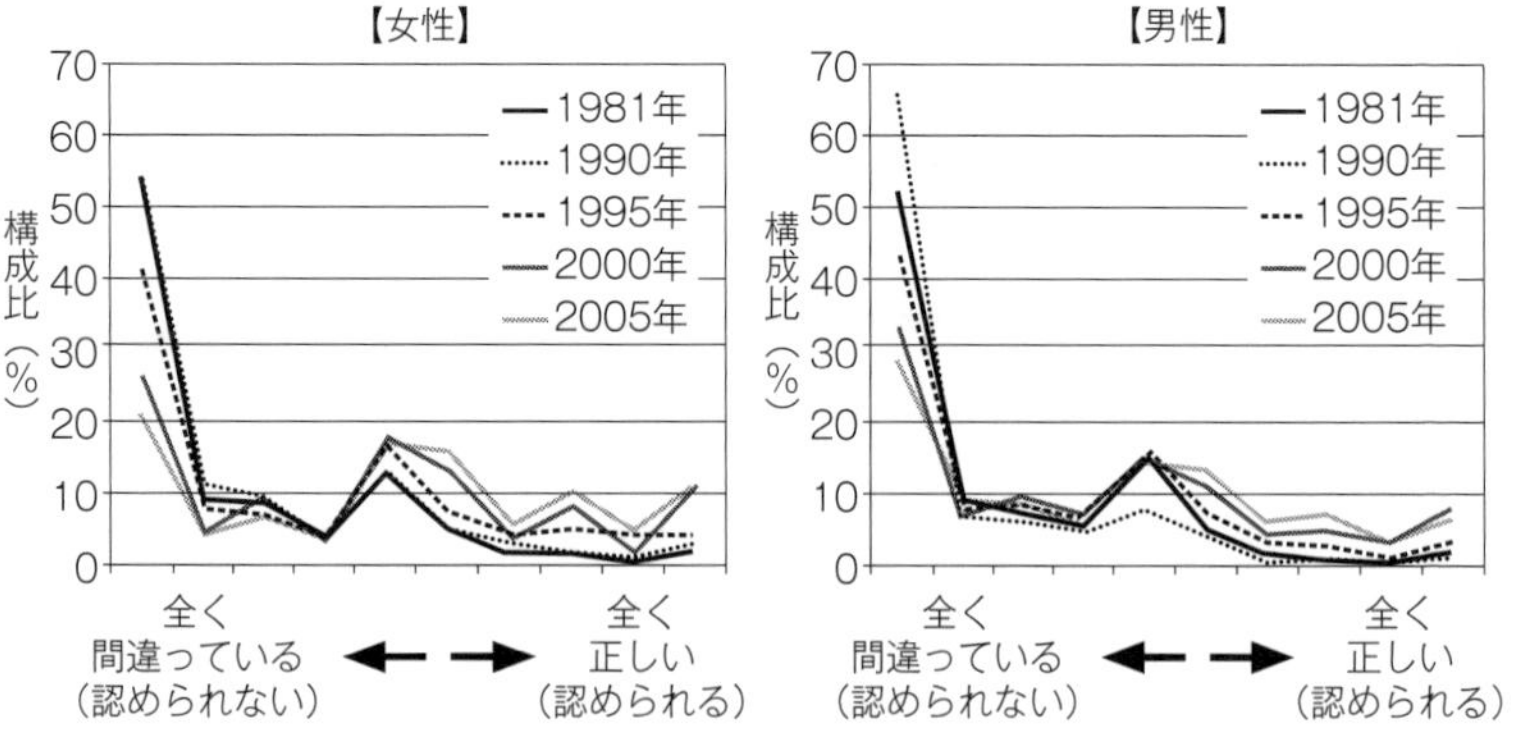

図2 日本人の同性愛に対する寛容度
（「世界価値観調査」日本データに基づき石原（2012）が作成）

高まってきている。二〇〇五年時点では、同性愛について「全く間違っている（認められない）」とする人の割合は、当初の50パーセント超から20パーセント程度に減少していることから、すでに人々の価値観の変容が一定程度起きていたといえる。ただ、この時点では、「全く間違っている（認められない）」を1、「全く正しい（認められる）」を10とした10段階の数値の平均点が4・77となっていて、寛容性の分布は右に裾をひいた分散が極めて大きいパターンを示していた（正規分布ではない）ことから（図2）、人々の価値観は、いまだ寛容から不寛容まで幅広く分布しており、はっきり定まっていなかったとも捉えられる（石原 2012）。

また、「日本版総合的社会調査」では、同性愛について「悪い」と考える人は、二〇〇一年時点で55・1パーセント、二〇〇八年時点では54・1パーセントであり、55パーセント前後を推移していた（宍戸・岩井 2010）。これらの数字は、第1章に記す、社会運動がなされる前段階におけるTwitter上での「同性パートナーシップ制度」への賛成／中立／反対の分布にも近い。二〇一五年時点では、ＬＧＢＴに対する価値観は中立的、もしくははっきりと定まってはおらず、つまりはフレーミングが政策過程に影響を与える前提条件が整っていたといえよう。

【2-2】自治体の政策過程に関する先行研究

【2-2-①】自治体の政策転換

ここまでに、ＳＮＳを活用することが一般的となった現代の社会運動の特徴を整理し、さらにフレーミングの成否の判断基準、および成功する際の前提条件を明らかにした。そして、社会運動によるＳＮＳの活用がフレーミングによって人々の認知を変え、運動家の企図するネット世論をつくる可能性を検討した。次は、社会運動によるＳＮＳの活用が影響を与える先としての自治体の政策過程に関する研究である。運動がフレーミングに成功し、運動家が企図したネット世論をつくることが、なぜ自治体の政策過程に影響を与えるのかを明らかにする。本研究では自治体の政策転換を扱っているため、まず自治体で政策が選択され、決定される仕組みについてみていきたい。

政策の選択や決定に関する研究においては、「官僚が解決するべき課題が何であるかを確定し、それを解決する複数の選択肢を検討した後、特定のものを政策として採択し、最後にそれを実施する」ことにより政策が決まるという「合理モデル」や「組織過程モデル」、それに「組織内政治モデル」が示され（真渕 2000）、そこに様々な批判が加えられては、新たなモデルが提示されてきた。Cohen ら（1972）が提唱した「ゴミ箱モデル」は、「人はまず問題を定義し、その後可能な代替的な解決案を列挙し、そ

表１　政策転換の４類型（Campbell（1992=1995）による整理）

		アイデアの関与	
		あり	なし
エネルギーの関与	あり	政治型	偶然型
	なし	認知型	慣性型

れらを評価し、最も良い解決策を選択するといった論理的な手順に従うわけではない」として、現実社会でどのように政策が選択される機会が訪れ、または消滅するのかを示した。また、Kingdon（1984）は、社会には「選択機会」、「参加者」、「問題」、「解決策」の四つの流れが独立に存在し、それらが政策の協議の場などに絶えず現れたり、消えたりしている。そして、それらが偶然の出来事によって結合した時、「政策の窓」が開いて政策が選択されるのだとしている。

一方、Campbellは、社会の様々な問題や解決策は真空状態の中で進展したり、出会ったりするものではなく、それらは、「目標、選好、規範、信念、理論、思考様式など、ある特定の政策転換のストーリーが始まる前から存在している、広い意味での『アイディア』の影響を受けている」（Campbell 1992=1995: 42）とし、そこに主体性をもった参加者が異なる利益を追求して参入し、エネルギーを投入する時、政策の選択機会が訪れるとする。そのような前提に立ち、政府が新政策を採用する際のパターンを整理したのが、表１に示した「政策転換の四類型」である。ここでは、実際に起こった事柄、あるいは論理的に生起することが期待される事柄にエネルギーとアイディアのどちらが関わっているか、両方か、もしくはどちらも関わっていないのかが検討され、分類される。エネルギーとは、参加者が異なる利益を追求して注ぐ力、またアイディアとは、目標や選好、信念など「こうしよう」という意思や認識のことである。

詳細な説明は省くが、Campbellは日本の高齢者政策の政策転換の分析を試みた際、年代と施策によってこれら四つの型が現れたと説明している。エネルギーの関与はあるがアイディアの関与はない「偶然型」は文字通り偶然の要素が強く、エネルギーの関与もアイディアの関与もない「慣性型」は、長年の社会習慣や制度に従い、あらかじめ計算された通りに動く。よって、運動の政策過程への影響を考える際、探るべきは、エネルギーの関与もアイディアの関与もある「政治型」とエネルギーの関与はないがアイディアの関与はある「認知型」の二つの政策転換のパターンであり、どちらにもアイディアが関与している。Campbellによれば、「政治型」は、（1）参加者が複数であり、（2）参加者の各々が争点に関して異なる利益を追求し、かつ（3）政策が参加者の間の紛争の結果として説明される状態、すなわち、特定のイシューをめぐって、首長・議員・官僚といった参加者の間で闘争と妥協が繰り返される状態である。一方の「認知型」は、技術的、官僚的な意思決定であり、重要な問題が合理的に選ばれ、一定の基準に従って最善の解決策が講じられる状態である。

なお、Campbellによると、「認知型」は必ずしも合意を前提とせず、見解の相違や判断の違いが説得等によって解消される場合も含まれるという。したがって、「認知型」には、特定のイシューに関して一方が必ずしも同意はしていないが、説得によって納得する場合、また、政治的な対立を避けるため一方が反対を表明しない、もしくは取りやめる場合も含まれると解釈できる。Campbellの四類型はあくまでも理念型であって、現実的にはこのように「政治型」が収束して「認知型」に移行するケースも出てくるであろう。Campbellの言うアイディアとは、換言すれば、人々の現実認識や世界観のことである。これは、解釈の枠組みであるフレームと密接に関係がある。したがって、自治体における政策過程において、運動によるSNSの活用がフレーミングにより人々の認知の枠組みを変え、つくられたネット世論が政策推進者の認知に影響し、彼らの妥協や合意、説得を促す要因の一つとなった事実を確認できれば、運動が政策過程に影響を与えたということを示すことができる。

【2-2-②】首長・議員・官僚の行動原理

次に概観するべきは、自治体を構成する政策推進者の間でどのように妥協や合意、説得が行われ、最終的に政策が決定されるかである。伊藤修一郎によると、自治体の政策決定に影響を与えるものは、大きく「外的要因」と「内的要因」に分類され、「内的要因」は、さらに「社会経済要因」と「政治要因」に分けられるという（伊藤 2002）。このうち、「外的要因」には、国の提供する補助や制裁による誘導、他自治体の動向などがある。また、「内的要因」のうち、「社会経済要因」は人口規模、地域の豊かさ、都市化の度合い、教育水準などを指し、「政治要因」は首長の所属政党や政策上の選好、議会の勢力バランス、それらに影響される官僚の行動、それに利益団体の行動などを指す。このうち、運動が影響を及ぼし得るのは、「政治要因」のうち、首長と議員、官僚である。彼らは、どのような行動原理により政策推進に動くのであろうか。

まずは、首長についてである。伊藤（2002）によると、自治体における影響力構造の研究では、首長が自治体の政策決定に与える影響力は、他のアクターに比べて群を抜いて高く評価されているという。地方自治研究資料センター（1979a）の調査によれば、調査対象となったほとんど全ての自治体において、またどの政策分野においても首長の影響力が抜きん出ている。なお、同様の結果は、小林良彰ら

（1987）による自治体職員へのアンケート調査等にも示されている。黒田展之（1984）は、首長が一般的に主導的であることとの背景に、制度および地方議会の歴史的性格（執行機関の優位）、行政機能の拡大、行政の専門化・複雑化の三つがあると指摘している。

では、首長はどのような要因により政策を決定するのか。それには首長の党派性と経歴を考慮に入れる必要がある。「革新自治体論」では、首長の党派性が政策出力を決定づけるという議論がなされ、経歴については、中央省庁出身の首長は国とのネットワークで情報がいち早く入り、新政策の採用の可能性が高い傾向があるとしている（高寄 1981）。

一方、山本と渡辺（2001）によれば、自治体の首長は政治的基盤をもとに「自民型」と「非自民型」に分類できるという。「自民型」は自民党の公認または推薦を受けて選挙に当選するなど、自民党との結びつきが強い首長であり、他党との相乗りであっても自民党の支持があればこの型に含まれる。自民型の首長は業界団体等の保守系支持者を自らの支持基盤とし、選挙の際の動員の見返りとして、自民党代議士とのパイプ役となって陳情に出向いたり、地域での政策決定において便宜を図ったりする。他方、「非自民型」は自民党の支持を受けていない首長であり、政党の支持を受けない無党派の首長もこの型に含まれるという。さらに、山本と渡辺は以下のように指摘する。「非自民型の首長の場合は利益政治に組み込まれていない。また、大半の期間において国政を支配している自民党政権とは協調的ではなく、むしろそのアンチ・テーゼとしての存在意義がある。議会などにおいても自民党系の政治アクターとは協調関係にないので、自治体政権の安定的な運営は支持率に大きく依存する。したがって、一般市民の利益に見合う政策がとられるし、その要求も比較的受け入れられやすいと考えられる」（山本・渡辺 2001: 152）。一般に、「非自民型」の首長の方が住民からの要求を受けて政策を決定しやすいといえる。

次は、議員についてである。日本の地方自治研究では、「地方議会無能力論」が根強い。地方議会の議員を指して、特権意識と閉鎖性および行政職員への依存体質を指摘するものもあるし（松下 1999）、議会は首長のための御用機関であるとの批判もある（五十嵐・小川 1995）。また、佐々木（2009: 16, 19）は、「地方議会には、首長と並んで住民の代表機関として民意を的確に吸収し、また自治体を監視・牽制する役割がある」としながらも、現実は、「様々なルートを通じて住民と向き合い、対話を深めているのは首長である」として、議会の役割の低下を指摘している。

しかし、これらとは逆の結論を導くものもある。村松岐夫らは、「多くの地方自治の教科書が描き忘れてきたのは、直接に住民から選ばれる首長を中心に地方自治体が多くの政策革新を行ってきたこと、また地方議会の権限が条例制定権や予算承認権によって、首長側の提案に対して大きな影響を与えてきたこと、そして対中央との関係でも、首長や議員、すなわち地方政治家たちは、地元の利益を中央に伝えるために大きな政治的役割を果たしてきた、ということである」（村松・北山 2010: 2）という。また、首長の影響力が圧倒的だとはいえ、議会も首長に次ぐ影響力を持つ存在であるという主張もあるし（小林ら 1987; 酒井 1999）、個別の自治体を見た場合には、議会の影響力が首長のそれを凌駕することもあるとも指摘されている（地方自治研究資料センター 1982）。特に、議員による議会での質問は、行政側の原案または次の原案作成に強い影響を及ぼすという（橋本 1984; 酒井 1999）。

村松ら（1986）によれば、首長はその負わされた責務からいって、地域全体に関する合理的な政策を提示することが求められる。そのため、地域社会を分裂させるような問題が生じた場合には、コミュニティの合意は首長裁断によっては得られず、議会審議や住民投票が必要になる。こうしたことを踏まえつつ、地方議会の影響力が強いという前提に立ってはじめて、地方議会の本来的機能（代表機能や共同体維持機能）の評価が正しくできるという。また、黒田（1984）によれば、議員は問題提起や発議の段階では優位な立場にあるという。首長などと比べて、議員は少ない票数で当選することができるため、住民と密度の濃い接触をすることができ、それを通じて住民の要求、苦情に接し、政策についての問題の所在を知る機会が多い。そして、議員はそのようにして把握した問題点を、議会を通じて直接、政策課題として提起することができるのだという。

では、議員にはどのような行動原理があるのか。合理的選択論を用いた議員研究からは、各々の議員は、（1）再選、（2）昇進、（3）理想とする政策の実現という三つの目標をもち、それらの目標を達成するために合目的的かつ戦略的に行動するとの仮定が置かれる。そして、他の目標に対して再選目標が優先され、それが彼らの行動を決定づけるとされている（建林 2004）。落選すれば、そもそも議員としての地位を失ってしまい、昇進も理想とする政策の実現も困難になる。加えて、ポスト獲得や理想とする政策の実現のためには、議員としての実績や名声を積み上げる必要があり、そのためには当選を重ねる必要があるからである（坂本 2019）。議員は、議会内での昇進や理想とする政策の実現を多少犠牲にしても、再選のための行動をとるということである。

また、西澤由隆（2012）は、一般に野心を持つ候補者は、当該選挙で当選するだけでなく、選挙戦を通じて支持者の拡大を目指し、得票の最大化を図るという。そもそも選挙は予測が難しく落選のリスクが常に伴うから、可能な限りの得票をしておきたいという心理がいずれの候補者にも働く。そのため、彼らは一般に、固定的な支持基盤の動向を第一に考えるが、加えて得票の可能性のある新たな層を常に探している。彼らは、選挙運動の前後に世論を追跡し、調査し、キャンペーンのコミュニケーションを開発し、その影響を評価するための戦略を立てる「ポリティカルマーケティング」を行っている（Kavanagh 1996）。議員はあらゆる方法で有権者の抱える悩みや要望を分析し、最新の世論の動向を探ろうとしているのである。理念によって政策を導出し、支持を募るという政策・合意形成の流れとは異なり、世論が重視しているテーマや共感を集めやすい人物像をマーケティングにより特定し、それをもとにみずからの公約や政策をつくり上げることもある（吉田 2011）。

坂田利康（2018）は、こうした中、SNSを利用した新しいポリティカルマーケティングが既に地方議員レベルでも行われていることを明らかにした[3]。地方議員は、都市化に伴い、地盤であった地域共同体が解体されたこと、また、選挙で当選するために必要な票数が人口増に従い増加したことから、後援会の結成等により新たな票の獲得を模索してきた（村松・伊藤 1986）。平成の大合併がそうした傾向に拍車をかけ（高野 2009）、地方議員がさらなる票の上積みに迫られているという現状を踏まえても、彼らが自治体内の潜在的な支持者の獲得を目指し、SNSを駆使することには合理的な理由がある。

上記のような議員の行動原理はすなわち、運動にとっては、特に運動が実現したい政策と議員の理念や理想が異なる場合、その政策に賛同する多くの有権者、すなわち、潜在的な支持者の存在をSNSを通じて可視化することが、政策実現に向けた戦略の一つとなり得ることを示す。地方議員を含め、議員は得票の最大化を図るため、議会内での昇進や理想とする政策の実現よりも支持者（潜在的支持者を含む）の多くが希望する政策を取り入れることもあるし、時にSNSをポリティカルマーケティングのために活用し、結果として、有権者からの支持がより見込まれる政策を採用し得るのである。

最後に、政策を進める官僚についてである。官僚が新政策を採用する際の判断に影響を受けるのは、次の二つの要因にある。まず、首長の判断である。行政のヒエラルキーのトップに存する首長の権限は強く、官僚は重要な政策決定の際、首長の政策上の選好を考慮し、時に直接その判断を仰ぐ（片岡2003）。次に、「不確実性」であろう。新たな政策課題に対処しようとする場合、地方自治体における政策決定者は高い不確実性に直面する。その政策によってもたらされる結果を予測し、評価した上で意思決定をするが、当然、起こりうるすべての事態を予測できるわけではない（March and Olsen 1989）。新政策が必ずしも問題を解決するとは限らないし、とった政策により思わぬ副作用が生じるかもしれない。そのため、一般に官僚は新政策を採用することを躊躇する。一方、何かしらの理由で導入しようとした新政策が、ひとたび抵抗勢力の反対にあって政治問題化してしまうと、官僚の意向や合理的な判断とは関係なく、政治側にその決定が委ねられてしまう。そのため、官僚はこうした状況に陥らないよう、できるだけ政治闘争を回避し、首長や議員からの介入を防ごうとする。その際、官僚は、首長や議員を説得するべく、当該地域の住民の声を持ち出して、自らの政策判断について実務と手続き面での正当性を強調しようとすることがある（片岡2003）。

他方、一度一つの自治体が新政策を採用してしまえば、別の自治体の官僚にとっては、政策がもたらす結果の予測や評価に関する「技術的不確実性」が低くなる。そのため、新政策は採用されやすくなる。また、さらに政策波及が起こり、制度を採用する自治体が増えていけば、次第に国もその流れに反対することが難しくなる。よって、官僚にとっては、国の政策が自分たちのものと異なる「対外的不確実性」を回避することができる（伊藤 2002）。さらに、田尾雅夫（1990）の研究からは、自治体の課長や係長は、企業に比べてより一層、行動の準拠を外部に求め、政治的配慮を重視するということもわかっている。

以上からみえてくるのは、一般に「自民型」の首長である自治体では新政策は採用されづらいが、住民の声を背景に政策課題が認知されれば、首長にも議員にも、それを受け入れる余地があるということである。また、官僚は、住民の声や他自治体の動向により不確実性が低減されれば、新政策の採用への動機が生まれるということである。すなわち、新政策に賛成する住民の存在が可視化され、あるいは、賛成世論が形成されて首長・議員・官僚の政策課題への認知がつくられれば、政策推進者の間で妥協や合意、説得が行われ、政策の推進に動く可能性があるのである。運動にとっては、SNS等を通じて議員らの所属する自治体内に困っている当事者の存在を示すこと、また、それを解決する新政策への賛同者が多くいることを政策推進者に示すことが、政策転換を図る際の一つの方法といえそうである。

なお、同性パートナーシップ制度が各自治体で導入され始めた二〇一五年当時の状況を振り返れば、二〇一三年のネット選挙の解禁前後から、二〇一三年の参議院議員選挙、そして二〇一五年の統一地方選挙等を見据え、自民党を中心に政治家がネット上のコミュニケーションや露出、存在感の獲得に力を入れるようになっていた。そして、首長や議員といった政治部門は、ポリティカルマーケティングにより、SNS上の有権者のコミュニケーション分析を積極的にしはじめていた（西田 2016）。また、特に東日本大震災以降は、Twitter や Facebook といったSNSが自治体や協働をはかる人々のプラットフォームとしても活用されはじめており（庄司 2013）、官僚にとっても、そこに寄せられる意見には注意を払っていたと考えられる。田中辰雄・山口真一による『ネット炎上の研究』が二〇一六年に出版され、炎上参加者はネットの利用者のわずか0・5パーセントだったことが発表されると、同年七月二十六日の朝日新聞のオピニオン面（「SNSとメディア　作られた炎上、『世論』に」）をはじめ、主要各紙が取り上げて話題となった。しかし、二〇一五年当時はそうした事実が広く認識されていたとは言えず、自治体の政策推進者は、SNS上の意見に必要以上に敏感になっていた可能性もある。

【2-2-③】議会における意思決定過程

ここまでに、運動がアプローチできる先として、首長・議員・官僚の三つをみてきたが、議員の所属する議会内には一般に主張の異なる政党や会派が存在し、必ずしも一枚岩で行動するとは限らない。そのため、運動の議員への影響を考える時、議会内部での意思決定プロセスも参照しておく必要がある。

議会は議員の集団である「会派」を単位として運営されている。そして、議会における政治は、個別の議員による行政への働きかけなど、議員個人の活動に加えて、議員立法への努力や住民による請願・陳情の採択に向けた努力、議会審議における行政側への質問や議案審議をめぐる、会派単位での意思決定や会派同士の駆け引きなどによって行われている（片岡 2003）。政党に所属していても、無所属でも、議会内では会派をつくる。それは、議員たちが追求する目的を達成する上で有利だからである。議員の目標としては、再選、政策の実現、昇進の三つがあり、会派を組織することにより、これら三つの実現が容易となる（Aldrich 1995）。特に、政策の実現に関しては、組織化することで多数派の形成ができること、また、政策立案に必要な情報や知識を得られること、さらに、首長と安定的な関係を築くことで自分たちの意向に沿った政策を得られやすくなることが利点となるという。その反面、議員が自分自身の考えに合わない政策であっても、組織としての決定に同意しなければならない欠点がある。

なお、地方議会では政党所属化が進行し、都道府県及び政令指定都市では90パーセント前後の政党化率で推移しているが（依田 1995）、村松と伊藤（1986）は、議会内の決定に際し、会派の行動様式、対立の頻度との調整方法、議会と行政の関連等の要因の中で、所属政党が最も強い説明力をもつという。基本的に政党のまとまりをベースに会派がつくられている地方議会では、政党の影響は大きく[4]、政党による決定が、地方議会の動向を左右するとも言える。

総務省によれば、国で長年政権与党となっている自民党は、平成三十年十二月三十一日現在で全都道府県議会議員の47・3パーセントを占めており、二番目に多く、同じく政権与党を構成する公明党の7・2パーセントを圧倒的に上回っている（総務省 2019）。したがって、地方議会においても自民党の影響力は大きく、自民党本部が地方議会における自民党の行動を一定程度拘束していることを考え合わせると、自民党、および公明党が多数を握っている地方議会からは、国が実施していない新政策を自律的に打ち出す可能性は低いと思われる。また、地方の少数政党がいくら新政策を望んでも採用の可能性は低いように思える。しかし、多党化の進行等の理由により、現実は必ずしもそうとはいえない（伊藤 2002）。日本の地方議会は一般に保守政党が支配しているが、特に大都市圏の都道府県議会、政令指定都市などの大都市の市議会、そして東京都特別区議会においては、保守の減少という形で、多党化が進行している（村松・伊藤 1986）。さらに、平成の大合併は、自民党の運動を長年にわたって支えてきた地方議員、すなわち監視と動員の担い手の数を減らし、自民党候補者に大きな打撃を与えたとする見方もある（斉藤 2010）。

小熊英二によれば、二〇一二年以降の国政選挙において自民党と公明党を合わせた「保守」の総得票数は全有権者数の三割弱、左派から中道の野党による「リベラル」の総得票数は約二割、棄権はおおむね五割弱で推移してきたという。また、保守連合に批判的で、かつ民主党への期待の落ち込みなどから非リベラルとなった人たちの受け皿であるみんなの党、維新の党、希望の党は、常に合計で一割程度、票を獲得しているとする。もし、この一割、または棄権している無党派層が「保守」か「リベラル」のブロックに投票すれば、二大ブロックのバランスを崩す変動は起こしうる（小熊 2018）。そのような中、依田博（1995）は、自民党の集票力の低下とそれに伴う多党化議会における勢力の拮抗が、地方議会において自民党の他党への政策面での協力に向かわせているという。すなわち、議会構成において自民党や公明党が多数を占めていたとしても、ネットを含む自治体内の世論の動向に、またそれらを基礎とした運動に、議会や議員の意思決定が影響を受けることは十分あり得るのである。

【2-2-④】政策波及モデル

本研究は、制度が渋谷区で採用され、世田谷区でその派生型が採用された後、それが札幌市などに次々と波及していった現象を捉えるものである。そこで最後にみるべきは、ある自治体において採用された新政策が自治体に波及する際のモデルと、そこに社会運動によるＳＮＳの活用が関与する余地についてである。

地方自治体は政策実施上、実質的な自律性を持ってきたと唱える村松（1988）は、自治体の政策波及の研究は、長らく行政部門のみに着目し制度的要因を重視し過ぎてきたとして、従来の通説的見解を「垂直的行政統制モデル」と呼び、その視野の狭さを指摘した。そして、自治体が主に政治部門を通じて中央のリソースを奪い合っている状況、またその際、各自治体が自己の競争相手とする自治体の施策水準に遅れをとらないようにし、時にそれを追い越そうとする現象を観察し、「水平的政治競争モデル」を提唱した。さらに村松は、国に権限や財源が集中する一方、自治体には情報と人員が存在する状況を背景にして、中央政府と自治体の間には、互いの持つ資源に依存し合って行政の活動を遂行する相互依存関係があるとするTarrow（1977）の「相互依存モデル」を日本の地方自治体に当てはめた。このモデルは、「垂直的行政統制モデル」と「水平的政治競争モデル」をサブ・モデルとして統合したものだと理解されている（笠 1990）。

一方、伊藤は、自治体への政策波及と中央政府による介入の効果を同時に分析するモデルを提唱し、これを「動的相互依存モデル」と名付けた（伊藤 2002）。政策波及においてはまず、地域の政策課題に直面したいくつかの自治体が新政策の検討を開始し、相互参照を通じて他自治体の動向を把握しつつ、その採用に踏み切る。さらに、相互参照によって後に続く自治体が増加する。採用自治体の増加はマスメディアなどを通じて国における議題設定を促し、結果として国が同種の政策を採用する。これを契機に自治体の横並び競争がはじまり、採用自治体が急増するのだという。伊藤によれば、官僚は他自治体の動向に関する情報を得、自らの自治体のみが政策を採用し孤立する「対外的不確実性」等のリスクが減少すると、新政策を採用する可能性が高まるという。また、伊藤は調査で、（1）新政策を早期に採用した「革新的採用者」にあたる自治体では、首長の関与が鍵となっていたこと、（2）国の介入が早い段階で行われた政策においても、国に先行した自治体では首長のリーダーシップが際立っていたこと、さらに、(３) その後の政策波及においては、官僚による相互参照が際立つことを明らかにした(伊藤 2002)。

政府や自治体組織の視点から議論を展開している伊藤の「動的相互依存モデル」は、日本の地方自治体における政策波及のダイナミックスを見事にとらえたものである。しかし、これはあくまでも、官僚による相互参照という行政内部の行為にフォーカスを当てたものであり、近年、時に全国で同時多発的に行われるＳＮＳを活用した運動が自治体間への波及過程にどのように影響するのか、また首長や議員、官僚はそれにどう反応するのかについては考慮されていない。

そのような中、社会運動によるＳＮＳの活用について、ここまで得た知見から理論的に予測できるのは、運動のネットワークによる政策波及である。すなわち、一つの自治体で新政策を採用させることに成功した運動家が、さらに他自治体に政策波及させる意図を持ち、ＳＮＳを使いフレームを拡散することで、運動家同士による相互参照が行われるケースである。一つの運動によりつくられたフレームは、ＳＮＳの活用によって「フレーム調整」のプロセスのうちのフレーム増幅がされるとより明確化され、自治体を越えて他に共有されやすくなるであろう。それを別の自治体の運動家が受信し、受信した側の運動家によって自らの自治体内でフレームブリッジが行われると、運動家のフォロワーによって運動が拡散的に引き起こされネット世論が喚起される。それによって、首長・議員・官僚の認知が進み、最終的に政治闘争がなくなると、最後に官僚による自治体を越えた相互参照が行われ、政策波及が行われるのではないか。

自治体とは、一連の政治的行動や法制などによって構成される一つの「場（champ）」（Bourdieu 1977）である。そして、政策波及の際には、上記の通り、社会運動によるＳＮＳの活用によって個々の自治体という「場」を越えてフレームが横断し、フレーム増幅とフレームブリッジの組み合わせからなる現象が発生することが理論的に予測できる。だが、自治体間で行われる横並びの「相互参照」によって行われる政策波及には、一般に社会運動や政治的なインプットが考慮されていない。そこで本稿では、社会運動によるＳＮＳの活用によって引き起こされる政策波及を「フレーム伝播（propagation）」と呼んで論を進めたい。自治体を一つの「場」とみなすから、その内部で起きることは「伝播」としない。なお、ここでフレームが自治体という場を越えて広がっていく現象をフレームの波及と呼ばず、あえて伝播としているのは、「波及（diffusion）」が、影響が波のように広がっていくことを指すのに対し、「伝播（propagation）」には、主に文化人類学で用いられるところの、二つの集団ないし文化が接触したとき、一方から他方へ文化要素が移ることという意味が含まれているからである。物事に対する解釈の枠組みであるフレームは文化の要素を含んでおり、それは自治体という場を越えて広がる可能性がある。

第3節　研究の視点と学術的貢献

本研究は、社会運動によるＳＮＳの活用で政策が自治体を越えて波及する現象を捉える学際研究である。そのため、ここまでに、本テーマと関連する社会学・社会情報学の社会運動研究、および社会運動が影響を与える先としての政治学・行政学の自治体における政策過程研究の先行研究を参照し、その接点を探った。

社会運動に関する先行研究については、まず従来の運動と現代の運動の違いについて明らかにした上で、社会運動によるSNSの活用がフレーミングによって人々の認知を変え、運動家の企図するネット世論をつくる可能性に注目した。そして、政策過程研究では、社会運動の成果の一つとしての政策転換に関するモデルにあたり、政治闘争だけではなく、政策推進者の認知を形成することによる政策転換のあり方を示した。また、政策転換を担う首長と議員、官僚の行動原理や議会での意思決定について整理し、SNSを活用した運動が、自治体内における新政策への賛同者の存在を示すことで政策推進者の認知を変え、政策の推進に影響を与え得ることを示した。さらに、従来は官僚による相互参照ばかりが注目されていた政策波及に社会運動によるSNSの活用が介在し得ることを示した。その際、フレームが自治体という場を越えて広がる「フレーム伝播」が起きる可能性を示した。先行研究で得た知見は、次のようにまとめられる。すなわち、「社会運動がSNSを活用する際は、従来の運動が企図するデモ等への動員に加え、フレーミングにより世論を形成して自治体内の新政策への賛同者の存在を示し、政策推進者の認知を変えることで政策転換を狙うことができる。さらに、運動家が意図して運動を広げようとすれば、フレームが自治体を越えて伝播し、結果として政策波及が起きる可能性がある」。

第1章からは事例の検討に入るが、上記のような知見をもとに、渋谷区、世田谷区、札幌市、港区の各自治体における同性パートナーシップ制度の導入過程においては、（1）運動がフレーミングを行ったか、（2）フレーミングが首長・議員・官僚の新たな認知をつくり出すことに役立ったか、を検証することとした。また、政策波及の検証には、SNSによるフレーム伝播に注目することを研究の視点に設定した。

なお、本研究では伊藤修一郎（2002）とは異なり、以下のような理由で、官僚よりも首長や議員といった政治部門の認知形成に焦点をあてる。その理由は、（1）本研究で分析する「同性パートナーシップ制度」は、伊藤が「動的相互依存モデル」で分析の対象とした情報公開条例や景観条例のように必ずしも詳細な制度設計や予算措置が必要なものではなく、主に政治部門で進められる、理念的なものであるからである。また、（2）情報公開条例については、従来、情報が「原則非公開」とされていたものを「原則公開」に一八〇度転換するものであり、景観条例は自由な建築行為や経済活動が重視されていた時代からの転換を求めるものであった一方、本制度は行政手続きの重要な変更を求めるものではなく、立法上の制約は政治側にあった。そのため、本制度では、官僚が制度設計の際に生じる「対外的不確実性」等のリスクを減少させるために政策過程の初期段階で積極的に相互参照を行ったり、表立って反対したりする必要性は少なかった。

本制度は理念的なものであるがゆえに、首長の決断に加え、特に首長と議会の間に対立関係がある場合には、保守派議員に反対表明を抑制させることが成立の鍵となっていた。したがって、時に議会内での昇進や理想とする政策の実現よりも再選を優先し、ポリティカルマーケティングを行う議員に対して、政策に賛同する有権者を可視化することが、運動にとって有効な戦略の一つとなっていた。このことは、官僚が政策の推進に動いていたのにもかかわらず、保守派議員の反対で新政策の採用に失敗した丸亀市の事例からもわかる。本書終章で詳述するが、丸亀市では、議員の提案を受けて職員が制度設計を行ったパートナーシップ制度が二〇一八年二月の市議会総務委員会で審議された際、保守派議員が当事者の存在を示す論拠がないといった理由で反対したのである（ユリア 2019）。このとき、SNSで市内の当事者が可視化されていれば事態は変わっていたかもしれない。そこで本稿の検証においては、官僚よりも政治部門の動きに注目し、特にSNSがフレーミングを通じ保守派議員の反対表明を抑制させることができたかに焦点を当てる。

さらに、本研究の目的はSNSが政策波及に果たした役割を解明することであるが、一口にSNSといってもTwitter、Facebook、Instagramなど様々あり、それぞれが異なる特徴を持つ。例えば、石井健一（2011）は、SNSを、既知の友人が多く個人情報の開示度が高い「強いつながりのSNS」（Facebook、mixi）と、既知の友人が少なく個人情報の開示度が低い「弱いつながりのSNS」（モバゲー、グリー、Twitter）に分類する。「弱いつながりのSNS」は、「強いつながりのSNS」に比べて、利用者一人あたりの利用頻度は高いが、既知の対人関係との結びつきが弱いという特徴がある。特に、Twitterは、他のSNSと比べると利用者の個人情報の開示度は低いにもかかわらず利用頻度は最も高く、ネットの交流から得ている効用への評価も最も高いという。リツイートの機能によって、他のSNSに比べて拡散力が高いのも特徴である。こうしたSNSが、運動によって政策過程のどの場面でどのように選択され、機能したのかについても注目する。

そして、本研究では以下のような学術的貢献を行う。すなわち、（1）社会運動と自治体政治をまたがる新動向についての検討作業を通じて、社会学・社会情報学と政治学・行政学を接合した学際的研究を試み、SNSによりフレームが伝播する現象を捉えるとともに、社会運動研究と政策過程研究に新たな視座と知見を提示すること、また、（2）既存の政治体系に包摂されていない人々が、SNSという手段を得て、政治に直接影響を与える可能性を示すこと、である。

（1）について、社会運動研究はこれまで、運動組織やその内部の過程に注目はするが（町村 1989）、政策過程を含むマクロな政治環境と運動との関係のダイナミズムに関する分析をやや欠いていた（成ら 2003）。他方、政策過程研究の着眼点は中央政府における政策の決定や執行過程に関する政治過程に偏りがちであり、政治過程と社会過程との媒介領域を捉えきれていなかった（町村 1994）。その結果、現代の運動に活用されることが一般的となったSNSが政策波及に果たす役割については、十分な検討がなされてこなかった。そこで本稿では、先行研究の知見から、社会運動がSNSを活用する際の、従来の運動が企図するデモ等への「動員」に加え、「フレーミング」により政策推進者の認知を変えることで政策実現を狙える可能性について、また中央政府の決定や官僚による「相互参照」だけではなく、運動のネットワークによる政策波及のあり方について、事例によって検討する。そして各学問の結節点を探り、いまだ解明されていない、SNSを介してフレームが伝播する現象を捉える。

（2）は、運動のもたらす社会的意義についてである。事例の検証を通じて、社会運動によるSNSの活用に関わる新政策の採用とその波及に関するモデルを構築できれば、これまでロビイングの手段を持たなかった人々に対し、行政に影響を与える手段の一つを示すことができる。このことは、今後、政治と市民との関係が変化する可能性を示唆することになる。日本の政党や議員は、特にネット選挙の解禁以降、ソーシャルメディアからの情報収集や分析を積極的に行っていることが、西田亮介（2013）などによって指摘されてきた。人々のSNS上の発信が、自治体の政策形成に影響を与え得るのだとしたら、その意義は大きい。

伊藤（2002）の研究に寄せて本研究の独自性を考えるとすれば、伊藤の研究は、官僚機構を中心に分析を試みていたが、本研究では、運動家のアプローチが特に政治部門の認知形成に与える影響を中心に、政策過程を捉えようとする。また、伊藤は行政と既存の利益集団等の関係をみているが、本研究では組織に属しない個人、すなわち圧力団体や後援会といった行政に要望を伝達する回路を持たない人がSNSなどの手段を使って新たな政策領域を開く場合をみている。さらに、伊藤は、主に自治体内での政策過程を研究しており、運動のネットワークが起点となる政策波及については捉えきれていなかった。一方、本稿で扱う同性パートナーシップ制度は、理念的なものであるため、官僚より首長や議員といった政治部門の認知が新政策の採用の鍵を握る特殊ケースである。裏を返せば、ここからは運動のネットワークやそれに対する政治部門の認知によって起きる政策波及の可能性を検証することができる。本稿では、行政が取り組むべき政策課題が様々にある中で、運動がいかに自らの課題を政策推進者に認知させ、結果として自治体に新政策の採用を促すことができるか、さらに、自治体間の政策波及を促進することができるのかを事例により明らかにしたい。

第4節　リサーチデザイン

次は、事例を検証するにあたってのリサーチデザインである。まず、先行研究で得た知見から調査対象と手法を定めた上で、各自治体で行う調査についての詳細を記述する。

【4-1】対象と手法

はじめに、調査対象についてである。前節では、先行研究で得た知見から、各自治体における同性パートナーシップ制度の採用、および波及過程において、（1）運動がフレーミングを行ったか、（2）フレーミングが首長・議員・官僚の新たな認知をつくり出すことに役立ったか、を検証しつつ、一連の過程におけるSNSによるフレーム伝播に注目することを研究の視点に設定した。検証の際は、SNSがフレーミングによって政策推進者の認知をつくり、保守派議員の反対表明を抑制させることができたか否かに焦点を当てるとした。各種のSNSが、運動によってどのように選択され、政策過程のどの場面で機能したのかについても注目する。

（1）に関して、フレーミングとはフレームの創造や展開を意味し、潜在的な支持者や構成員を動員し、傍観者の支持を獲得し、さらに敵対者の動員解体を意図して行われる、関連する出来事や状態を枠づけ、意味づけ、解釈する行為を指す。同様に、（2）に関して、先行研究からは、首長・議員・官僚の新たな認知は新政策への自治体内での賛成世論がSNS上で高まることによってつくられる可能性が明らかになった（「2-2-② 首長・議員・官僚の行動原理」を参照）。そのため、事例の検証においては、まず（1）に対応し、運動家からの証言を得、運動家による意図的な行為が行われ、それにより、SNS上にこれまで存在しなかったフレームが形成されたかを調査する。その上で、（2）に対応し、首長・議員・官僚がSNS上での自治体内の賛成世論の高まりをチェックしていたか、またそれにより、彼らの意識が変化したかどうかも調査対象とする。ただし、意識の変化といっても、議会には議員が、また官僚組織には職員が多数所属しており、全員を調査することは難しい。そのため、それぞれの組織を代表する者として、議会については各会派の幹事長、もしくは制度について会派を代表した質問（代表質問）を行った議員を調査対象とする。官僚については、当該の政策を担当した自治体の担当課の職員の中から、現場の意思決定者である課長を主な調査対象とする。なお、先述した通り、本事例で扱う同性パートナーシップ制度は理念的なものであるため、本論では、政策推進者の中でも特に首長・議員の認知形成に比重がかかった記述となっている。

他方、本研究は、従来のような組織を主体とした運動ではなく、SNSを主戦場とした個人による運動に注目している。また、運動の発生よりも、その意図や、それが与えた影響に注意を払っている。そのため、集合行為を調べる際には、通常の社会運動研究では対象になる運動家の所属する組織、運動組織の属性や合意形成、運動組織同士の連合、運動組織による資源動員の方法については調査対象としない。さらに、本研究では、首長・議員・官僚といった政策推進者個人の認知を形成することによる政策転換のあり方に注目している。そのため、議員が所属する会派・政党同士の対立や合意、あるいは、行政組織内での意思決定過程については重点的な調査対象とはせず、首長・議員・官僚の意識の変化を引き起こす背景として必要な最低限の調査と記述にとどめる。

次に、調査手法についてである。本稿は、社会運動によるSNSの活用で政策が自治体を越えて波及する現象を捉えるものである。その手法として事例研究を選択したのは、事例研究の五つの主要な目的、すなわち、（1）理論を検証すること、（2）理論を構築すること、（3）先行条件を明らかにすること、（4）これら先行条件の重要性を検証すること、（5）本質的に重要な事例を説明すること（Evera 1997=2009）のうち、理論的に予測できる仮説を検証することが、本稿の目的であるからである。本研究を通して、事例によって社会運動によるＳＮＳの活用と政策転換・政策波及に関する仮説を検証することができれば、それにより、既存の政治体系に包摂されていない住民がＳＮＳという手段で、身近な自治体を起点に広く社会に影響を与える可能性を示すことができる。

仮説を検証する方法として、本稿では「過程追跡」の手法を選択した。過程追跡とは、考えられる原因が、結果にどのように影響を与えたかという因果的過程・経路を追跡するものである（George and Bennett 2005=2013）。過程追跡において、一般に、研究者は出来事の連鎖経路を調べるか、初期の事例条件が事例の結果に変換されていく意思決定過程を調べる。独立変数と結果をつなげたものである原因と結果の連結が明らかにされ、より小さなステップに分けられる。次に、研究者はそれぞれのステップにおいて観察可能な証拠を探す。ある特定の刺激がある特定の反応を引き起こしたという証拠は、出来事が起こった順序とその仕組みと、行為主体がなぜそのように行動したのかという理由を説明する証言の両方か、そのどちらか一方の中に求められる（Evera 1997=2009）。

そのため、本稿では、まず、同性パートナーシップ制度の採用・波及過程におけるフレーム形成をマスメディアの報道や議会の会議録、ＳＮＳ調査等から明らかにした上で、背景にある運動主体の行為や意図、それに政策推進者の認知や政策の推進理由を、彼らの証言から導き出すこととした。その際は、政策過程に影響を及ぼした官僚や政治家、企業や労働組合、ＮＧＯといったいわゆる「エリート層」に対するインタビューの手法が参考になる（野村 2017）。政策過程についての重要な情報は公表されていることが少ないため、入手可能な二次情報に加えて、当事者＝政策決定に関わる各層のリーダーから直接情報を収集して、当事者の問題意識や考え方を知り、各主体の動きを理解する必要があるからである（Berry 2002）。

さらに、インタビューの方法として、本研究では「より目的を明確にした半構造化インタビューの方法」（清水 2019）である「オーラル・ヒストリー」の手法を参照し、援用した。半構造化インタビューでは、どのインタビューでも取り上げる共通の質問項目を一定数設けるとともに、話の展開に応じて、調査者が問いを自由に投げかける（野村 2017）。それに対して、オーラル・ヒストリーは分析の題材を得ることを目的とし、口述資料が文書資料と同じように扱えることを意識して開発された手法である。それだけに、客観性へのこだわりが強く、質問は Yes や No で答えられる閉ざされた質問ではなく、5W1Hに代表される開かれた質問によることが原則とされている。半構造化インタビューのように質問表を用意したとしても、語りは話し手の意思によって大きく変化していくこととなる。聞き手の主観をできる限り抑制し、話し手自身の認識を引き出す手続きを定めていることが、オーラル・ヒストリーの特徴である（清水 2019）。

本研究の政策推進者に対する調査において、各人はSNSから受けた影響について明確には認識していない可能性があった。そこで、例えば、「SNSに影響を受けたかどうか」を Yes や No で聴いた場合、調査者の主観が露わになり、回答者はそれに誘導されてしまうこともあり得た。そのため、調査にあたっては、事前には大まかな質問事項を決めるのみにとどめ、さらに、「なぜ制度への賛成を決めたのか」、「どんな情報を参考にしたか」、「いつインターネットやSNSを参照したか」などの開かれた質問・客観的な質問から政策推進者の認知の変化を探るオーラル・ヒストリーの手法を参照し、聞き取りを行った。調査は許可を得て録音し、調査者自身で逐語録を作成した。また、調査の順番については、なるべく権力性を排除するため、自治体内についてはまず本件を実際に担当していた係の係長、それに現場の意思決定者である課長に話を聞き、続いて、部長、市長へと聞き取りの対象を広げながら、それぞれの語りのクロスチェックを行った。本論の中で触れた彼らの言葉については、特に言及がない限り、調査者が行ったインタビューによるものである。調査対象者から得た情報の事実確認には、適宜、読売・朝日・産経・日経・毎日・東京の各新聞社が運営する検索サイトで関連する記事のタイトルを検索し、その本文を参照した。

本研究の分析において特徴的なのは、非SNSでのそれも含めた一連の社会運動の影響の中で、特に現代の運動の特異性を構成しているSNSによるフレーム形成、および、つくられたフレームによる政策推進者の認知の変化に注目した点である。このような分析は、一般に難易度の高いものである。なぜなら、（1）政策過程において政策推進者に影響を与えた様々な要因のうち、SNSによるフレーム形成だけを抽出してその効果を測ることは困難であり、また、（2）政策推進者の認知の初期値がわからないため、認知の変化については、政策推進者自身の記憶に対する認識を、聞き取り調査によって探る以外の方法がないからである。（1）について、本稿では、政策過程の過程追跡により明らかになった事実を各自治体の過程分析の際に、社会運動のSNSの活用による影響とそれ以外の要因による影響にできる限り分けて記述することを試みた。また、（2）について、回想に関する質問には回答者により自己正当化が行われるリスクがあるが、オーラル・ヒストリーの方法論を援用し、客観性を意識した作業を行うことにより、政策推進者の認知の変化を一定程度、社会運動のSNSの活用による影響に注目して分析することができた。

政策推進者の認知の変化をみるためには、彼らが運動によりつくられたフレームをどの時点で認知したのかを検討するべきである。本研究では、その方法として、制度導入の三年間のSNSの分析、議会の会議録や報道などの調査、運動家・首長・議員・官僚へのインタビューとアクションリサーチを併用した。

事例の記述にあたっては、冒頭に記した通り、渋谷区から世田谷区を経由し札幌市と港区に政策波及する一連の過程があり、そこに運動の意図を明確に持ったSNSでの投稿をみることができたため、まず一連の事例を構成する四つの自治体の政策過程の詳細な記述を行った。制度がはじめに採用され、条例によって定められた渋谷区、またその派生型として要綱によって新政策の採用が行われた世田谷区、それに、「世田谷方式」での政策波及が行われた札幌市と「渋谷方式」での政策波及が行われた港区である。「渋谷方式」で制度が導入された渋谷区と港区は「自民型」の首長であり、議会構成は自公が過半数となっていた。「世田谷方式」で導入された世田谷区と札幌市は「非自民型」の首長である一方、議会構成は自公が過半数であった。このように、制度の導入時期と政治状況が異なる四つの自治体について、それぞれ運動家、および政策推進者の双方に認知の変化についての聞き取り調査を行い、運動が認知形成のどの段階に、どのように影響を与えたかを検討し、記述した。なお、首長・議員・官僚については、自治体における実際の呼び方に即して、市長（区長）・議員・職員と表記する。

【4-2】調査の詳細

次は、四つの自治体で行った聞き取り調査の詳細である。まず、渋谷区については、運動を行った側として、二名のＬＧＢＴ団体代表（杉山文野、松中権）にフォーマル・インタビューを行った。杉山には二〇一七年六月十日に、杉山の経営する飲食店「irodori」で、松中には十四日に松中が指定した「TRUNK（KITCHEN）」で行った。また、Twitter でハッシュタグを使った運動を展開した方には Twitter のアカウントをフォローし、フォローバックがあった段階で、二〇一七年十月二十二日に、その意図について Twitter のＤＭで質問した。政策を推進した側については、二〇一六年八月十日から二〇一七年七月二十三日にかけて、渋谷区の担当課長（総務課、区長室）に対し区役所内でインタビューを実施したほか、メールで補足的な情報を得た。また、区長の秘書を通じて、「渋谷区男女平等・多様性社会推進会議」の議事要旨、「（仮）渋谷区多様性社会推進条例制定検討会」の議事要旨を得た。現区長には二〇一六年八月十日に区長室でインタビューを実施したほか（一時間程度）、補足的に電話でヒアリングした。渋谷区の与党会派である自民党と公明党の議員については、制度について会派を代表して質問を行った議員に、それぞれ二〇一七年の二月六日と二月二十日に、個人名を出さないことを条件に、電話と区役所内の会派の控え室で別々にインタビューを行った。

世田谷区で運動を行った側については、世田谷区の制度導入のキーパーソンである区議会議員に、議員の控え室で二〇一七年七月十八日にフォーマルインタビューを行った。また、メールで補足的な情報を得た。政策を推進した側については、二〇一七年八月二十四日に世田谷区長に区長室でフォーマルインタビュー（三十分程度）を行った。職員については、課長とのアポイントが取れなかったため、港区議会議員である筆者が会派の視察の際に世田谷区の担当係長から話を伺い、補足的な情報を得た。

札幌市で運動を行った側については、二〇一七年八月二十八日に、札幌市の導入のキーパーソンである大学の教授に北海道大学の教室でインタビューを行った。また、メールなどで補足的な情報を得た。政策を推進した側については、二〇一七年八月二十八日に男女共同参画室の課長、および調査担当係長に市役所の会議室でインタビューした。さらに、上記の大学教授から紹介を受け、議会で中心的な役割を果たした市議会議員（民進党）に、二〇一七年八月二十八日に会派の控え室で話を聞いた。「さっぽろ自民党」には、市議会の定例会で本件に関する代表質問を行った議員に、二〇一八年一月十五日に電話インタビューを実施した。

港区で運動を行った側については、札幌市の導入のキーパーソンとの出会いから運動をはじめるに至ったゲイバーの経営者に、二〇一八年二月十四日に調査者（横尾）の議員控え室でインタビューを行った。また、経営者と調査者とのLINEでのやり取りも分析対象とした。その際、調査者が何を考えたのか、何を誰に伝えたのかということを客観的に立証する手立てとして、Wordのメモを残してフィールドノートとしたほか、経営者とのLINEでのやり取りはスクリーンショットで残した。また、政策を推進した側については、人権・男女平等参画担当課長に二〇一九年十月九日に議員控え室にてインタビューを行ったほか、公明党の当時の幹事長に二〇二〇年一月三十日にLINEで運動の認知に関する質問を行い、二月三日の返信で補足的な情報を得た。自民党の幹事長からは調査の承諾を得ることができなかった。

港区については、現役の港区議会議員である調査者自身も制度の導入過程に携わっているため、アクションリサーチの方法をとっている。アクションリサーチとは、「組織あるいはコミュニティの当事者（実践者）自身によって提起された問題を扱い、その問題に対して、研究者が当事者とともに協働で問題解決の方法を具体的に検討し、解決策を実施し、その検証を行い、実践活動内容の修正を行うという一連のプロセスを継続的におこなうような調査研究活動」（草郷 2007: 251）である。Lewin（1946）によって体系づけて提唱されて以来、その手法が様々に研究され、日本でも矢守克也（2010）や草郷孝好と宮本匠（2012）などにより地域コミュニティに根ざした実践や論考が行われている。

アクションリサーチでは、研究者の内省とアクションの判断プロセスそのものが研究の記述内容になるが（Kristiansen and Bloch-Poulsen 2008）、「研究者の現場との関わり方や現場の複雑な変化を数値化できないアクションリサーチは、科学的でない」（灘光ら 2014）とする批判もある。そこで本稿では調査者の内省と判断プロセスを記したメモに加え、研究者の同僚議員の証言や議会の会議録も活用し、できる限り客観的に記述する。

同性パートナーシップ制度は二〇一九年四月時点で二十の自治体に導入され、港区にも導入されることが確実になっている。終章では、本事例以外で制度を導入した自治体の政策過程を網羅的に概観し、各自治体で政策推進者の認知がどのように形成されたか、また社会運動によるＳＮＳの活用はあったかを検討した。自治体によっては、運動家や政策推進者へのインタビューも行った。社会運動によるＳＮＳの活用があっても本制度が導入されなかった自治体がある可能性はあるが、調査範囲を無限に広げることはできないため、制度が導入された自治体に限定した。

なお、上記二十の自治体、および港区での調査にあたっては、基礎的な情報を集めるため、議会の会議録、新聞の記事、また実際につくられた条例や要綱の分析を行い、時系列で事実関係を整理した。インターネットで検索する際に入力したキーワードは、それぞれの自治体名、かつ関連するキーワードのうち頻出度の高い「ＬＧＢＴ」、「マイノリティ」、「性的マイノリティ」、「同性婚」、「同性カップル」、「同性パートナーシップ」、「パートナーシップ証明」、「パートナーシップ宣誓」であった。ヒットした自治体については、全ての書き込みを二〇一七年十月一日と二〇一九年六月二十日に調べた。なお、条例や要綱ができるまでには、一般に、アジェンダ設定が行われた後、一～三年程度かかることから、Twitter の「キーワード検索」においては、条例や要綱ができるまでの三年間のデータを期間指定し、検索した。Facebook も同じ期間を設定し、検索した。

第5節　本稿の構成

最後に本稿の構成を述べる。

序章では、先行研究として二つの研究潮流を検討し、研究の視点を定めた。第1章から第4章では、調査対象として選定した渋谷区・世田谷区・札幌市・港区における新政策の採用と波及の一連の過程を総合的に概観し、四自治体の制度導入におけるＳＮＳを介したフレームの伝播に注目して分析する。具体的には、ＳＮＳ分析に加え、運動の意図を調べるために運動家に、またＳＮＳでの認知を調べるために首長・議会・職員に行った聞き取り調査をもとに分析を行う。第1章は、新政策の採用過程に運動がみられた渋谷区の政策過程であり、第2章は世田谷区である。後述するが、世田谷区では、制度の導入過程では社会運動によるＳＮＳの活用の影響は観測できなかったものの、導入決定後に運動家によって行われたＳＮＳによるフレーミングが他の自治体への政策波及を引き起こしていた。さらに、渋谷区から世田谷区を経て、札幌市と港区へ政策波及した過程におけるフレーム伝播を第3章と第4章で記述する。

結論に当たる終章では、事例観察から得た発見を本研究の目的に合わせて再度位置づける。また、社会運動によるSNSの活用によって、フレームが自治体間に伝播する「フレーム伝播」のモデルを提起する。同性パートナーシップ制度は二〇一九年四月現在、二十の自治体で導入されているが、最後に本事例で取り上げた自治体以外の政策過程を網羅的に概観し、それぞれの自治体で政策推進者がどのような要因で課題を認知したのか、また、社会運動によるSNSの活用は行われたかを検証する。そして、社会運動によるSNSの活用が有効になる条件、本研究でできた学術的貢献、そして残された課題を明らかにする。

なお、以下、本論では対象者へのインタビュー、インタビューに準じる返答、および会議録を注記方式でレファレンスしている。

【注】

（1） 全ての性的少数者が「LGBT」に分類されるわけではない。「LGBT」以外にも、自身の性自認や性的指向が定まっていない人（「Q」＝クエスチョニング）など、様々な人たちがいる。また、そのような性自認や性的指向を持つ人と表記するべきという意見もある。ただし、一般的な用語として、例えば、閻亜光（2021）などの先行研究でも「LGBT」、あるいは「LGBT当事者」という用語が使われているため、ここでも同様に表記する。

（2） 運動が国政レベルで成果を発揮した例はあった。二〇〇一年、現世田谷区議会議員の上川あやを含む性同一性障害の当事者が国内四か所の家庭裁判所に戸籍の性別訂正を求める一斉申し立てを行った。その後、上川は性同一性障害であることを公表し出馬した区議会議員選挙に当選し、国に対する要請活動を続けた。最終的には自民党の参議院議員である南野知恵子が中心となって法案をまとめ、「性同一性障害者特例法」が成立したのであった。一連の動きを分析した野宮亜紀は、「メディアに顔を露出して自らの体験を語る者の存在が、世論にインパクトを与えてきたことは確かである」（野宮 2004: 84）としている。

（3） 総務省が二〇一六年に行った「情報通信メディアの利用時間と情報行動に関する調査」によると、日本における代表的なＳＮＳであり経年比較可能な LINE、Facebook、Twitter 等の六つのサービスのいずれかを利用している割合は、二〇一五年時点で66・5パーセントに達していた。https://www.soumu.go.jp/iicp/chousakenkyu/data/research/survey/telecom/2016/01_160825mediariyou_gaiyou.pdf （二〇二〇年二月十三日取得）

（4） そうであるが故に、全体の七割を占める政党＝会派の議員たちは、一般に、無所属議員によって形成されている会派に対しても、意見を会派内でまとめることを求める（横尾 2013）。

第1章　新政策の採用――渋谷区

本章では、渋谷区から港区に至る一連の過程のうち、二〇一五年三月三十一日に渋谷区議会第一回定例会で可決・成立した「渋谷区男女平等及び多様性を尊重する社会を推進する条例」の政策過程を概観する。

序章に挙げた（1）社会運動がフレーミングを行ったか、（2）フレーミングが首長・議員・官僚の新たな認知をつくり出すことに役立ったか、という検討事項（五十四ページ）に従い、運動家からの証言を得、政策過程のどの段階で運動家による意図的な行為が行われ、どのSNSが選択され、SNS上にこれまで存在しなかったフレームが形成されたかを分析する。また、区長・議員・職員がSNS上での賛成世論の高まりをチェックしていたか、それにより彼らの意識が変化したかも記述する。特に、運動が保守派議員の行動に与えた影響に注目する。

具体的には、まず第1節で、渋谷区における政策過程を総合的に概観し、その上で、第2節で右記（1）に従い、運動家によるフレーム形成がいかに行われたのかを検討する。さらに、第3節で、右記

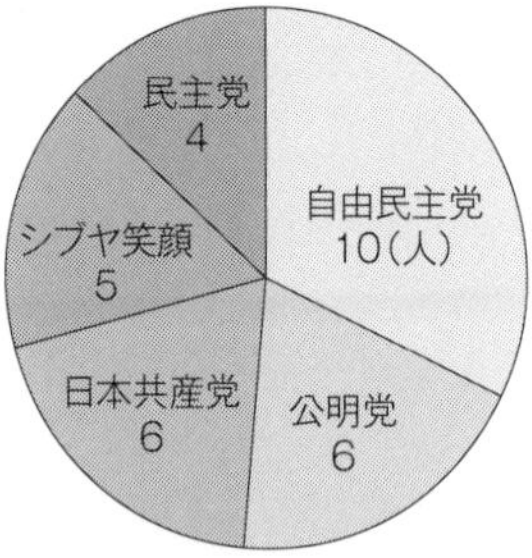

図１　条例可決時の会派毎の所属議員の人数

（２）に従って、フレーミングが区長・議員・職員の認知形成にどのような影響をもたらしたかを検討する。

なお、区長・議員・職員の認知形成を捉える背景情報として、あらかじめ政治的機会構造についてまとめておくと、まず、区長は「自民型」であり、議会構成については、「自公が過半数」となっていた（図１）。そのため、区長は政策を通しやすい状況にあった一方、革新的な政策は採用されづらい環境にあった。

第1節「同性パートナーシップ条例」の制定過程

以下は、渋谷区における「同性パートナーシップ条例」の制定過程である。運動家、区長、議員、職員といったアクターへ議題が伝えられる際のフレームと政策推進者の認知形成を中心に記述する。

【1-1】制度の提案に至る経緯

二〇一二年六月八日、日本の地方議会で「パートナーシップ証明書」という言葉がはじめて出された。渋谷区議会第二回定例会の本会議で、無所属議員の長谷部健から、区長の桑原敏武に提案がなされたのである。

国際都市として、ダイバーシティの要素を含んでいるというのは丸必です。[1]（中略）僕の友人知人にもLGBTの人がいます。まあ全くもって普通だし、むしろいろいろな分野でその感性が生かされ活躍しています。昔に比べてだんだんと市民権を得てきていますが、国際都市の中では東京はこの分野ではまだまだ遅れをとっています。（中略）そこで、渋谷区は、区在住のLGBTの方にパートナーとしての証明書を発行してあげてはいかがでしょうか。（中略）非常に難しい問題ですが、区が証明書を出すことで少なくとも渋谷周辺の病院に区が掛け合い、証明書を持っているカップルは安心して暮らすことができる環境を整備してはいかがでしょうか。[2]（以下略）

この提案をした長谷部は、広告会社の博報堂での勤務を経て、地元である渋谷区の商店街「原宿表参道欅会」の役員や同級生などに誘われ、二〇〇三年五月に行われた区議会議員選挙に無所属で立候補した。それ以来、三期連続で区議としてトップ当選している。

長谷部は二十歳のとき、はじめてLGBTの存在を認識した。海外志向が強かった彼は、大学に入学する前に友人と米国を周遊した。そして、ニューヨークのメトロポリタン美術館を訪れた際、ゲイの警備員から声をかけられ、食事に誘われた。最初は戸惑った長谷部であったが、横断歩道で手をつなぐカップルの姿などを日常的に見かけるうちにゲイという存在に慣れていった。大学卒業後、博報堂に入社すると、創造的な職場環境でLGBTとの接点は増えたが、議員に当選した後は特に意識することもなく過ごしていた。[3]そのような中、長谷部の認知を変えた出来事が、LGBT活動家・杉山文野との出会いであった。

一九八一年八月に歌舞伎町でとんかつ屋を経営する両親の次女として生まれた杉山は、幼い頃から男の子とばかり遊んでいた。セーラー服を着て学校に通うようになると、自分の性別に違和感を覚えるようになった。十六歳の時にトランスジェンダーであることを公表したが、自叙伝『ダブルハッピネス』を出版したことがきっかけで、各地の性同一性障害に悩む当事者から相談を受けるようになった。現在はLGBTの権利獲得のために活動するNPOの代表を務めるほか、当事者が集える飲食店を経営するなどしている（エスムラルダ・KIRA 2015）。

二〇〇五年、長谷部が議員に当選する前からはじめていたNPO法人green bird(4)の清掃活動に、杉山が偶然参加した。長谷部は、杉山と活動を重ねるにつれ、多様な性のあり方と彼らの生きづらさの問題を認知し、議員として彼らに役立つ政策づくりができないかと考えるようになった。ある時、長谷部は自分の結婚の際、婚姻届を緊張して書いたことを思い出した。そして、戸籍制度や婚姻制度を変えることはできなくても、それに近いものであれば、区として提供できるのではないかと考えた。長谷部は早速杉山に提案し、前向きな反応を得たため、議会で発言する際の原稿にまとめた（エスムラルダ・KIRA 2015）。これが冒頭に挙げた長谷部の議会質問となり、これにより渋谷区でアジェンダ設定が行われたといえるのであるが、運動家である杉山が長谷部と出会ったのは偶然であり、彼が意図的に長谷部の認知をつくろうとアプローチしたわけではないため、この時点ではまだ社会運動が行われていたとはいえない。

提案について事前に相談にいった際に区長があまり関心を示さなかったことで、区長や他の議員には

ＬＧＢＴについての理解がそれほどないであろうと想像していた長谷部は、どのように話せば彼らが聞いてくれるか悩んだ。そして、「国際都市のトレンド」という紹介の仕方をすることとした(5)。その上で、国際都市のトレンドは「多様性の尊重」であり、グローバルスタンダードを鑑みると、東京の中心地として、多様性を尊重するための取り組みを進めていかなければならないと訴えた。長谷部は、海外旅行での経験、またトレンド雑誌『ＧＱ』のＬＧＢＴ特集を読んでいたこともあり、ＬＧＢＴや多様性社会をこれからの時代に必ず出てくるキーワードと考えていた。そのことから、提案の際には、意図的にＬＧＢＴが抱える課題を人権問題ではなく国際都市におけるトレンドとしての多様性の尊重という切り口で紹介した。区長の好む「先進＝後進のアナロジー」とともに紹介し、区長や議員の興味をひこうと考えたのである(6)。これが結果的に、区長に理解の枠組みを与える「フレームブリッジ」となった。ここで初めて、政治の場において、ＬＧＢＴという社会課題に多様性というフレームが結びついたのである。

こうして長谷部によってつくられたフレームは、桑原の言葉となり、メディアでも引用される。長谷部の意図した通り、条例案の提出を報じた二〇一五年二月十二日の毎日新聞の中で、桑原は「互いの違いを受け入れ、尊重する多様性社会を目指すという観点から、ＬＧＢＴの問題にも取り組みたい」と述べたのである。そして、多様性という言葉は、その後、後述の通り、ＳＮＳ上で頻繁に使われるようになった。なお、同年三月二日号の『ＡＥＲＡ』は、長谷部による同性パートナーシップ制度導入に向けた動きを以下のようなリードで紹介している。「東京五輪に向け、渋谷からクールなうねりを作り出し、リードしていこう」。

先行研究でもみた通り、ＬＧＢＴが抱える問題は、一般に当事者のみの問題であると認知され、そのための制度を構築することは、それまで人々の関心の外にあった。そのような中、長谷部は「ダイバーシティ＝多様性」という言葉を持ち出し、多様性の尊重は国際社会のトレンドであること、また、LGBTを包摂する社会づくりが多様性を尊重する社会に向けた第一歩であるとし、区長など多くの人が当事者意識を持つことを狙った。結果的に、区長の社会課題に対する認知がここではじめて形成されたのであるが、長谷部によって新たにつくられた「多様性フレーム」が後述のハッシュタグ運動やインターネット署名運動に活用され、多様性フレームの広まりが、さらにネット上での賛成意見の増加に貢献することとなる。

【1-2】庁内での議論の開始

提案の後、長谷部は杉山を桑原に合わせたり、他のLGBT当事者を紹介したりしていたが、庁内では主だった動きがない状態が続いた。そのような時、議会で重ねて発言したのが、同じ会派に所属する無所属の岡田マリであった。岡田は、二〇一三年六月五日、渋谷区議会の定例会で長谷部のそれに重ねる形で質問をし、区長から「今後、専門家の御意見等も聞きながら前向きに検討してまいりたい」(7)という答弁を得た。その後庁内での議論が進み、翌年には、検討会設置の補正予算が計上された。そして、二〇一四年七月二十八日には、一回目の「(仮称)渋谷区多様性社会推進条例の制定に係る検討会」が開かれた。検討会の中で委員長を務めたのは元大学教授の海老原暁子であり、他に渋谷女性センター「アイリス」の職員、渋谷区の戸籍課の担当課長、弁護士らが名を連ねた。渋谷区教育委員会の元教育長で保守派の池山世津子もいた。(8)

池山は、杉山の経営するカフェ「irodori」に検討会のメンバーで行き、当事者の区民に会って話をした際、福祉の領域で長年仕事をしてきたが、LGBTの存在を知らなかったことを恥じ、「自分はこれまで取り返しのつかないことをしてきてしまった。LGBTの問題については、今すぐにでも取り組むべきだ」という発言をした。[9] 杉山は当事者を会わせ、多様な人が身近にいるということを認識させることが理解につながると考えていたというから、[10] 彼の企図した通りになった。杉山は委員の池山らに対し、LGBTの問題は海外だけで起きている社会問題ではなく、渋谷区の中にある課題なのだと認識させた。長谷部と偶然出会った時と違い、この段階になると、杉山の活動が支持基盤の拡大のため、理解の枠組みを拡大する「フレーム拡張」に転化していることがうかがえる。

九回開かれた検討会を経て「同性パートナーシップ証明書」を発行する方向で話がまとまり、二〇一五年一月二十日、報告書が委員長の海老原から区長の桑原に手渡された。そして二月十二日、渋谷区の平成二十七年度の当初予算に関するプレスリリースが出された。渋谷区では通常、条例案は委員会に報告され、定例会に提出される。しかし、今回はそのような手続きを行っていなかったため、ニュースで初めて知った区議も多く、定例会に提出された後も、一部の議員から手続きの正当性や拙速性についての意見が繰り返し出された。[11] 長谷部は、「区長はリリースを出すことで、議会内や世間で大きな騒ぎになるとは思っていなかったのではないか」と振り返る。[12] プレスリリースが出された後に盛り上がりを見せたSNSでの動向、そしてその議会等への影響については、第2節と第3節で、それぞれ詳述する。

【1-3】マスメディアによる争点形成

議会での審議を受けた二〇一五年三月三十一日、傍聴席で杉山や松中らも見守る中で、条例は賛成多数で可決された。だが、運用する際の区規則等の策定については、「渋谷区男女平等・多様性社会推進会議」で議論することとなった。

なお、条例には、「区長はパートナーシップに関する証明をすることができる」とのみ定められており、保守派議員の強い反対等があれば、次の区長の判断で証明書は発行されない可能性も残されていた。そのため、推進会議では、制度の方向性として、婚姻に近い効果を与える「婚姻モデル」と、そのような効果は追求せず、当事者が遺言や契約で可能な範囲で個別に効果を積み上げる「契約型」の二通りが検討されたが、最終的に、財政上の措置や上位の自治体、国との調整を要し、反対派の反発が強くなる「婚姻モデル」は退けられた（中川 2016）。この時点で、条例は理念的なものとなり、予算措置や国との調整などの面で官僚が反対するようなものではなくなったのである。運動側にとって残る懸念は、保守派議員の反対表明の抑制のみとなった。

保守派議員たちが最終的に条例に反対しなくなった転換点は、長谷部が二〇一五年四月二十六日に行われた区長選挙において、元都議で自公の推薦を受けた村上英子と、元都議で民主、維新、社民、生活の各党推薦と共産党の支援を受けた矢部一、それに政党支援のない無所属の今城陸人と闘い、当選したことであった。長谷部は、同年一月に行われた渋谷区主催の賀詞交換会での桑原の突然の引退表明と月末の後継指名に驚き[13]、悩んだが、三月上旬には出馬を決めた。桑原を支援する予定だった自民党は、急遽元都議を擁立することになった。

長谷部は当初、パートナーシップ条例の是非を選挙戦で問うつもりはなかった。長谷部によると、対立候補も条例に反対するためだけに出馬したわけではないこともあり、争点化は避けていたようであった[14]。実際、長谷部が公表したマニフェストには様々な政策が書かれていたが、同性パートナーシップ証明書の発行を特に強調して取り上げてもいなかった。ところが、長谷部の出馬が判明すると、読売・朝日などの新聞各紙は主要な争点としてパートナーシップ証明の是非を挙げた。産経新聞は、四月十九日に「同性パートナー条例も争点!? 4新人激突の東京・渋谷区長選」という記事を掲載している。メディアによる争点形成であり、SNS上で展開されていた話題がマスメディアにまで広がったともいえる。同性パートナーシップ条例がメディアによって争点化されたことで、制度に賛成している民主、社民などによる連合は埋没してしまった。一方の自民党陣営は、制度について「区長選挙に当選するために出してきた公約など、支持できなかった」と述べる[15]など本音では反対していたが、次節の議員の発言にもある通り、ネット世論を意識し、正面から批判をすることはなかった。

選挙は接戦の末に長谷部が勝利した（長谷部：二万五三二六票、矢部：二万一八一二票、村上：二万一二六七票、今城：七二八票）。「制度に賛成の公明党の票の一部は（長谷部陣営に）回った」と捉える長谷部によると、「元々保守勢力の議員とはうまく付き合っており、意見の差はあるが、敵対する関係にはなかった。選挙で区民の支持を得られてからは保守系議員の態度が完全に変わり、そこからこのテーマに関しても協力体制が築けるようになった」ようだ[16]。最終的に、証明書の発行は区規則の中でも位置付けられることとなった。

第2節　運動家によるフレーム形成

条例の制定に至る経緯を概観した。ここから、冒頭に示した検討事項の検証に入る。まずは、制定課程における運動家によるフレーム形成である。マスメディアに条例案の提出が報じられてからは、SNS上でも活発な議論が交わされるようになる。長谷部も、「この頃のネットの声はチェックした。一番非難の声が多かったのは三月の議会の時だった」と証言するが[17]、こうした状況下で運動家は条例制定を確実にするため、SNSでどのように賛成世論をつくったのであろうか。本節では、主に運動家による意図的な行為がいかに行われ、それにより、SNS上にこれまで存在しなかったフレームが形成されたかを検討する。

【2-1】ハッシュタグ運動

マスメディアの報道を受けて、Twitter などのSNS上では当初、賛成・反対の声がどちらも上がっている状況であった。初期で最もツイートされたのは[18]、Twitter のまとめサイト『togetter』の「渋谷区同性パートナー証明書、反響！　様々な声、問題点。集めてみました！」という二月十二日の投稿であり、条例案をどう扱っていいか、多くの人が分からなかった様子が見て取れる。また、Twitter に拡散された反対意見の多くは、一五〇のリツイートがされた以下のものをはじめ、同性婚への道筋ができるという懸念であった。

渋谷区で同性婚が可能になるかもしれない事案……だと……（@vhitomi 2015.2.12 5:28pmTweet.）

その他、大別すると「趣味の世界を認めるな」、もしくは「少子化が進む」という趣旨の反対意見が出た。

狂ってるだろ？　次世代を担う子ども達を産み育てる事ができるから婚姻関係にある男女が夫婦として国家から保護されるのであって、「単に好き合って性的欲望を満たすだけ」の趣味の世界の変態を行政が保護するのは……。（@KazenoChisoku 2015.2.12 6:52amTweet.）

これ断固反対。少子化に拍車をかける。なぜ逆行するのか。日本も壊れてきたな。かわいそうって観点マジいらない。（@century_black 2015.2.12 7:52amTweet.）

前者は、伝統的な家族観を維持するべきだという意見であり、それに対し後者は、誤解に基づくものであるが(19)、少子化・人口減少が進むのではないかという、機能的側面に注目するものである。この段では、人々がTwitter上で同性パートナーシップ制度を個々に評価しているだけであった。価値観等の変容を明確に意図するものではないため、これらの投稿は社会運動とはみなさない。

しかし、これらに加えて保守系の団体による反対運動が起きたことは、担当課にとっては注視するべきことであった[20]。まず、テレビ番組制作・動画配信サイト運営会社である「日本文化チャンネル桜」は動画配信サイト内で、条例案に反対する意図を持った社会運動を展開した。二〇一五年三月九日には「3.10渋谷区『同性パートナーシップ条例』絶対反対緊急行動」と題し、「家族の在り方の伝統を壊してはいけない」などとして「頑張れ日本!全国行動委員会」が主催するリアルな場でのデモへの参加を呼びかけた[21]。同時に、署名サイト『Change.org』上では、後述の賛成派によるそれに対抗する形で、「家庭を守る渋谷の会」という団体が、「渋谷区『同性パートナー条例』案に反対します!」とした運動を展開した。彼らは、反対のチラシを配ったり、渋谷区に陳情したりするなども行った。こうした運動が政府に影響したのかどうかは不明だが、三月十日のNHKニュースは、自民党の谷垣幹事長が記者会見で、「自分は、伝統的な価値観の中で育っており、自分の価値観に従って述べてよいかどうか、非常に迷うところだ」と断わりつつ、「家族関係がどうあるかというのは、社会の制度や秩序の根幹に触れてくるものだ」と述べたことを報じた。

「日本文化チャンネル桜」、「頑張れ日本!全国行動委員会」、「家庭を守る渋谷の会」といった反対派による社会運動は、SNS上でもリアルな場でも行われていたが、SNS上で展開されたのは、デモへの動員、および、フレーミングであった。彼らのSNS上での主張はどれも「日本の伝統的な家族観を脅かす」というものであり、長谷部の多様性フレームに対し、「伝統的な家族観」というフレームを用いて抗おうとした様子がみてとれる。

一方、こうした動きに対して、Twitter上ではハッシュタグ「#渋谷区の同性パートナーシップ条例を支持します」をつけて条例への賛意を表明し、反対運動に抗議をするための「ハッシュタグ運動」が、後述の運動家によってはじめられた。彼のフォロワーなどによって、ハッシュタグをつけて投稿されたツイートの全三五〇件から、ハッシュタグのみのツイート、もしくは「賛成」、「同意」など賛意だけをつけてツイートされたもの（二一〇件）、さらに、同時期に起きた「頑張れ日本！　全国行動委員会」のデモへの抗議（二十件）とそれに対するカウンター活動への賛同を表すツイート（十五件）を除くと一一五件となる。その内容を一つ一つ分析してみると、三割にあたる三十八件は、以下の通り、議員の長谷部がつくり、区長の桑原が受け止めたフレームに則り、多様性という言葉、もしくは「みんな違ってみんないい」、「十人十色」などそれに類する語を用いたものであった。その他の七十七件には、「相互フォロー」、「拡散」などといった支持拡大への呼びかけ、また、「杉並区も」、「全国に広がれば良い」といった今後の展開に期待する意見などがあった。多様性フレーム以外で、突出したものは見当たらなかった[22]。

セクシュアルマイノリティの当事者、アライの方、嫌悪する方、興味の無い方、すべての人の多様性の尊重と共生が実現されますように……#渋谷区の同性パートナーシップ条例を支持します
(@floria_mint 2015.3.10 10:23pmTweet)

#渋谷区の同性パートナーシップ条例を支持します　すごいじゃん渋谷区！　先進的!!　いろいろな生き方、いろいろな愛のかたちを、互いに認め合う社会こそ、成熟した社会だと思う！！！
(@fuwarihonwaka 2015.3.10 4:05pmTweet)

このように、長谷部が議会で使い、区長もマスメディアからのインタビュー等で用いるようになった多様性フレームは、SNS上の反対運動で用いられた「伝統的な家族観」と対比する意図でTwitterユーザーによって選択され、多用された。長谷部によって、「多様性」という概念は、国際的に新しいものとして紹介され、それに対する日本の「伝統的な家族観」は、古いものとされた。そして、ハッシュタグ運動によって多様性フレームを活用したフレーム増幅が行われた結果、結果的に、対抗フレームの「伝統的な家族観」は過去の価値観に基づいた、後進的なものとされてしまったのである。

もし長谷部が議会で多様性フレームを用いておらず、Twitterでの運動もまたこのフレームを選択しておらず、代わりに「同性婚の実現」などといったリベラルの価値観として既に認知されている言葉が使われていたなら、本制度は保守層からのより強い反対にあっていたであろう。だが、新しく、また伝統的な家族観をも包含する多様性という考え方は、多くの人々の支持を得、さらに一部の保守層も取り込むことに成功したのだろう。ハッシュタグ運動と後述するインターネット署名運動により、本条例を多様性フレームで語ることが確定したのである。そのことは、少し後のものだが、以下のようなツイートにもあらわれている。

今日はゲイ指数という、クリエイティブな地域にはゲイさんが多いというアメリカの理論が授業で出たんだけどこれは先生にもっと聞こう。ぶっちゃけ、伝統的家族観（嘘）は日本企業から斬新さや多様性を奪う最大の要因の一つだと感じてる（@RorokoKyomori 2015.6.7 10:31pmTweet）

表1 Twitterにおける意見の変化

日付	賛成	反対	中立	判別不能
3月 9日	42件（50.0%）	35件（41.7%）	5件（6.0%）	2件（2.4%）
3月10日	129件（62.3%）	37件（17.9%）	40件（19.3%）	1件（0.5%）
3月11日	16件（57.1%）	3件（10.7%）	9件（32.1%）	0件（0.0%）

なお、ハッシュタグ運動を二〇一五年三月十日にはじめた方（@Rage022）に行動した理由を質問すると、「チャンネル桜の街宣行動のカウンター行動として、ネット上にパートナーシップ条例の制定を求める人たちの声を可視化したかった」という。[23] この方も運動をはじめた当初から、意図して多様性フレームを用いた発言を行っていたが、これ以降、ハッシュタグをつけた意見が次々と投稿されたことで（十日と十一日だけで四五六件）[24]、Twitter上では多くの人が賛成の立場を表明するようになった。

以下は、条例に対する人々の態度変容を調べるために筆者が行った調査である。「同性パートナーシップ条例」という言葉を検索して、二〇一五年三月三十一日に条例が可決するまでのTwitterのタイムラインをみてみると、**表1**に示した通り、ハッシュタグ運動がはじまる前の九日には、賛成意見と反対意見が拮抗していた（それぞれ四十二件、三十五件）[25]。これは、序章でも触れた、二〇〇五年時点での「同性愛」に対する寛容度の調査結果（石原 2012）とも符号する。この調査では、「同性愛」について、「全く間違っている（認められない）」を1、「全く正しい（認められる）」を10とした10段階の数値の平均点が4・77となり、さらに、寛容性の分布が、右に裾をひいた分散が極めて大きいパターンを示していた。それに対し、ハッシュタグをつけた投稿がされるようになった後には、ハッシュタグをつけた投稿を除いて数えても、十日には一二九件と三十七件となるなど、賛成意見が反対意見を大きく上回り、以降もその傾向が続いた。

Twitterは、同質性を助長するメディアであると言われている。ユーザーは、自分とは異なる意見を持つ他者よりも、自分と同じ態度を持つ人をフォローしがちである（長谷川・小向 2019）。したがって、何らかのきっかけによって他者をフォローした場合、自分のタイムラインには自分の好みにあった発言が多く表示される。他者との相互フォローによって同質性の高いコミュニティが生まれるが、自身の意見が多数派であるという認知は、発言数にプラスの効果を持つという指摘もある（小川ら 2014）。すなわち、一つのコミュニティ内で生まれた新たな言説に対して、人々がコミュニティからの疎外を避けるために同調した発言を行い、それがハッシュタグによってコミュニティを越えて広がったために賛成意見が急速に拡散した可能性もあり、Twitter上での意見の変化を即座に社会全体の価値変容とみなすことはできない。しかし、Twitter上の賛成意見の短期間での増加は、結果的に政策推進者の認知に一定の影響を与えることとなった。

長谷部の認識では、「これ（Twitterでの意見の変化）で（議会の反対派への対策に手を焼いていた）役所内の空気が変わった」[26]という。また、区長室長も長谷部と同じく運動の影響を実感したが、彼は一つ一つの投稿について、区民によってなされているか、同一人物の複数投稿かどうかなどを詳細に確認し、検討したわけではないという。[27]役所内の空気が変わった理由について、長谷部は、「条例を進める理由を探していた職員たちにとって、（議会の反対派を）説得する材料になったのだろう」[28]と捉えている。他に調査データ等がない状態にあって、ネット上の声は「行動の準拠を外部に求め、政治的配慮を重視する」（田尾 1990: 87）職員にとって、唯一の判断材料となるものであった。

たとえ不確かかもしれないデータであっても、職員にとっては、条例に賛同する人が区内に多数いるのだということをSNSを通じて認知することは、自らの行動の根拠となり、かつ反対派議員を説得するための材料ともなった。SNSを活用した運動がなければ、議会外に支持意見があるという論拠を示せず、保守派議員の反対を抑制できなかった丸亀市と同様の事態になっていた可能性もあった。

【2-2】インターネット署名活動

SNSを活用したもう一つの運動は、NPO法人グッド・エイジング・エールズの代表で杉山の友人、松中権が立ち上げたインターネット署名活動であった。二〇一〇年にNPO法人を設立して以降、LGBTもそうでない人も関係なく交流できる場づくりなどを行ってきた松中は、条例の成立に期待していた。

杉山を通じて長谷部と知り合った松中は、長谷部から、議会では半分以上が反対に回る可能性があり、流れを変えるために賛成の世論をつくる方法はないかと相談された。そして、署名サイト『Change.org』に多数の署名を集めることを思いついた。ネット上の同調者からの賛同を募り、議員に向けてそれを可視化しようとした[29]。なお、広範に拡散するべく、インターネット署名は主にTwitterを使って拡散された。

二〇一五年二月十八日に松中がはじめたインターネット署名のタイトルは、「渋谷区応援！　みんなにやさしい日本を目指して、『同性パートナーシップ証明書』を実現してください！」というものであった。先に触れた通り、反対派からの意見の多くは家族観の崩壊という観点からのものであり、反対する組織は「同性愛」や「同性婚」という議論を呼ぶ言葉で世論に訴えかけていた。そのため、松中は、長谷部が議会で最初に使ったダイバーシティという理念を「みんなにやさしい日本」という言葉に変換し、賛成・反対を生みづらい言葉を使ってSNSによるフレーミングを行おうとしたのであった。(30)

また本文では、「同性婚」という保守派が嫌う言葉を避け、伝統的な家族観フレームにも乗ることを避けた。さらに、海外の状況についても記述し、多様性社会という包括的な視点に議論を移そうと試みた。その際、先進＝後進というアナロジーも使った。これは、対立意見が生まれるのを回避しつつ、「みんなにやさしい日本」という言葉で、長谷部のフレームをよりわかりやすく補い、多くの人が賛同しやすい枠組みに転換した「フレーム拡張」と捉えられる。条例に関する勉強会をメディアに取り上げてもらう試みも成功し、先述の「家庭を守る渋谷の会」の署名は六七二四筆に留まったのに対し、三月十日以降はハッシュタグ運動の成果とも相まって署名数が増え、最終的には一万一四一七筆の署名を集めることができた。(31)

注目するべきは、フレームが運動により普及したかどうかを調べるために行った、以下の調査結果である。「同性カップル」や「同性パートナー」、「同性パートナーシップ」という言葉がどのような言葉とともにTwitter上でつぶやかれているのかを調べたものであるが、制度に賛成か反対かの立場を問わず、まず、多様性フレームを表す「多様性」と「同性」という言葉が同一文章内にあるツイートの数を調べると、**図2**の通り、二〇一五年は二〇一四年に比べその数が飛躍的に増加している（二〇一四年は一九八件、二〇一五年は一〇九六件）。一方、対抗フレームとなった「伝統的な家族観」を構成する「家族観」と「同性」という言葉が同一文章内にあるツイートの数を調べると、二〇一四年は十五件、二〇一五年は二六四件にとどまっている[32]。

特に、図3からは、「多様性」と「同性」が同一文章内にあるツイートは、二〇一五年二月十二日の条例案提出直後、また十八日、SNSを使ったキャンペーンであるインターネット署名活動が行われた直後に顕著に増え、その後も増加傾向にあったことがわかる[33]。

Twitterユーザーの態度変容について一つ一つのツイートをつぶさに観察して検討するのは困難であり、賛成派のみならず、反対派のうちの何人が多様性フレームに乗って発言したかについて調べるのは難しい。だが、松中の以下のような発言からは、インターネット署名運動を通じてLGBTに関する認知が形成され、多様性フレームが幅広い人たちに浸透したことが推察できる。松中によると、「3.11以降、個人で活動していた人が（SNSの）ネットワークでつながり、隣でやっている人が見えるようになった。最近では、グローバルなパイプを持ち、人権などの問題の解決に取り組んでいる人が、自分のネタにLGBTを入れてくれるようになった。そういうコミュニティの力も大きかった[34]」。

二〇一五年三月二十日、松中らが集めたインターネット署名はプリントアウトされ、陳述書とともに議長に届けられた（リアルな場でのフレーミング）。その分量から見た目にもインパクトがあり、自

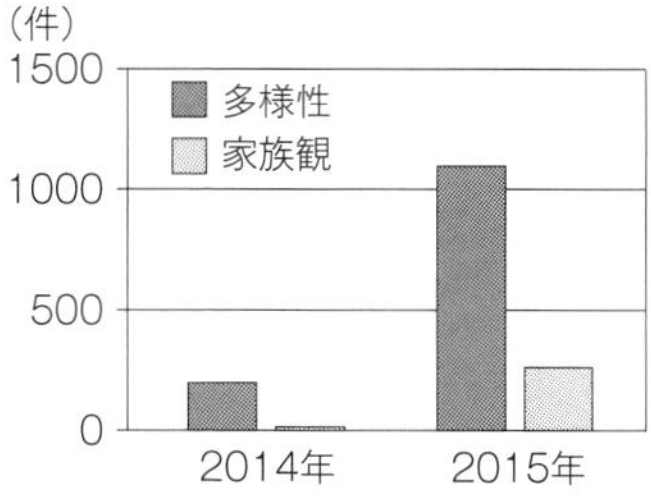

図2　ツイート数の変化（多様性フレーム vs 伝統的な家族観フレーム）

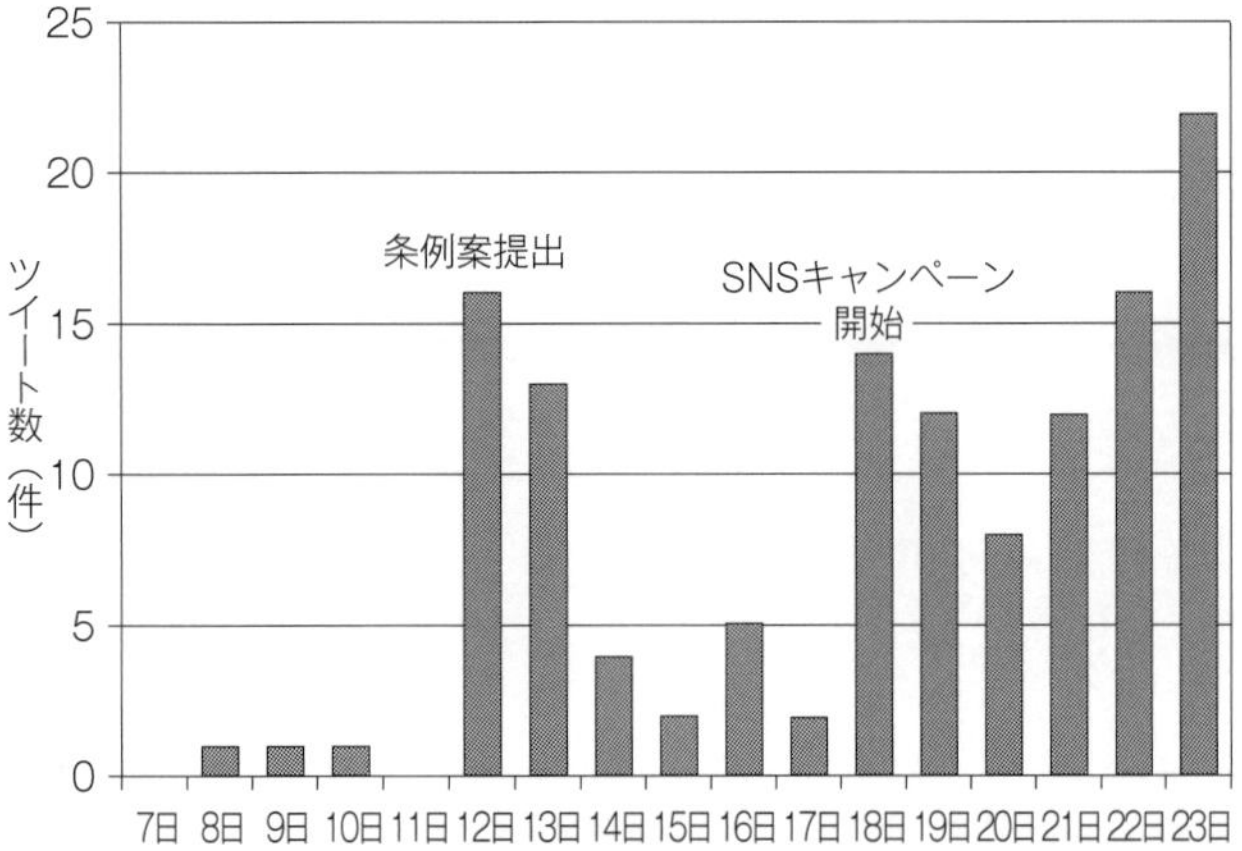

図３ SNS キャンペーン前後におけるツイート数の変化（2015 年２月）

民党議員にも驚かれたようだ[35]。二〇一五年当時はネット選挙が解禁されたばかりであり、二〇一三年の参議院議員選挙、そして二〇一五年の統一地方選挙等を見据え、自民党を中心に政治家がネット上のコミュニケーションや露出、存在感の獲得に力を入れはじめていた時期であった（西田 2016）。また、インターネット署名サイト『Change.org』の日本版ができたのも二〇一二年八月であった。そのため、議員たちは、ネット上でのコミュニケーションにまだ慣れておらず、SNSを中心に集められたインターネット署名を、その数以上に敏感に捉えた可能性がある。当時はネット上の活動の特性がよく理解されておらず、比較的少数のネット署名やツイートであっても、背後に多くの同意見が存在する可能性として受け止められがちであった。

　長谷部は振り返る。「インターネット署名は、意味があった。議員たちは、『これだけ多くの人が賛成しているのだ』と分かり、心情的に反対ではないが条例制定反対に回った人たちに動揺が広がった」[36]。公明党の議員は語る。「賛成のインターネット署名について は、当事者の声として参考にした。議会的には、潮目が変わったように感じた」[37]。自民党の議員は、その時初めてみる当事者の姿に驚いた[38]。松中らは当事者の姿を議員に見せることを意図して行っており、これも杉山が池山らに行ったのと同様、LGBTの問題は海外など、遠くで起きている社会問題ではなく、渋谷区の中にある課題だと議員たちに認知させる行為であった。理解の枠組みを拡大する「フレーム拡張」であるといえる。

なお、Twitter上で広められ、ネット世論に浸透していった多様性フレームは、マスメディアでも次第に多用されるようになった。**表2**は、主要各紙が「多様性」というワードを「同性」というワードとともに報じた記事数の週ごとの変遷である[39]。前述のように、「多様性」と「同性」を双方とも含むツイートは、条例案が提出された二月十二日より顕著に増加しており、十八日にSNSを活用した運動が始まってからは、さらなる増加傾向となっている。一方、条例案が提出され、SNSを活用した運動が開始される前の数週間をみてみると、報道の中で「多様性」が使われたのは、この条例案とは無関係な家庭面の記事の一例のみであった[40]。すなわち、SNSでの多様性フレームにもとづく発信は、マスメディアに先行していたということができる。

表２ 主要各紙の同性パートナーシップ制度を伝える記事で「多様性」が使われた回数

	出来事	朝日新聞	毎日新聞	読売新聞	日本経済新聞	産経新聞
1月 5日～1月11日		0	0	0	0	0
1月12日～1月18日		0	0	0	0	0
1月19日～1月25日		0	0	0	0	0
1月26日～2月 1日		0	0	0	0	0
2月 2日～2月 8日		0	0	1	0	0
2月 9日～2月15日	条例案提出	0	0	0	0	0
2月16日～2月22日	SNS キャンペーン開始	1	0	0	0	0
2月23日～3月 1日		0	1	1	0	0
3月 2日～3月 8日		1	1	0	0	3
3月9日～3月15日		0	0	0	0	2
3月16日～3月22日		1	1	0	0	0
3月23日～3月29日		0	0	0	0	0
3月30日～4月 5日	条例可決	3	2	0	0	2
4月 6日～4月12日		0	0	0	0	0
4月13日～4月19日		0	0	1	1	3
4月20日～4月26日	区長・区議会議員選挙	0	0	0	0	0

第3節　区長・議員・職員への影響

ここまで、条例制定までの過程を概観し、その中で運動家がいかにフレーミングを行ったかを検討した。導入過程において、保守系の団体による反対運動が起きたものの、Twitterを使って拡散されたハッシュタグ運動やインターネット署名活動により多様性フレームが広がると、ネット世論が賛成に転じた。また、杉山が準備した当事者との面談の場（フレーム拡張）やインターネット署名の議会への提出（フレーム拡張）等、リアルな場では政策推進者に直接アプローチする形でフレーミングが行われたのであった。では、運動を受けて、区長・議員・職員はそれぞれ、どのような影響を受けたのであろうか。運動は、保守派議員の反対表明を抑制することができたのか。政策過程の各局面において、運動によるフレーミングが政策推進者に与えた影響は、以下に整理できる。

【3-1】区長や職員への影響

渋谷区では、議員である長谷部が、運動家である杉山との偶然の出会いを契機として、同性パートナーシップ制度を議会で提案するところから政策過程がはじまっていた。区長の認知を形成するため、長谷部が議会において多様性フレームを用いたフレームブリッジを行ったのである。その後、目立った動きがない状態が続いた後、政策過程を前に進めるべく、運動家による運動が観測された。それは、リアルな場での、LGBT活動家の杉山によるものであった。杉山は、「（仮称）渋谷区多様性社会推進条例の制定に係る検討会」のメンバーで保守派の池山に対して、当事者との面談の機会を設け、それによってフレーム拡張を狙ったのである。結果、検討会の答申では条例の制定が推奨された。

一期目の当選時から無所属だった長谷部は、折にふれて区長の桑原に考えを伝え、彼が提案を実行してくれることを望んでいた。また、長谷部は自民党や公明党、民主党といった既存政党とも良い関係を築いており、様々な施策が与党会派の合意のもとで進むことを好んでいた桑原が警戒することもなかった。(41)

一方で、桑原は他の「自民型」の首長と同様に目新しい施策を取る方ではなかったが、幼い頃に父を亡くし、祖父母の家で育った自己の経験もあるためか、社会的弱者に向けた施策では革新的な施策を取り入れてきた。「年収四百万円以下の世帯の保育料無料」を達成したのをはじめ、貧困や子育てで苦しんでいる家庭に積極的に手を差し伸べてきた。また、子どもが自分の責任で自由に遊ぶ「プレーパーク」の設置等、職員や議員からの提案を受け納得したものについては、他自治体に先駆けて実施してきた。そうした背景もあり、長谷部によって自身が認知していなかった問題を提起された桑原は、検討会の答申を受け、条例の制定を決断したのであった。(42)しかし、政策の方針が報道されるとネット世論は二分され、反対運動まで起きてしまった。そして、首長と職員が世論の動向を注視していたところで行われたのが、ハッシュタグ運動、および松中によるインターネット署名活動によるSNS上でのフレーム拡張であった。

もともと長谷部がはじめて使った多様性フレームは、それが運動家らによってSNS上で多用されると、対抗する伝統的な家族観フレームを後進的なものとして、幅広い層を取り込みながら人々に浸透していった。結果、渋谷区では、ＳＮＳ上では同性パートナーシップ制度を多様性フレームによって語ることが確定し、制度に対する人々のネット上での賛成意見の増加に貢献した。そしてそれが、職員らの認知形成に役立った。職員は、渋谷区内に多数の賛同者がいるということを自らの行動の根拠として新政策を推進し、反対派の議員を説得していった。

【3-2】自民党議員への影響

一方、松中のインターネット署名活動によるＳＮＳ上でのフレーム拡張はまず、自民党議員に影響を与えた。自民党が抵抗するための戦略としては、既に反対運動を展開している団体と組んだり、保守系のメディアとともに世論形成を図ったりすることも考えられた。しかし、保守系メディアとしては、二〇一五年四月一日に、月刊『正論』二〇一五年五月号が「明治神宮が『同性婚の聖地』になる日」というタイトルで条例に反対する論文を掲載した以外に目立った動きは見られなかった。

自民党がキャンペーンを展開して抵抗した痕跡がみられないのは、まず、本ケースではプレスリリースから議案審議までの期間が短く、十分に反対運動を展開する時間がなかった（ＳＮＳでは形成がすぐに不利になった一方、既存の運動を展開するには多大なコストがかかった）ことが挙げられる。代表質問で制度に対する発言を行った議員は、最終的な判断をする際、「都連や自民党本部に特段意見を求めたり、（彼らから）指示が出たことはなかった」[43]というが、党内論議が進んでいないうちに賛成派によるインターネット署名活動が行われ（署名はTwitterを通じて拡散された）、そこで多様性フレームが選択されると、反対派の運動の二倍近くの署名が集まった。そして、プリントアウトされたネット署名等により区内のLGBT当事者や新施策への賛同者が可視化されると、自民党議員は世論の支持を失う可能性から、制度について明確に反対するという選択肢がとれなくなってしまった。議員は以下のように述べている。

LGBTの問題、男女共同参画の問題、女性の権利の問題は本来別々のものなのに、一緒にされて議論の俎上にあがった。「ダイバーシティ」として一つにくくられ、長年培ってきた男女平等参画の活動をないものにしてしまうものと感じた。自民党議員団の中にも当然様々な意見があったが、最後は、議論が熟していない時に拙速な判断だという理由を挙げて、反対に回った。(44)

また、議会での審議後は、すぐに区長選挙や同日での区議会議員選挙が控えていた。桑原の突然の退任と長谷部への後継指名によって、議員たちは桑原に代わる新たな区長候補の選考作業を急ピッチで行うことを余儀なくされたばかりか、自身の選挙もあった。また、国政レベルでは安全保障関連法案等の重要法案の議論が盛んに行われている時期でもあった。時間的・政治的余裕がなくなる中で、企画から掲載までに時間を要する雑誌メディア等に記事の掲載を依頼したり、他の団体と組んだりして抵抗運動を企図することは不可能であった。そのような中、運動がフレーミングによって人々の認知の枠組みを変え、ネット世論が瞬く間に賛成多数となると、援軍が見当たらない、もしくは形成できない状況下にあって、自民党議員は議論が熟していないこと以外の反対理由を表明することにリスクを感じるようになったのである。議員は、反対することへのリスクについて直接は言及していないものの、「Twitter

の動向は当然意識した」と語っている[45]。運動家による多様性フレームの活用により、法案への反対は、当事者以外からの支持をも失う可能性を議員に意識させたのだと捉えられる。

自民党は、党というより個人に組織票がつく「議員政党」である。多くの地方議会で首長を擁立したり与党となっていたりするものの、国政で共に与党を構成している公明党とは違い、一つの選挙区で候補者をすげ替えると新しい候補者に票が集まるとは限らないし、議員が不用意な発言をすれば途端に支持層の反発を招き、次の選挙に影響する場合もある。また、先行研究で触れた通り、長期的には、自民党の地方での支持基盤が揺らいできており、ときに一定数の票を「無党派」の人々に求めなければならないという現状もある。しかし、支持者や一般の人々の間で意見がはっきり定まっていないような問題については、それぞれの議員が表立って賛成・反対の意見を表明したり、会派として議会で明確に反対したりすることが難しく、こうした支持の調達構造上の特徴も考慮に入れる必要がある。なお、性的マイノリティに関するテーマについては、自民党の利益団体の利益にもつながる可能性も指摘されている。「東京オリンピックを控えた今を逆に『好機』として、むしろLGBTのマーケット（いわゆるピンクマネー）としての潜在性や、企業や地域のブランディングやプロモーション戦略としての可能性などが、保守勢力に対して効力を発揮する」（鈴木賢 2017: 37）と論じるものもある。

【3-3】公明党議員への影響

一方、議決においてそれまで自民党と歩調を合わせてきた公明党は、区長によるプレスリリースがあった直後に行われた議会（三月二日）での代表質問の冒頭で、議員の栗谷順彦が以下のように述べ、その後区長に様々な論点について質問している。

二月十二日、二十七年度の当初予算のプレスリリースの日、お昼のニュースを見て目が点になりました。一つは、議会が補正予算を通し設置された条例制定・検討会の経過が委員会に報告されることもなく、かかる条例案が三月議会に提出されたということに対してであります。二つ目は、区が結婚と相当の関係として同性パートナーシップ証明を発行するというセンセーショナルな報道にであります。(46)（後略）

議会での質問の意図について、会派を代表して質問を行った議員に聞くと、（1）公明党がすでにLGBTの問題について研究しているということを主張するため、また、（2）本制度は導入が確定的ではないと念を押し、議論の余地がある部分についてははっきり言うためであったという。(47)質問中は、「この証明書は二人に有形、無形の価値、何らかのベネフィットを与えることになります(48)」と述べているが、制度について肯定的ではあったものの、この段階では案をそのまま受け入れるつもりはなかったことがうかがえる。

しかし、その後、松中らによって行われたインターネット署名運動はフレーミングでネット世論を喚起したのみならず、署名がプリントアウトされて議会に届けられると、リアルな場でのフレーム拡張ともなった。そして、SNSと非SNSの両方で行われたフレーミングは、公明党議員団の認知も形成した。「SNSでの動向やインターネット署名の結果を参照した」という議員によると、「党本部にも相談したし、党内で補足するべき箇所等について様々な議論もあったが、最終的には、人権に関わることだから、きちんと精査し、まずは賛成した上で、付帯決議をつけて対応しようとなった[49]」。自民党からは議決で反対に回るような求めもあった。「（自民党とは）国政で連立を組んでおり、概ね歩調を合わせてきたが、最後は、公明党内で積み重ねて来た議論、支持者の声、また自分たちの判断で賛成に回ることにした[50]」とのことである。議会における自民党議員団の議席数は十であったため、自民党にとっては、公明党（議席数は六）が賛成に回ったことで、議会で過半数を取る望みが薄れた。

ただ、以下の公明党議員のコメントには本音が垣間見える。「今回の条例は、区長（および議員の）選挙との絡みで（多くの有権者からの支持を得る必要があるため）政治的な意味合いもあり、成立した案件だった。このタイミングでなければ、自民党との関係もあり、成立しなかったと思う[51]」。

以上より、政策過程のそれぞれの局面において、運動家がSNSを活用したフレーミングにより、賛成のネット世論をつくり、あるいは対面によるフレーミングで職員や議員の行動に影響を与えた様子がうかがえる。SNSによりつくられたネット世論については、SNS上に地域に散在していた当事者や賛同者の存在が集合的に見えるようになると、それが世論を正確に反映しているかどうか疑わしかったとしても、政策推進者はそこに潜在的な支持者の存在を見出したのである。この点については、次項で改めて検討したい。

【3-4】SNSによる影響

最後に補足的に、特にSNSが本区における区長・議員・職員の認知に与えた影響を明らかにしておく。

政策過程をフレーミングによる政策推進者の認知形成を中心にまとめ直すと、以下のようになる。

（1）議員の長谷部が区長の桑原に、議会で多様性フレームを活用したフレームブリッジを行った。ここで、区長には社会課題に対する認知が形成された。

（2）その後、しばらく行政の動きは観測できなかったが、同僚の議員が議会で提案したことから、専門家による検討委員会がつくられることになった。検討委員会では、運動家の杉山が当事者を導入のキーパーソンにリアルな場で会わせるなどしてフレーム拡張を行った。ここで、検討委員会の委員に認知がつくられ、政策を進めるべきだという報告書が出来上がった。同性パートナーシップ制度を桑原がプレスリリースで発表した際には、事前の情報提供がなかったこともあり、与党の議員などから反発を受けた。この時点では公明党も完全に同意をしたわけではなく、議会構成上、条例の成立は危うかった。

（3）メディアの報道を受け、ネット世論も当初は賛成と反対に二分されていたが、ハッシュタグ運動で多様性フレームが増幅されると多くの人々が賛成に転じた。長谷部によると、これにより職員の認知がつくられ、彼らは反対する議員を説得するようになった。さらに、（4）公明党議員の証言によると、多様性フレームが用いられたインターネット署名活動により多数の賛同者の存在がネット上に可視化されたこと、さらに署名が議会にも提出されたことで、与党を構成する公明党に、区内にLGBT当事者や制度への賛同者がいるという認知が形成され、議会で条例の成立の見込みがたった。なお、マスメディアの報道は、SNS上の活動がはじまった後に、多様性フレームを多用するようになった。区長選挙ではマスメディアによりパートナーシップ制度の是非が争点化されたが、そこでも多様性フレームが用いられていた。保守派議員は、選挙で長谷部が勝利すると、最終的に全く抵抗しなくなった。

本項の趣旨に従って、一連のフレーミングからSNSによるものだけを取り出すと、（3）と（4）に示した、反対運動が展開された後に行われたハッシュタグ運動とインターネット署名活動となる。杉山によるリアルな場でのフレーミングは、政策過程の初期段階で、検討委員会の委員に対する認知形成と、それを受けた区長の政策推進に役立った。だが、その後に反対運動が起きると、職員らは世論の動向を注視するようになった。そこで行われたのが、SNSを使ったフレーミングであった。ここで運動家により採用され、広がった多様性フレームがTwitter上での賛成意見の増加に役立ち、インターネット署名の議会への提出によるフレーミングと組み合わさって、議員が区内のLGBT当事者や制度への賛同者の存在を認知し、彼らの政策判断に影響を与えたのである。社会運動によるSNSの活用は、フレーミングによりネット世論を喚起することで、首長・議員・官僚の新たな認知をつくり出すことに、一定の役割を果たしたといえる。

なお、渋谷区における運動は、一部で起きた反対運動に抵抗するためのハッシュタグ運動、および議員に向けて賛同者の存在を可視化するためのインターネット署名活動であったが、運動の拡散にはどちらもTwitterが使われ、それが多様性フレームをネット上に広げることに役立った。そして多様性フレームが広がると、ネット上では急速に賛成世論が多数となった。Twitterは、ユーザーが自分とは異なる意見を持つ他者よりも、自分と同じ態度を持つ人をフォローしがちであることなどから、同質性を助長するメディアであると言われている（長谷川・小向 2019）。あるコミュニティ内で生まれた言説に対し、人々がコミュニティからの疎外を避けるために同調した発言を行い、さらにハッシュタグ等によってコミュニティを越えて拡散されるとその言説は急速に広がっていく。今回、Twitterを活用した運動はこうして当事者／非当事者のコミュニティを越えた賛成世論をつくり出し、それが職員や保守派議員に影響を与えたのである。

第4節　本章のまとめ

以上、渋谷区で制定された同性パートナーシップ条例の政策過程を概観した。ここでは、区長と議員との関係性、マスメディアによる報道など、様々な要因が政策過程に作用し、新政策の採用に影響を与えていたが、少なくとも運動はフレーミングを行っており、フレーミングが首長・議員・官僚の新たな認知をつくり出すことに役立ったといえる。当初は賛否があった中で、運動家により賛成世論を形成する意図をもった運動が行われ、それにより、SNS上に新たに多様性フレームが形成された。区長・議員・職員はSNS上での賛成世論の高まりをチェックしており、結果的にそれが彼らの意識の変化をもたらしたのである。

運動によるSNSの活用は、ネット世論をチェックしていた政策推進者の認知形成につながり、彼らの行動に影響を与えた。条例の制定過程では、組織による目立った行動は見られなかったが、議員や職員は、Twitter上の言説に積極的に運動体を見出したのである。結果、議会構成上、鍵を握っていた公明党はネット世論を考慮し賛成に回り、当初は条例に反対していた自民党議員は、政治的な考慮から、イシューをめぐっての政治的な対立を避けるようになった。彼らがこのまま反対を表明し続けるのは得策でないと感じて態度変容したことで、Campbell（1992=1995）の言う「政治型」が収束し「認知型」に移行する形で政策転換が起きた。最大政党が政策に好意的でなく、議会で賛成派が劣勢な場合でも、運動によるフレーミングが作用することにより、政策実現を達成することができたのである。

渋谷区の条例は、男女の人権の尊重（第3条）と性的少数者の人権の尊重（第4条）を二つの柱とし、それぞれについて、実現し、維持するべき事項を定め（第3・4条）、区・区民・事業者の責務（第5～7条）と差別の禁止（第8条）を明記し、区の行う施策として、行動計画の策定（第9条）とともに「パートナーシップ証明」の発行を規定する（第10条）ものである（中川 2016）。本条例は、婚姻に近い効果を与える「婚姻モデル」ではなく、当事者が可能な範囲で個別に効果を積み上げる「契約型」で同性パートナーシップ制度を規定するものであり、いわゆる「理念条例」であった。そのため、保守派議員の反対表明を抑制することが条例成立の鍵を握ったが、SNSを活用したフレーミングがLGBT当事者や制度への賛同者の可視化により、これに貢献したことが明らかになった。

もちろん、社会運動によるフレーミング以外が政策過程に与えた影響もあるであろう。伊藤修一郎（2002）のいう政策出力を促すもののうち、「内的要因」の中でも首長の所属政党や政策上の選好、議会の勢力バランス、それらに影響される官僚の行動などを指す「政治要因」を検討したい。まず、首長の所属政党・選好、および議会バランスについては、渋谷区では区長が「自民型」であり、かつ議会構成が自公で過半数となる、新政策の採用には不都合な状況であった。職員については、公明党が賛成に回り、不確実性が取り除かれた段階で、政策を推進していた。

伊藤が考慮していなかったマスメディアによる報道はどうか。まず、SNSで本制度に関する話題が盛り上がったのは、区長によってプレスリリースが出されたのを受けて、マスメディアが一斉に報道した後であった。また、インターネット署名が届けられた際にも新聞等による報道があった。加えて、区長選挙の際には、メディアによる争点設定があった。したがって、インタビューからはそうした証言を得ることができなかったものの、議員などは当然、報道から影響を受けたと考えられる。しかし、前述の通り、筆者が行った調査では、SNSでの多様性フレームにもとづく発信は、マスメディアに先行していたのである。

渋谷区で特徴的なのは、議員である長谷部が新政策の採用を確実にするために、運動を活用したという点である。長谷部が知人の松中に依頼したインターネット署名のキャンペーンが、議会構成上鍵を握っていた公明党の政策判断に一定の影響を与えていたことは上述の通りだが、その運動には、長谷部が使った多様性フレームが活用されていた。LGBTが抱える課題は、一般に当事者のみのものであるとされ、そのための制度を構築することは人々の関心の外にあった。また、同性パートナーシップ制度が一度家族をめぐるイシューになってしまえば、保守派による伝統的な価値観と対立し、議会内外で政治闘争が繰り返される可能性もあった。そのような中、長谷部が多様性という言葉を持ち出し、多様性社会をつくることは国際社会のトレンドであること、また、LGBTを包摂する社会づくりが多様性社会に向けた第一歩であるとし、多くの人の関心を喚起することを狙った。そして、多様性フレームが運動により広められ、人々の新たな解釈の枠組みをつくると、反対派の議員たちは自らへの支持を失うことへの恐れから、イシューをめぐる政治闘争を避けたのである。

【注】

（1）必須事項である、という意味で使っていると解釈する。

（2）平成二十四年渋谷区議会第二回定例会（六月八日）会議録 https://ssp.kaigiroku.net/tenant/shibuya/SpMinuteView.html?power_user=false&tenant_id=394&council_id=808&schedule_id=3&view_years=2012（二〇一九年十一月十二日取得）

（3）長谷部に二〇一六年八月十日に区長室で行ったインタビューによる（以下、「長谷部」とする）。

（4）長谷部が原宿表参道欅会の青年部の活動として二〇〇三年につくったごみ拾いの団体。

（5）長谷部

（6）同上

（7）平成二十五年渋谷区議会第二回定例会（六月五日）会議録 https://ssp.kaigiroku.net/tenant/shibuya/SpMinuteView.html?power_user=false&tenant_id=394&council_id=901&schedule_id=3&view_years=2013（二〇一九年十一月十二日取得）

（8）検討会の議事要旨による。

（9）同上

（10）杉山に二〇一七年六月十二日に「irodori」で行ったインタビューによる（以下、「杉山」とする）。

（11）長谷部

（12）同上

（13）長谷部は、二〇一四年の秋まで、桑原から「次の選挙に出る」と聞いていた。

（14）長谷部。他には、自民党に事前の相談もなく長谷部を後任に選んだことへの反発党があると推察する。

（15）自民党議員に二〇一七年の二月六日に電話で行ったインタビューによる（以下、「自民党」とする）。

（16）長谷部

(17) 同上
(18) 二〇一八年三月四日現在、533tweetとなっていた。
(19) 電通ダイバーシティ・ラボが二〇一九年一月十日に発表した「LGBT調査二〇一八」によると、セクシュアル・マイノリティ（LGBT）の割合は全体の8・9パーセントとなっている。同性パートナーシップ制度を導入したところで、この数が増えたり減ったりすることはなく、少子化にはつながらない。
(20) 渋谷区の区長室長に二〇一六年八月に区役所内で行ったインタビューによる。（以下、「区長室」とする。）
(21) 「日本文化チャンネル桜」を創業した水島総が立ち上げ、幹事長を務めている右派系活動団体である。
(22) 「#渋谷区の同性パートナーシップ条例を支持します」というハッシュタグがつけられた投稿を、二〇一九年一月五日に筆者が一つ一つ判別した。
(23) 運動を展開した方に、二〇一七年十月二十二日に、TwitterのDMで質問した内容による。
(24) Twitterでは、同社による事前の同意がないまま、本サービスのスクレイピングをすることは明示的に禁止されている。そのため、筆者の手作業により、二〇一九年一月五日に投稿の数を数えた。
(25) 「同性パートナー」という言葉を検索の上、すべての検索結果から、筆者がTwitter上の投稿を一つ一つ判別して二〇一八年十二月三日に作成した。「賛成」には「応援する」、「支持する」などポジティブなワードで肯定的に捉えている投稿を、「反対」には、「許さない」、「ありえない」などネガティブなワードで否定的に捉えているものを、また「中立」には価値判断をしていない投稿のほか、ニュースを引用したものを分類した。
(26) 長谷部
(27) 区長室
(28) 長谷部
(29) 松中に二〇一七年六月十四日に「TRUNK（KITCHEN）」で行ったインタビューによる（以下、「松中」とする）。
(30) 松中
(31) 筆者が『Change.org』の該当ページを二〇一九年一月五日に確認した。
(32) 「多様性」、「同性」という組み合わせ、また「家族観」、「同性」という組み合わせで検索の上、すべての検索結果から、筆者がTwitter上の投稿を一つ一つ判別して二〇一九年一月五日に作成した。なお、伝統的な家族観フレームを表す言葉として「伝統的な家族観」ではなく「家族観」を選んで検索しているのは、「伝統的な家族観」とまで絞った検索ワードにすると極端にヒットするツイートが減るからである。「家族観」とツイートするほとんどは、「日本の伝統的な家族観を守るべき」といった意見であったが、「家族観」という言葉を使ってツイートするものの中で、「同性カップルを認めるのは新しい価値観だ」といった趣旨のものは、集計結果からは除いている。

(33)「多様性」、「同性」という組み合わせで検索の上、すべての検索結果から、筆者がTwitter上の投稿を一つ一つ判別して二〇二一年六月六日に作成した。

(34) 松中

(35) 同上

(36) 長谷部

(37) 公明党議員に二〇一七年の二月二十日に会派の控え室で行ったインタビューによる（以下、「公明党」とする）。

(38) 自民党

(39)「多様性」が報道する際のフレームとして使われているか否かを調べるため、「多様性」を条例案の名称としてのみ記載する記事、および、「男女平等と多様性を尊重する社会の推進をうたった条例」など名称の言い換えとしてのみ記載する記事は除いた。

(40)「[生活調べ隊] 性的少数者 職場で配慮 多様性認め理解者増やす」と題された二〇一五年二月三日の読売新聞の記事である。[生活調べ隊]とは、「くらし家庭面」におけるコーナー名称である。

(41) 長谷部

(42) 同上

(43) 自民党

(44) 同上

(45) 同上

(46) 平成二十七年渋谷区議会第一回定例会（三月二日）会議録 https://ssp.kaigiroku.net/tenant/shibuya/SpMinute

View.html?council_id=1126&schedule_id=2&minute_id=44&is_search=true （二〇二〇年十月十一日取得）
（47） 公明党
（48） 平成二十七年渋谷区議会第一回定例会（三月二日）会議録 https://ssp.kaigiroku.net/tenant/shibuya/SpMinuteView.html?council_id=1126&schedule_id=2&minute_id=44&is_search=true （二〇二〇年十月十一日取得）
（49） 公明党
（50） 同上
（51） 同上

第2章　波及元——世田谷区

前章では、渋谷区での新政策の採用過程における運動家による「多様性フレーム」の採用とそれが政策推進者へ与えた影響の検討を行った。本章で扱うのは、世田谷区における新政策の採用過程である。(1) 結果から先に述べると、本区においては、同性パートナーシップ制度の導入決定後に、導入のキーパーソンである区議会議員によって、Twitterのまとめサイトを活用した政策波及を促すための運動が行われていた。そしてその行為は、序章において理論的にありうる現象として想定した、運動のネットワークによる「フレーム伝播」を構成することとなった。本区では、新政策の採用過程において、議員によるSNSでの活動報告はあってもその政策過程への影響は観測できなかったが、議員が自ら運動家となる形で行った制度の導入決定後のSNSの活用が、他自治体への政策波及に貢献したといえる。

本章では、まず第1節で、本区での制度の導入過程を概観し、特に要綱での「世田谷方式」が生まれた背景、また、導入のキーパーソンとなった議員が政策波及を狙った背景について記述する。次に、第2節で、制度導入後の政策波及を意図した動きについて記述し、第3節では、こうした過程が札幌市や

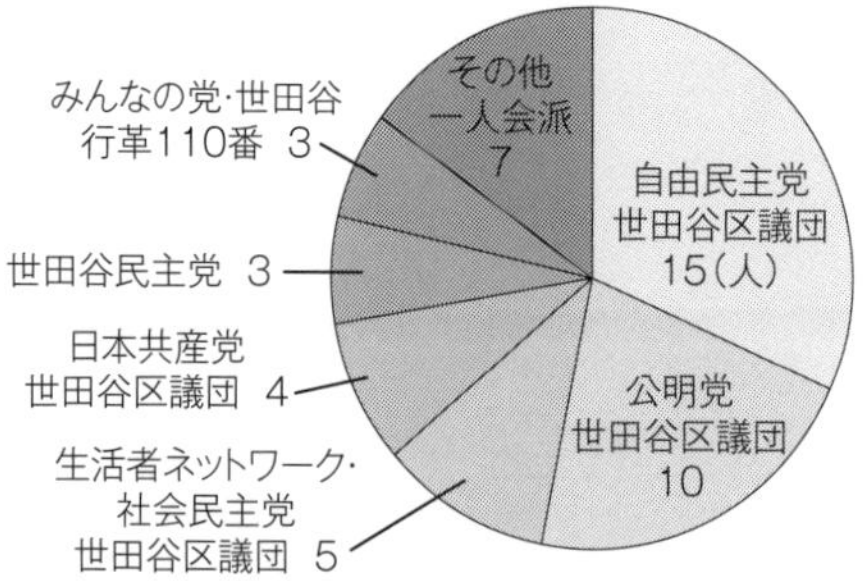

図1 要綱制定時の会派毎の所属議員の人数

港区へとつながる一連の過程の中で果たした役割についてまとめる。

なお、あらかじめ政治的機会構造についてまとめておくと、まず、区長は「非自民型」であり、議会構成については、「自公が過半数」となっていた（図1）。そのため、区長はしばしば自公と対立し、自らの政策が簡単に通る状況ではなかった。

第1節 「世田谷区パートナーシップ宣誓」の制定過程

渋谷区に続く制度導入となった世田谷区であるが、本区にはそもそも、二〇〇三年に初当選して以来、当選を続けている区議会議員で、議員になる前からＬＧＢＴ当事者として運動を続けてきた上川あやによる運動の積み重ねがあった。上川の運動を受けて役所や議会では様々な議論が交わされ、当事者の生きづらさを解消する施策がいくつも実行されていた。そのような中、上川は当事者のネットワークから渋谷で同性パートナーシップ制度の導入を求める動きがあること知り、区長や職員へ働きかけを行う準備をしていた。

【1-1】制度導入の訴え

上川は一九六八年、台東区で三人兄弟の次男として生まれた。「幼いころから女の子向けのアニメを観たり、人形遊びをしたりするのが好きだったが、第二次性徴を迎えると男の子に恋愛感情を抱くとともに、男性化していく自分の身体に違和感を覚えるようになった」（エスムラルダ・KIRA 2015）。大学を卒業し、就職しても将来に展望が持てず、生きていく意味が分からず過ごしていたが、二十七歳の時、トランスジェンダーの人に出会い、ようやく自分の存在が理解できるようになった(2)。その後、女性ホルモンの投与を開始し、女性の姿になり、女性としての生活をはじめると、「戸籍の性別の壁(3)」を経験した。司法、行政、立法府に訴える活動を開始したが、思うようにいかない現実に憤りを感じた(4)。

ある時、ある地方議員に、議員になることを勧められた。そして、「立法府で正面から取り上げてくれないと変わらない状況なのに、会おうともしない政治家がいる。一方で自分は生活の様々な場面で困っていて、行政に訴え、それを却下された経験も持っている。社会を変える一番の力は当事者のもつ説得力だろうと思ったときに、人に期待するだけではなく、自分がやる必要があると思った(5)」。上川は、二〇〇三年四月、性同一性障害であることを公表の上、区議会議員選挙に出馬し当選した。メディアからも注目される中で国に対する要請活動も続け、七月十日には国会で「性同一性障害者特例法」が成立した。

上川は区議会でもＬＧＢＴの支援につながる質問や提案を行った。結果、二〇〇四年一月には世田谷区の行政書式の大半から性別欄が削除された。また、二〇〇七年三月に公表された「世田谷区男女共同参画プラン」には、施策の一つとして「性的少数者への理解促進」が盛り込まれ、性的少数者を理解するための区民講座やセミナー、学校教員を対象とした研修などが行われることとなった。さらに、二〇一四年四月からの「世田谷区基本計画」では、「多様性の尊重」がうたわれ、これが後の要綱策定の裏付けともなった。上川によると、「世田谷区議会は自民党が強いから、条例提案はなかなか難しい。でも、議論のベースになるものをつくっておきたかった[6]」ようだ。なお、上川はSNSのアクティビストでもあり、フォロワーは一万四五七五人を抱え（二〇一九年二月十一日現在）、インフルエンサーとしても存在感を発揮していた。政策の提案内容、区長の反応、課長との折衝等については、逐一 Twitter で発信していた。

以上のような積み重ねがある中で、それまでLGBT関連の政策ネットワークにおらず、さらに当事者でもない渋谷区議会議員の長谷部から二〇一六年六月にパートナーシップ証明書発行の提案がなされたことは、上川からしてみれば、「寝耳に水[7]」の出来事だった。上川は、長谷部が提案したその日に仲間のSNSを通じてその情報を知ると、とても驚いた。さらに一年後、長谷部と同じ会派の岡田マリがこの問題を取り上げ、区長の前向きな答弁を引き出したが、その後の他の議員の発言で答弁が後退したのを見て、「いいかげんな質問をすると、いいかげんな議論になる。ならば、私がやらなければと思った[8]」。

二〇一四年五月、上川は、兵庫県宝塚市長の中川智子から、同性カップルの存在を認める施策をつくるための研修会で話をして欲しいと依頼され、同市を訪問した[9]。中川は元衆議院議員で、上川が議員になる前に「戸籍の性別の壁」の窮状を訴え、会うことができた国会議員二十人のうちの一人であった。当日は職員と議員に対し、自身の生い立ちやこれまでの活動内容、それに同性カップルに対する国内や海外での対応などについて話をしたほか、中川には、市役所のホールで、同性カップルを認める挙式を行ってはどうか、という提案をした(10)。

上川が世田谷区議会でそれまで同性パートナーシップ制度について提案をしていなかったのは、それを求める当事者の存在がみえずにいたからであった。上川は、当事者がいるかいないか分からない状態では、行政が率先して制度をつくることはないし、そうした状況で、議会で敢えて質問しても良い答弁には決してならず、マイナスの答弁は弊害にしかならないと考えていたのである（上川 2016）。しかし、宝塚市での講演の後、他の市で制度の後押しをしておいて、自分の街で取り組んでいないことに疑問を覚えた上川は、東京に戻るとすぐに資料をつくり、八月二十五日、世田谷区長の保坂展人に区長室で同性パートナーシップ制度の提案をした。保坂から議会で提案するなら前向きな答弁をするという確約を得た上川は(11)、九月に行われた区議会定例会の本会議で、国内外での同性パートナーをめぐる制度などの動向について紹介した後、同性愛者が家族を持つ権利について質問した。また、区としてパートナーシップの名義的な届け出を受け付けることなどの方策を検討するよう要望した。区長の答弁は次のようなものであった。

基本構想、そしてさらに具体的にセクシュアルマイノリティーの差別の解消ということをうたった基本計画の内容を具体的に実現するために、自治体としてどのような取り組みが必要なのかという観点から、所管部には国内外の自治体の取り組み事例などを調査、参照して、研究、検討するように指示し、対応を立てていきたいと考えております(12)。

区長の前向きな答弁を受け、所管課での検討がはじまった[13]。

【1-2】当事者の可視化

上川の提言を受け、区の「男女共同参画に関する区民意識・実態調査」の中には、はじめて性的マイノリティに関する項目が入った。一方、上川は、パートナーシップの関係にあることを証明する書類の発行については高い壁があると感じたのも事実であった。なぜなら、議会での答弁を受け、担当課には、流山市の「恋届」[14]を参考にパートナーの届出制度をつくるのはどうかという提案をしたが、部長の判断で却下されてしまったからである。上川は、「区長はリベラル派なので味方をしてくれるが、現場レベルの行政職員に理解はないと思った[15]」と証言する。

行政が動かない理由を考える中で、上川が特定したのは、職員に区内にいるLGBT当事者の姿がみえていないという事実であった。上川は、「障害者であれ高齢者であれ、そこには当事者が見える。ならば、性的マイノリティにも、その基盤をつくろうと思った」とする。そして、「行政職員に認めてもらうには何が必要か。同居しているカップルを探そうと思った。住民票をみれば一目瞭然。周りにLGBTの友人はたくさんいるが、あえて同居しているカップルを探すことにした[16]」。上川は、当事者などいないと考えている区の関係者に彼らの存在を可視化し、区内にもLGBT当事者がいるという認知をつくることを考えたのである。これは、渋谷区で杉山が「渋谷区多様性社会推進条例の制定に係る検討会」に対して、LGBTの問題は海外など、遠くで起きている社会問題ではなく、実際に渋谷区の中にある課題だと認知させたのと同様の行為である。これまで議員として一人で戦い様々な施策を実現してきた上川が、今回の制度導入にあたり、支持基盤の拡大のため、理解の枠組みを拡大する「フレーム拡張」を行おうとしたのである。

二〇一五年一月、区長や職員に当事者を会わせるため、上川は「世田谷ドメスティック・パートナーシップ・レジストリー」を設立した。LGBTの友人に声をかけ、上川の考えが書かれたメールを転送してもらうなどして、区内在住のカップルを集めた。最初は上川の知り合いの二組だけだったが、回を重ねるごとに人が増え、区長に要望書を出す頃には三十人になった。メンバーとの議論の中では、ゲイはゲイ、レズビアンはレズビアンのコミュニティでつながっており、LGBTの相互の連携や地域コミュニティとのつながりは希薄で、多くの人がひっそりと暮らし、様々な面で不便を感じていたことが明らかになった。四月に統一地方選挙が控えていたこともあり、メンバーで話し合い三月上旬に区に要望書を出すことにした[17]。

それまで水面下で活動していたレジストリーであるが、転機が訪れたのは、二〇一五年二月十三日に渋谷区で同性パートナーシップ条例案が区長の桑原から提出されることをメディアが報じたことであった。渋谷区でのプレスリリースの一週間前、上川は知り合いの渋谷区役所の職員から、記者発表がある旨を聞いていた。「すごいことが起こる。とにかくこの流れにのって、応援しなきゃと感じた」という上川は[18]、保坂にTwitterのDM／ダイレクトメッセージ機能を使い、「大変な話題ですね。ぜひ世田谷区も後に続きましょう！　世田谷区内に現に〈同居する〉同性カップル組二十人で要望書を作っています。（メディア同伴で?）お届けに区長室に上がりたいと思っています。ご対応くださいませ」と送った[19]。

上川によると、「話題になることが大好き」[20]な区長は、即座に「もちろん対応します」と答えた[21]。そして後戻りができないよう、メディアに当事者が区長と会う場を設けた旨の情報を流した。また、レジストリーのメーリングリストでは、「渋谷の動きを突飛なものにしてしまうのは、マイナスだと思う」、「今後はみんなのプライバシーを守りつつ、オープンに動いていきましょう」と発言した[22]。さらに、Twitterでは、一般に向けて「世田谷区も検討中。後に続きますよ」とツイートした[23]。上川の発信はスポーツ報知の記者の目にも止まり、翌々日には記事になったが、その後も上川は進捗状況や報道の内容を逐一ツイートしていった[24]。

保坂は次のように振り返る。「何かが広がっていくためには、一箇所よりも二箇所で同時ではじまったほうが、社会的波及効果が高いと思った。タイミングを合わせて何かできないかと思った」[25]。上川は当初、区長や職員に対し区内に住む当事者の存在を明らかにし、制度導入に動くことを望んでいたのであるが、渋谷区の動きを受けて、急遽区長に上記のようなアプローチをしたのであった。

【1-3】要綱での導入

区長との面会は二〇一五年三月五日に設定された。当日は、区長や副区長に加えて、総務部長、地域行政部長、生活文化部長、男女共同参画課長など七人の部課長、それにレジストリーからは十六名が区役所に集まった。世田谷に暮らしており、そこで税金を納めていることを示す必要がある、という上川からの要請に従い、参加者たちは住民票と納税証明書を持参した。二時間半の面会の中で、彼らは自分たちの考えを様々に述べ、以下の二点を要望した。すなわち、（1）同性同士で生活する者も家族として扱う「パートナーシップの登録認証制度」等を創設・運用し、その存在を公に認める方策をとること、（2）行政サービスの中で、異性カップルの家族のみに認めているものを洗い出した上で、同性カップルにも拡大可能なものがあれば提示することであった[26]。

保坂はその場でできるだけ要望に応えたいという趣旨の発言をしたほか、会見では要綱での制度導入を念頭に区長の判断で行うことを強調した。保坂は導入を決めた理由として、（1）審議会をつくり検討するとかなりの時間を要することが考えられ、渋谷区と同タイミングで出すことを考えるとこの方式しかなかったこと、（2）面会した当事者の方から、法的効力があるかどうかは固執しないという話があったことを挙げる[27]。なお、上川によれば、幹部職員の態度も、面会後明らかに変わったという[28]。

条例では時間がかかるため、スピードを重視して要綱にするつもりだということを保坂に言われた際、上川は二つの理由から、それで良いと考えた。一つは、渋谷区に続いた方が、世論が盛り上がると考えたから、そしてもう一つが、要綱にした方が議会の反対を受けずにすみ、他自治体に広がりやすいと思ったからである[29]。二〇一五年十一月五日付の朝日新聞によると、上川はこの時、「条例化はハードルが高いが、『世田谷方式』ならどの自治体でもできる」という思いに至ったという。そして、条例化の議論はこれまでＬＧＢＴの権利について考えていなかった人たちに反対を言わせることにもなってしまうが、要綱であれば、他自治体の前例があることで簡単に真似できる。そしてそれが多くの自治体に広がっていけば、いずれ国の制度づくりにもつながると考えた[30]。ひとたび一つの自治体で Campbell（1992=1995）の言う「政治型」となってしまえば、職員が躊躇して制度の導入をためらうし、他自治体への政策波及のスピードも遅くなる可能性がある。自民党をはじめ、区長と対立する会派が多数を占める議会構成にあって、「非自民型」の首長である保坂や上川は、首長の決定で済む要綱での導入で妥協することで政治闘争を回避し、「認知型」での政策転換を狙ったのであった。そして、これが首長や職員の制度導入へのハードルを下げ、渋谷区から世田谷区を経由して札幌市と港区に至る政策波及の流れをつくり出すことになる。

区長は二〇一五年四月一日付で庁内にプロジェクトチームを発足させた[31]。区長と区議の改選があった四月の統一地方選挙を挟んで作業が続けられ、七月二十九日、「世田谷区パートナーシップ宣誓の取り扱いに関する要綱案」が委員会に報告された[32]。そして、八月四日には会見を行い、発行を決めた経緯について、（1）区民三千人に実施したアンケートで約70パーセントが、同性カップルに対する人権施策の必要があると回答したこと、また（2）区内に住む同性カップルらが住宅を借りる際やパートナーの入院時などに差別を受けた体験があると訴えたことを挙げつつ、専門家数人による部会を立ち上げ、将来的な条例化も視野に引き続き話し合う方針を明らかにした[33]。

この間、議会では反対派が論陣を張るということはなく、理事者の報告に対して議員が淡々と意見を述べただけであった。全四十七名の議員のうち十五名を抱え、最大会派となる「自由民主党世田谷区議団」からは、委員会でも本会議でも目立った発言はなかった。七月二十九日に区民生活常任委員会に区から報告がなされた際も、自民党の山口ひろひさが、渋谷区では国の法律を超えて条例が制定されるという疑義を抱くという反対意見があったという事実に触れた上で、会派の意見として、「本当に少数派のことを考えるのであれば、ぜひ大きな声として、国に法整備の対応を進めていくということを、一自治体の長として声を発することがまず先決なのではないか」、「その効力ということも十分に説明をして、取り組んでいただきたい」と述べただけであった。なお、同委員会では、所属議員十名を抱える「世田谷区公明党議員団」の平塚敬二も、区民向けに啓発をしていくことの重要性について語るにとどまっている。[34]反対派の議員は議会で区長に執拗に質問をし、導入を躊躇させること、また保守系のメディア等と連携し、「伝統的な家族観」といった対抗的なフレーミングを活用して、ネット世論に訴えるなどの対策は取れたはずであった。

表立って反対されなかったことについて、区長の保坂は、議会外でのコミュニケーションを含め、「議会の中では、こういうことをやってけしからんという言い方は、誰もしていなかった」と言う。唐突に言われても困るという反応はあったが、条例にした方がよいのではないかという慎重な審議を求めるものであり、正面から反対するものではなかったということである。[35]議会で反対しなかった理由を自民党の議員から聞き出すべく、筆者は山口をはじめとした複数の議員にメールやFAXという手段で何度か調査依頼を行ったが、誰からも返答はなかった。また、山口は一度、電話には出たが、「文章で依頼を」と言われ、メールをしても返信はなかった。そのため、推察するしかないが、議員たちは、渋谷区と同様、区内に住む当事者たちの姿が可視化されたことにより、表立って反対することは得策でないと考えたのであろう。

なお、平成二十九年三月の第一回定例会に提出された、区営住宅の入居資格の要件にLGBTを加える条例改正案三本は議決されず、継続審査となっている。[36]理由について、会議録をみると、[37]自民党は、「重要かつ大事な議案であるからこそ、区は提案者として、しっかりと課題を整理した上で条例を改正することが大切である。（中略）我々もしっかりと議論するべきであり、今定例会の会期も残りわずかであることから、閉会中の継続審査を求める」としている。また、公明党議員団は、「区と議会がともに議論を積み上げながら、男女平等や多様性を尊重する社会を推進するための条例を制定し、世田谷区全体の総意として明確に示すことが何より必要である」としている。どちらも議論が足りず時期尚早という意見であったが、「非自民型」である区長と議会の関係を考えると、世田谷区で制度を条例で制定しようとした場合には、Campbell（1992=1995）のいう「政治型」となって、導入が危うくなっていた可能性も排除はできない。

【1-4】SNSでの反応

最後に補足的に、制度の導入決定までのマスメディアやSNSでの反応をみておきたい。

読売新聞・朝日新聞などの主要各紙が主に東京版で世田谷区での動きを報じたのは、二〇一五年三月六日、当事者たちが区長に要望書を渡した翌日であった。一方、七月二十九日に要綱案が区議会に報告されたことを伝えるニュースは、各紙が翌日、一斉に報じた。どの新聞も区議会に報告された内容を淡々と伝えるものであったが、取材の内容を加味している記事もあった。産経新聞はその後、四月二日の記事などで渋谷区での条例案に根強い反対論があることも掲載したが、世田谷区の制度に反対の論陣を張ることはなかった。

保坂や上川はTwitterのフォロワーが多い「インフルエンサー」であるが、彼らがSNSで発言した内容は、報道とともに、積極的にリツイートされていた。特に三月五日のニュースに対しては、全一八一件の投稿の中には「ついに同性婚が認められるんだってね」などといった事実誤認のツイートも見られた。[38] なお、一連の動きを受け、Twitter のタイムラインで最も注目を集めていたのは、七月二十九日、上川が東京新聞の一面に「同性カップル　世田谷も『公認』　区が公的書類発行へ」という記事が出た事実をツイートしたもので、リツイートは二〇一七年十二月二十五日の時点で八三三件、「いいね」は四一〇四件であった。一方、個人のフォロワーの意見としてもっとも注目されていたのは、二〇一七年十二月二十五日現在、五十三件のリツイートと二十八件の「いいね」がついた、二〇一五年七月三十日の以下のようなツイートであった。「同性婚」という誤認はあるものの、制度自体には好意的であり、右派に対して要綱に反対するべきではないと主張している。

> 渋谷に続き世田谷でも同性婚書類発行の動き。多様な価値観を認める日本の自由主義的気風（古くは民権運動時代から）が、いよいよ高まってきた。ベトナムや台湾と並んで日本が同性婚という多様性を肯定することは、北朝鮮や中国に対して道義的優位性を保つ事にも繫がる。こういう考え方を右派は持つべき（@aniotahosyu 2015.7.30 21:31Tweet.）

渋谷区でつくられた多様性フレームは、こうしたツイートにも影響を与えている。なお、保坂は Twitter で様々な意見が投稿されていたこと、またそこで多様性という言葉が用いられていた点について、「特にどれと認識していたわけではないが、みていた」と証言する。[39]

なお、この間に行われた反対派によるツイートは、渋谷区で出された二つのパターン、すなわち「伝統的な家族観」と「少子化の促進」といった機能的側面からの反対以外に、目立ったものはなかった。

ただし、機能的側面からの反対意見として、「区内へのLGBTの流入」という新たな視点も見られた。

同性愛者や両性愛者が新宿2丁目辺りから世田谷になだれ込むことによって、エイズ感染者やトラブルを抱えた「家族」が増えるだろうな。まあ保坂を初めとした左翼が責任を取ってくれるんだろう。(@PKer_hayashi 2015.8.15 12:22Tweet.)

以上が、世田谷区における同性パートナーシップ制度の導入過程である。区長の一存で決定できる要綱での導入であるため、区議会議員の上川が区長の保坂に提案し保坂の認知がつくられたこと、また、渋谷区で先に同性パートナーシップ制度がつくられる見込みとなり、保坂がそれに乗ろうとしたことが、世田谷区の制度導入の主な要因であるといえる。しかし、上川によるレジストリーの活動によって区内のLGBT当事者の姿が可視化されたことも、最後まで表立って反対することのなかった議員の判断に影響を与えたであろう。次にみるのは、制度の導入決定後に行われた、他自治体への政策波及を狙った運動である。

第2節　制度の導入決定後に行われたフレーミング

上川が世田谷区での制度の導入決定後に行ったのは、他の自治体への政策波及を狙ったフレーム増幅であり、この行為がその後のフレーム伝播を構成した。上川は、導入過程で行ったツイートをまとめるページを作成し、フレーム増幅を行っていた。

上川は二〇一四年八月ごろから、担当部署との打ち合わせや議会での発言内容、また国内外のLGBTをめぐる動向などを逐一ツイートしていたが、その際、国際的な動向を参照しつつ、多様性フレームを活用した投稿を繰り返していた。そして、制度の導入が決まった後の二〇一五年八月十五日には、それらを集め、Twitter のまとめサイト『togetter』に、「世田谷区　同性カップル公的承認までの道のり。」というタイトルのページをつくった。当該のページには八〇七のツイートが掲載されていたが、その内訳は、上川自身によるツイートが六三九、他のユーザーによるツイートが一六八であった。

上川のまとめページには、筆者が二〇一九年十月十四日に確認した時点で二二九のリツイートがあり、二万八五五人によって閲覧されていた。Twitter のインフルエンサーでもある上川が渋谷区での運動と同じフレームを使った発信を行った結果、解釈フレームが活性化され（フレーム増幅）、多様性フレームが自治体を越えて広がりやすい状況となったのである。

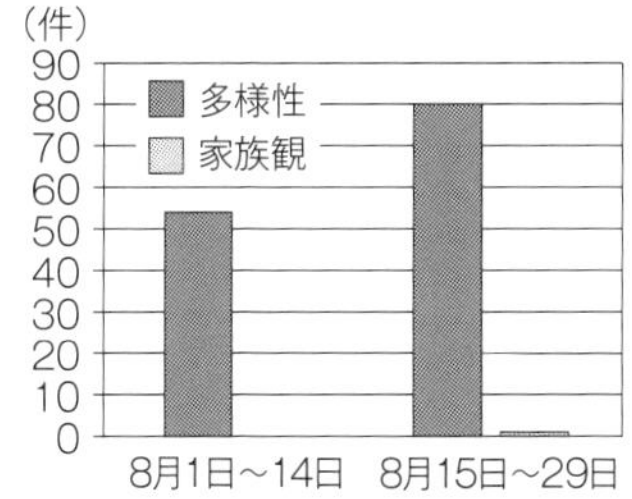

図２　ツイート数の変化（多様性フレーム vs 伝統的な家族観フレーム）

図2は、上川が二〇一五年八月十五日に『togetter』に投稿した前後二週間で、多様性フレームを表す「多様性」という言葉と、その対抗フレームである伝統的な家族観フレームを構成する「家族観」という言葉が、それぞれ何回ずつつぶやかれたのかを表したものである。結果、「多様性」は、八月十五日の前に五十四回、後に八十回つぶやかれたのに対し、「家族観」は八月十五日の後に

一回つぶやかれたのみであった[40]。解釈フレームが活性化された様子がみてとれる。

上川は次のように語る。「これを見たら他の自治体でもできるというようなものを残しておきたかった。LGBTの人たちも、自分たちが行政に働きかけをすることで、身近な地域から変わっていく可能性があるんだということを多くの人に知って欲しかった」。さらに、「それをみて、札幌が真似をしてくれた。鈴木賢さん（札幌の運動を主導した北海道大学名誉教授）も後に、『はっきりいって、真似させてもらいました』とおっしゃった」ともいう[41]。上川は、運動家として意図を持ってSNSを活用し、フレーム伝播を狙って他の自治体への政策波及を促そうとしたのである。

なお、自治体に制度が広がることへ懸念を抱くユーザーからのツイートに対しても、上川は、例えば、前節であげた「少子化の促進」といった機能的側面からの反対のものに、以下のように多様性フレームに基づく反論をしている。

同性同士の婚姻を認めると少子化に拍車がかかるという想像も事実と異なります（写真データあり）。同性同士の婚姻を含め、多様な家族のありようを認める国々で出生率はむしろ伸びています。

(@KamikawaAya 2015.12.3 10:56Tweet.)

上川によると、彼女がこの問題を多様性と結び付けて認知したのは、渋谷区の運動家によるSNSからなのか、あるいは渋谷区の動きを報じるマスメディアからなのかは、自覚としては不明だという[42]。しかし、上記のようなツイートをみても、上川は、少なくとも他自治体へ政策波及を促そうとした際には、多様性フレームを強調しており、他自治体の運動家にこのフレームを伝えようとした意図は読み取れる。結果、札幌市での制度導入の端緒となったフレーム伝播は、上川による多様性フレームを使った発信、そして、それに呼応した札幌市の運動家によって行われたのであった。この点については、次章で詳述したい。

第3節　本章のまとめ

以上、本章では、世田谷区の「世田谷区パートナーシップ宣誓」の政策過程を記述した。世田谷区では、渋谷区での同性パートナーシップ制度の導入を知った区議会議員の上川あやが区長の保坂に直接働きかけ、政策推進を促していた。また、その過程では、保坂の心変わりを防ぐために、マスメディアに情報をリークして、進捗状況を逐一報道してもらうという方法もとっていた。上川によると「話題になることが大好き」で、かつ自身の選挙も目前に控えていた保坂は、上川とTwitter等でやり取りして準備を進め、導入を明言した。世田谷区の政策過程に影響を与えたのは、上川による保坂への働きかけと渋谷区の動向であると考えられるが、上川は補助的に、区長の行動を制約するものとしてメディアを活用したといえる。

なお、上川は当初、政策推進者の認知を形成しようと自らの資源を使い、フレーミングを狙ってリアルな場でＬＧＢＴ当事者を保坂や職員に会わせようとしていた。渋谷区でも区長に当事者を引き合わせる行為は行われていたが、渋谷区でのそれに付加されていたのは、ＬＧＢＴの当事者などいないと考えている区の関係者に対して、区内にも確かに存在することを明確にするべく、区内在住のカップルに住民票と納税証明書の提出を依頼したことであった。上川は幹部職員にも当事者の姿をみせることで、それまで積極的に政策を推進する態度をとっていなかった職員を動かすことになると考えていた(43)。結果的に、保坂との面会は渋谷区での制度導入が決まった後で、かつ保坂が導入を決めた後となったため、こうした行為は政策過程に直接影響していないといえるのだが、少なくとも上川は、区内のＬＧＢＴ当事者の可視化による認知形成が制度導入の鍵を握ると認識していたことがわかる。

本区の政策過程において、渋谷区のように、インターネット署名やハッシュタグを活用したＳＮＳ上でのフレーミングが観測できなかった理由には、まず、区長が「非自民型」の首長がであったことが挙げられるであろう。先行研究でみた通り、「非自民型」の首長は議会において、自民党系の議員などとは完全には協調関係にないので、政権の安定的な運営には有権者からの支持率が頼りであり、既存の利益団体よりも一般生活者の利益に見合う政策がとられるし、住民からの要求も比較的受け入れられやすい。ＬＧＢＴ総合研究所が二〇一六年六月一日に発表したＬＧＢＴに関する意識調査によると、ＬＧＢＴに該当する人は約５・９パーセント、また、ＬＧＢＴにあてはまらないその他のセクシャルマイノリティに該当する人は約２・１パーセントとなり、合計８・０パーセントとなっている（ＬＧＢＴ総合研究所 2016)。直接選挙で選ばれる首長にとっては、自らの支持層に８パーセントの人を加えることにはインセンティブが働きやすい。そのような中、区長の保坂は自らの裁量で決めることができる「要綱」での導入を選択したため、上川からすれば、手続き上、区長の認知をリアルな場で獲得しさえすればよかった。上川は、ＳＮＳの活用によるフレーミングでわざわざネット上に区内の当事者や賛同者の姿を可視化し、それによって区長や職員、議員の新たな認知をつくる必要はなかったのである。渋谷区では、政策過程の終盤において、特に保守派議員の反対表明を抑制するため、運動がネット世論の力に頼る必要があったが、世田谷区の議員は沈黙を貫いており、その必要はなかった。

本稿の主題であるＳＮＳを介したフレームの伝播に関連し、世田谷区において特徴的にみられたのは、区議会議員である上川が制度の導入決定後に、みずから運動家として、他自治体への政策波及を明確に意図してフレーミングを行っていた点であった。彼女は他自治体への政策波及を狙い、運動家や同調者に向けて、導入過程を Twitter のまとめサイト『togetter』にまとめ、その拡散を募った。その際、国際的な動向に言及し、多様性フレームを使ったフレーム増幅を行った。この多様性フレームは、渋谷区での制度導入の際に長谷部によって使われたものであったが、上川のフレーム増幅によりそれが確定し、自治体を越えて広がりやすい状況になったのである。『togetter』は結果的に、後に続く運動家が運動の知見を容易に参照できる状況をつくり、それが以降の政策波及に影響を与えることになった。

【注】

（1）世田谷区では、「世田谷区パートナーシップの宣誓の取扱いに関する要綱」に基づき、区が作成する宣誓書を同性パートナーが提出するとその写しを交付したうえで、受領書を渡す仕組みとなっている。

（2）上川に二〇一七年七月十八日に議員の控え室で行ったインタビューによる（以下、「上川」とする）。

（3）正社員になり社会保険に加入しようとすると、年金手帳の性別を変えない限り、経営者に「元男性」であることが知られてしまう。上川によると、ハローワークに雇用保険の性別を、かつての厚生省に健康保険証の性別を、社会保険事務所に年金手帳の性別を、そして区役所には住民票の性別を変えて欲しいと頼みに行ったが、すべて変わらなかった。

（4）上川
（5）同上
（6）同上
（7）同上
（8）同上
（9）同上
（10）同上
（11）同上
（12）平成二十六年世田谷区議会第三回定例会（九月十八日）会議録 http://kugi.city.setagaya.tokyo.jp/voices/CGI/voiweb.exe?ACT=200&KENSAKU=0&SORT=0&KTYP=2,3&KGTP=1,2&TITL_SUBT=%95%BD%90%AC%82Q%82U%94N%81@%81@%82X%8C%8E%81@%92%E8%97%E1%89%EF%81%7C09%8C%8E18%93%FA-03%8D%86&KGNO=1268&FINO=2998&UNID=k_H26091800036（二〇一九年十一月十二日取得）
（13）上川
（14）自分が恋愛中であることを届け出る書類を受け付ける流山市の施策である。二〇一四年五月十日公開の恋愛映画「百瀬、こっちを向いて。」のロケ地であることを記念し、映画のテーマ「若者が恋をする気持ち」にちなんで若い世代の恋愛を後押しするために企画した。
（15）上川
（16）同上
（17）同上
（18）同上
（19）インタビュー中、上川が示したTwitterの画面を筆者（横尾）がメモした。

(20) 上川

(21) インタビュー中、上川が示したTwitterの画面を筆者（横尾）がメモした。

(22) 上川

(23) 同上

(24) 同上

(25) 保坂に二〇一七年八月二十四日に区長室で行ったインタビューによる（以下、「保坂」とする）。

(26) 同上

(27) 同上

(28) 上川

(29) 同上

(30) 上川

(31) 保坂

(32) 平成二十七年世田谷区議会区民生活常任委員会（七月二十九日）会議録 http://kugi.city.setagaya.tokyo.jp/voices/CGI/voiweb.exe?ACT=200&KENSAKU=1&SORT=0&KTYP=2,3&KGTP=1,2,3&TITL=%8F%ED%94C&TITL_SUBT=%95%BD%90%AC%82Q%82V%94N%81@%81@%82V%8C%8E%81@%8B%E6%96%AF%90%B6%8A%88%8F%ED%94C%88%CF%88%F5%89%EF%81%7C07%8C%8E29%93%FA-01%8D%86&SFIELD1=HTGN&SSPLIT1=+%2B%2F%21%28%29-&KGNO=1337&FINO=3164&HUID=356321&UNID=k_H27072932014（二〇一九年十一月十二日取得）

(33) 保坂

(34) 平成二十七年世田谷区議会区民生活常任委員会（七月二十九日）会議録 http://kugi.city.setagaya.tokyo.jp/voices/CGI/voiweb.exe?ACT=200&KENSAKU=1&SORT=0&KTYP=2,3&KGTP=1,2,3&TITL=%8F%ED%94C&TITL_SUBT=%95%BD%90%AC%82Q%82V%94N%81@%81@%82V%8C%8E%81@%8B%E6%96%AF%90%B6%8A%88%8F%ED%94C%88%CF%88%F5%89%EF%81%7C07%8C%8E29%93%FA-01%8D%86&SFIELD1=HT-

GN&SSPLIT1=+%2B%2F%21%28%29-&KGNO=1337&FINO=3164&HUID=356321&UNID=k_H27072932014（二〇一九年十一月十二日取得）

（35）保坂

（36）その後、二〇一七年六月十九日に行われた世田谷区議会都市整備常任委員会では、同性カップルの区営住宅の入居を認める規定を盛り込んだ条例改正案を可決した。六月二十日の産経新聞（朝刊）によると、区が行った区民アンケートの結果、同性カップルの区営住宅の入居に肯定的な意見が過半数を占めた調査結果が出たことなどが、可決の理由であるという。

（37）平成二十九年世田谷区議会第一回定例会（三月二十八日）会議録 http://kugi.city.setagaya.tokyo.jp/voices/CGI/voiweb.exe?ACT=200&KENSAKU=1&SORT=0&KTYP=2,3&KGTP=1,2,3&TITL_SUBT=%95%BD%90%AC%82Q%82X%94N%81@%82R%8C%8E%81@%92%E8%97%E1%89%EF%81%7C03%8C%8E28%93%FA-05%8D%86&SFIELD1=HTGN&SKEY1=%8Fd%97v%82%A9%82%C2%91%E5%8E%96%82%C8%8Bc%88%C4%82%C5%82%A0%82%E9%82%A9%82%E7%82%B1%82%BB%81A%8B%E6%82%CD%92%F1%88%C4%8E%D2%82%C6%82%B5%82%C4%81A%82%B5%82%C1%82%A9%82%E8%82%C6%89%DB%91%E8%82%F0%90%AE%97%9D%82%B5%82%BD%8F%E3%82%C5&SSPLIT1=+%2B%2F%21%28%29-&KGNO=1483&FINO=3474&HUID=396860&UNID=k_H29032800564（二〇一九年十一月十二日取得）

（38）ニュースに関するツイートの内容を、二〇一九年十一月十四日に筆者が一つ一つ確認した。

（39）保坂

（40）「多様性」と「ＬＧＢＴ」、また「家族観」と「ＬＧＢＴ」で検索したツイートの数を、二〇一九年十一月十四日に筆者が一つ一つ確認した。

（41）上川

（42）同上

（43）保坂は、社民党出身の「非自民型」首長である。二期目を目指す二〇一五年の区長選挙では、政党からの推薦や支持は得なかったが、民主、共産、社民、生活者ネットから実質的な支援を受けた。自民、公明、次世代の推薦で、知事の支援を受けた久保田英文との一騎討ちとなったが、保坂が再選された。革新系の首長であり、議会では自公が過半数を握るため、行政運営、議会運営には調整が必要である。

第3章　政策波及――札幌市

前章でみたのは、世田谷区における同性パートナーシップ制度の採用過程、および、その後の政策波及のためのフレーミングであった。そこでは、導入のキーパーソンとなった区議会議員の上川あやが、自ら運動家として、他自治体への波及を狙ったフレーム増幅を行っていた。

本章では、同性パートナーシップ制度を政令指定都市として初めて導入した札幌市への政策波及を記述する。札幌市では、上川の動きに影響を受けた運動家が、リアルとSNSでフレーミングを行い、市長・議員・職員の認知形成にそれぞれ影響を与えて、政策転換を起こしており、序章（五十四頁）で示した検討事項のうち、（1）運動がフレーミングを行ったか、（2）フレーミングが首長・議員・官僚の新たな認知をつくり出すことに役立ったか、また、特に運動が保守派議員の行動に影響を与えたかを検証しつつ、一連の過程におけるSNSによる「フレーム伝播」に注目する。

（1）については、運動家からの証言を得、運動家による意図的な行為が行われたか、またどのSNSが選択され、それによりSNS上にフレームが形成されたかを分析する。（2）については、市長・

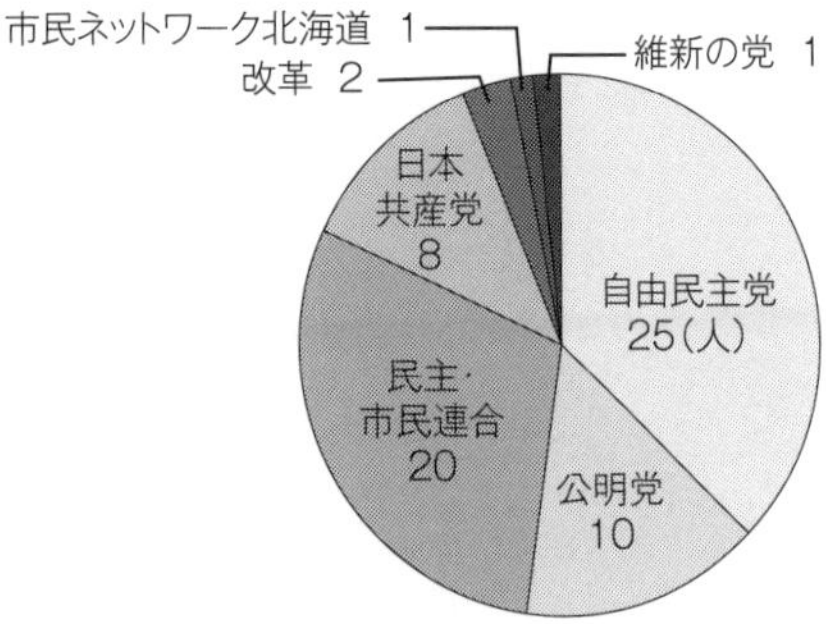

図1　要綱制定時の会派毎の所属議員の人数

議員・職員がSNS上での賛成世論の高まりをチェックしていたか、またそれにより彼らの意識が変化したかを記述する。具体的には、まず、第1節で札幌市における政策過程を総合的に概観し、その上で、第2節で上記（1）に従い、運動家によるフレーム形成がいかに行われたのかを検討する。さらに、第3節で、上記（2）に従って、フレーミングが市長・議員・職員の認知形成にどのような影響をもたらしたかを検討する。

なお、市長・議員・職員の認知形成を捉える背景情報として、予め政治的機会構造についてまとめておくと、まず、市長は「非自民型」であり、議会構成については、「自公が過半数」となっていた（図1）。そのため、市長はしばしば自公と対立し、自らの政策が簡単に通る状況ではなかった。

第1節　「札幌市パートナーシップ宣誓制度」の導入過程

以下は、札幌市における「札幌市パートナーシップ宣誓制度」の導入過程である。渋谷区、世田谷区、伊賀市、宝塚市、そして那覇市に続き、パートナーシップ証明書・宣誓書を発行する六番目の自治体となった札幌市は、首長や議員からの発案ではなく、社会運動からの提起の結果としてアジェンダ設定が行われたのが特徴である。そしてこの政策波及の過程には、先行研究で整理した、SNSを活用したフレーム増幅とフレームブリッジの組み合わせからなる、フレーム伝播がみられた。まずは、運動家がSNSを活用した運動を取り入れるに至った経緯をみてみよう。

【1-1】運動の歴史

札幌市の制度導入のキーパーソンであり、政策発案者となった北海道大学名誉教授の鈴木賢は、一九八九年からLGBT運動を続けてきた。一九七四年に創刊された東京のゲイ雑誌『アドン』の編集長・南定四郎の誌面での呼びかけに応え、当時北海道大学院生だった読者のゲイとともに講演会を企画した。以後、様々な市民運動の人が出入りするミニコミ喫茶を連絡場所にして会合を続けた。南が一九八四年に当事者団体「ILGA日本」を設立すると、鈴木はその支部として、一九八九年に「ILGA札幌ミーティング」を結成した。一九九六年には当事者団体「HSA（北海道セクシュアルマイノリティ協会）札幌ミーティング」と改称し、事務所を開設して、当事者のための電話相談をはじめたり、地元のテレビ局の報道に対する抗議活動をしたりした。選挙の際には、候補者に性的マイノリティに関する政策アンケートなども実施した。(1) 鈴木によれば、「騒いでいるだけでは世の中は変わらないから、政治的な主張を必ず入れるようにするというのが団体の方針だった(2)」。あらゆる機会を捉え、資源動員を行って政治にアプローチしようとしていた意図がみえる。

一九九六年六月三十日には、東京以外ではじめてのLGBTによるパレードとなる「第一回レズ・

ビ・ゲイ・プライドマーチ札幌」[3]を開催した。地元の市民運動家に加え、女性グループ、障害者グループの人も合流し、全国各地からも仲間が駆けつけるなどして、二八五名ほどの参加者を得た[4]。以後、二〇一三年まで十八年にわたり十六回開催されたが、二〇〇三年には当時の札幌市長・上田文雄が来賓として挨拶し、性的少数者のイベントに自治体の首長が参加・登壇するはじめてのケースとなった。パレードは二〇一三年に一旦終了したが、二〇一七年には再開した。他の市民運動との結びつきがあったり、歴代市長の理解があったりすることもあり、運動の成果はロビイングの実績や市民のLGBT当事者に対する認知と許容度の高さとなって現れている。伊藤修一郎（2002）のいう政策波及のための「内生条件」は、札幌市にはある程度整っていたといえる。

【1-2】世田谷区にならった団体の設立

二〇一五年に渋谷区でパートナーシップ証明書の、また世田谷区でパートナーシップ宣誓書の発行が決まると、鈴木はそれに呼応する形で、札幌での制度導入を目指す団体「ドメスティック・パートナー札幌」をつくり、新たな活動を開始した。鈴木は、「長年パレードなどを続けていても、日本では性的嗜好がなかなか人権問題と認識されていないと感じていた」[5]が、渋谷区や世田谷区の動きをテレビのニュースで知り、この流れをさらに盛り上げたいと思った[6]。導入過程を調べる中で、世田谷区での制度導入のキーパーソンである区議会議員の上川あやのTwitterに行き当たった。鈴木は早速彼女のもとを訪れ、その経緯について詳しく聞いた。プロジェクトの名称も、上川がつくった「世田谷ドメスティックパートナーシップレジストリー」にならったものにした[7]。

「ドメスティック・パートナー札幌」の初めての会合は二〇一六年二月十一日のことであった。弁護士二人と当事者七名（レズビアン・ゲイ・トランスジェンダーによって構成）が集まり、どうしたら札幌市でもパートナーシップを証明する書類を市役所に発行してもらえるか、またその際は条例で定める方が良いのか、要綱で定める方が良いのかなどについて話し合った。鈴木は、翌日には、元ミニコミ喫茶「ひらひら」の専従職員で、市議会議員（民進党）の大嶋薫に相談に行った。「レインボーマーチ札幌」の際には宣伝カーを借りるなど、同じ市民運動畑の先輩として事あるごとに世話になっていた(8)。

大嶋より、最大会派である自民党、そして公明党にも事前に相談をしておいた方が良いというアドバイスを受けた鈴木は(9)、三月二十三日に公明党議員団へ、また同じ頃自民党に証明書発行を要望しに行き、議員たちの認知をロビイングによって積極的につくろうとした。鈴木によれば、自民党からは「聞きおく」という反応だったが、公明党からは、「発行に向けて努力する」という前向きな反応が返ってきた(10)。

鈴木はその後、市役所の男女平等参画室にも面会を求めたほか、「ドメスティック・パートナー札幌」のメンバーである弁護士の働きかけで、札幌弁護士会とも打ち合わせをした。渋谷区や世田谷区での政策過程をみて、プロセス自体が運動になると考えていた鈴木は、以後様々な機会を捉え、市内の世論に訴える活動をした(11)。五月上旬までの間に、「ドメスティック・パートナー札幌」と札幌弁護士会はそれぞれ複数回のシンポジウムと講演会、議員へのロビー活動や勉強会を実施した。このように、鈴木の運動は当初、リアルの場での認知形成に重きが置かれていたといえる。

大嶋は振り返る。「鈴木先生は、弁護士会ともかなり連携をとっていた。当事者団体によるロビー活動があり、弁護士会によるロビー活動があり、ということが功を奏し、自民党さん以外はほぼ、条例にするか要綱にするかという議論はさておき、市としての明確な姿勢を示すべきだという流れに固まっていった」。四月五日、札幌弁護士会主催の勉強会に民進党の議員たちが参加した際、打ち上げ会場が偶然、公明党議員団と一緒になった。その際は導入する前提で議論した(12)。

【1-3】要望書の提出

その後、後述する鈴木らによる市内のLGBT当事者の住民票を集める活動がSNSで行われ、六月六日には市長の秋元克広に、住民票とともに要望書を提出することになった。これは渋谷区でインターネット署名がプリントアウトされて議会に提出されたのと同様に、また、世田谷区で議員がLGBT当事者を集め、区長に面会させようとしたのと同様に、LGBTの抱える問題は遠くで起きている社会問題ではなく、札幌市の中にある課題だと市長に認知させようとした行為であった。リアルの場で政策推進者の理解の枠組みを拡大する「フレーム拡張」であるといえる。

鈴木らは五月十二日、札幌市男女共同参画室長の芝居静男、課長の廣川衣恵とともに事前の打ち合わせをした。鈴木は、札幌が冬季五輪を誘致している状況で要望に冷たい態度を取れば、国際社会から非難されると伝えた(13)。その場で、鈴木は芝居に条例と要綱はどちらがいいかと問われた。当初鈴木は、議会で審議が行われ、職員が答弁をし、そして会議録がつくられるという一連のプロセスが他自治体での証明書の発行も促すと考えていた。だが、条例制定には、少なくとも二年~三年はかかるという懸念が職員から出されると、鈴木は、世論を盛り上げるためにはスピードが大事であると考え、「要綱でもいい」と答えた(14)。

市長の秋元克広は、ＬＧＢＴなど性的少数者への理解を訴える街頭活動「レインボーマーチ」に市長として初めて参加した前市長の任期中に、副市長を務めていた。鈴木は、前市長の方針を引き継いでいると期待していたものの、秋元がどのような反応をするかはわからなかった。[15] しかし、二〇一六年六月七日の朝日新聞によれば、集めた住民票とともに要望書を提出すると、秋元は「札幌は多様性を認め、自分らしい生き方ができるまちだと思っている。要望を受け、十分検討したい」と答えたという。なお、ＮＨＫの夕方のローカルニュースをはじめ、新聞やインターネットメディアなど、様々なニュースがこの秋元の発言を伝えた。議会での審議を目前に控えた十二月二十二日には、ＮＨＫが「札幌市が同性カップルをパートナーとして公認する方針を固めた」と伝えた。

鈴木は秋元の前向きな答えを聞き、制度の導入を確信した。その要因として、鈴木は、次節に詳述する住民票を提出してもらう運動によって、札幌市内に課題を抱えたＬＧＢＴ当事者がいるという証明ができたことを挙げる。さらに、事前に担当課がきちんと根回しをしてくれたのではないかということ、また市役所の中に強く反対する人がいると難しいが、札幌にはいなかったことが大きかったともしている。[16] なお、課長の廣川は、秋元の前向きな回答の後、秋元から直接指示を受けなかったものの、「方向性はいいんだろうなと考えて」、担当課として政策を推進することにしたと、のちに語っている。[17]

【1-4】議会での審議開始

議会での本格的な審議がはじまったのは、翌年二〇一七年の一月三十一日からであった。財政市民委員会で、国内外の動向に関する説明とともに、「性の多様性に対応したパートナーシップ制度」として要綱案が男女平等参画室長から示され、議論がなされた。鈴木らは渋谷区や世田谷区で行われたのと同様、動員をかけ、傍聴席を埋めて、議員たちに圧力をかけて審議を見守った[18]。市議会の会議録をみると、委員会では、自民党を除くすべての会派から極めて前向きな意見が出されたことが分かる[19]。

制度の開始は当初二〇一七年の四月一日であったが、六月一日にずれ込んだのは、自民党からの懸念が示されたからであった。マスメディアでの報道の後、札幌市には賛成・反対の多数の意見が寄せられていたが、廣川によると、反対の声として多かったのが、本制度により同性婚を認めることになるのかという意見であった。自民党から拙速さを指摘する意見があり、行政側と自民党が話し合い、最終的に二か月の周知期間を設けて制度を開始しようという結論になった[20]。廣川は、「世論の動向から、真っ向から反対できない中、少しでものばせたことで、保守系の議員さんの役割も果たせたのではないか[21]」というが、与党の公明党も含め議会の多数が賛成に回る中、この妥協で対立が解消し、制度の開始を迎えたのである。

会派「さっぽろ自民党」所属で、会派を代表しての質問を行った佐々木みつこは、次のように振り返る。「世間の反対の声を広める誘導をするのは厳しい。反対の人はもっと声を大きくすればいいとは思ったが、自民党として声を広げていくことは難しく、現状を受け止めるしかなかった[22]」。佐々木の証言からは、自民党議員が政治的対立を回避した様子がうかがえる。渋谷区での抵抗が失敗に終わった後、各地の自民党がとった行動と同様であり、何かしらの形で賛同者の存在が集合的に見えるようになり、議員は要綱への反対は当事者以外からの支持も失う可能性があると考えるようになったのであろう。

次節では、こうした状況を生んだ要因となったと考えられる運動家によるフレーム形成を詳述する。

第2節　運動家によるフレーム形成

ここまで、制度の導入に至る経緯を概観した。ここからは、冒頭に示した検討事項の検証に入る。札幌市では、前述の「ドメスティック・パートナー札幌」を中心に、SNSを使った二つの運動が行われた。鈴木が「(首長や議員ではなく) 多くの市民が下から要望しているという報道が出ることが、札幌市での動きを盛り上げることや他の自治体への波及にもつながるのではないかということをメンバーで話し合った」と語る[23]二つの運動は、どのように市内にフレームを形成していったのであろうか。

【2-1】LGBT当事者の住民票を集める運動

鈴木らは一つ目の運動を、世田谷区での制度導入の流れを受け、「ドメスティック・パートナー札幌」を結成した直後に行った。渋谷区の運動家によるSNSの活用で広められ、世田谷区で確定した多様性フレームを使い、市内に住むLGBT当事者の住民票をTwitterなどを通じて集めようとする活動であった。鈴木は、上川のTwitterで使われていた「多様性」という言葉をみて、これを運動に活用したという[24]。

二〇一六年二月二十九日に作成した「賛同者呼びかけ書」には、国際的には当然の動きが、ようやく日本でもはじまったとして、以下のように記述している。

背景には、この十五年くらいでヨーロッパやアメリカなど、世界各国で進んだドメスティックパートナーや同性間への婚姻開放[25]があることはいうまでもありません。（中略）
私たちが愛するこの札幌が、LGBTに寛容で、多様な生き方を応援する素敵な街になることを望むからです。（以下略）

ここには、イデオロギー的には適合するが構造的にはつながっていない二つのフレームをつなぎ、人々が理解するための枠組みを与える「フレームブリッジ」が見て取れる。札幌には鈴木らによる資源動員により、LGBTに対する受容性はあった。しかし、運動は一部の当事者のみが行っているものであり、多くの当事者にとっては関心が喚起されていなかった。そこで鈴木はより多くの当事者からの賛同を得るため、上川のツイートを参照し、意図的に、世田谷区で確定した多様性フレームを用いた。多様性社会を目指すのは国際的なトレンドであると、制度に関する新たな解釈の枠組みを設定したのである。

鈴木は、札幌市に住むLGBT当事者から多くの要望があることを示すため、賛同者には三月末までに、まずは自身の友人から広げるためにFacebookページで、次により多くの人から広範に集めるためにTwitterで住民票の提出を依頼した。鈴木によると、「開設したTwitterやFacebookのページで呼びかけると全国に広がる仲間の協力もあって、瞬く間にネット上で拡散した[26]」。鈴木はメンバーのネットワークも活用し、組織や個人に呼びかけてTwitterのリツイートを依頼し、多くの当事者からの理解を得ようとした。

弁護士会の協力で個人情報が守られることへの信頼もあったためか、最終的には、一四四人分の住民票が集まった。そのうち七十四人は当事者であった。賛同者を集める活動の後、シンポジウムを開くと約三二〇人が入る会場が人で埋め尽くされたこともあり、特にTwitterでの活動は多くの人に支持され、盛り上がりを見せたが[27]、札幌市男女共同参画室の廣川衣恵によると、職員もこの動きについては認識していた[28]。その後、要望書とともに市長の秋元克広にSNSで集めた住民票を提出する流れとなり、それが市長の認知の形成に影響を与えたことは前述の通りである。

【2-2】ハッシュタグ運動

SNSでの動向でもう一つ注目するべきなのは、「ドメスティック・パートナー札幌」のメンバーが行った、「#yessapporo」というハッシュタグを用いたTwitter運動である。これは、鈴木らが市長に要望書を届け、庁内での検討が開始された後で、市が議会に要綱案を提出する直前(二〇一七年一月二十五日)に行われた。

鈴木らは、議会での審議が始まる一月三十一日の前日を締め切りとし、札幌市の広聴サイト「市長宛のメール(入力フォーム)」などに、制度導入に賛成する旨の投稿をするよう呼びかけた。その際、ハッシュタグをつけてTwitterに投稿し、運動が拡散するようユーザーに依頼していたのであった。冬季五輪を誘致している中で多様性社会の実現は必須だと呼びかけたほか、性的マイノリティのシンボルであるレインボーを使ったロゴをつくり、それを使ったFAX用紙を作成してFAXで市にメッセージを送ることも呼びかけた。以前から存在し、人々に馴染みのあるレインボーと新たなフレームを結びつけた

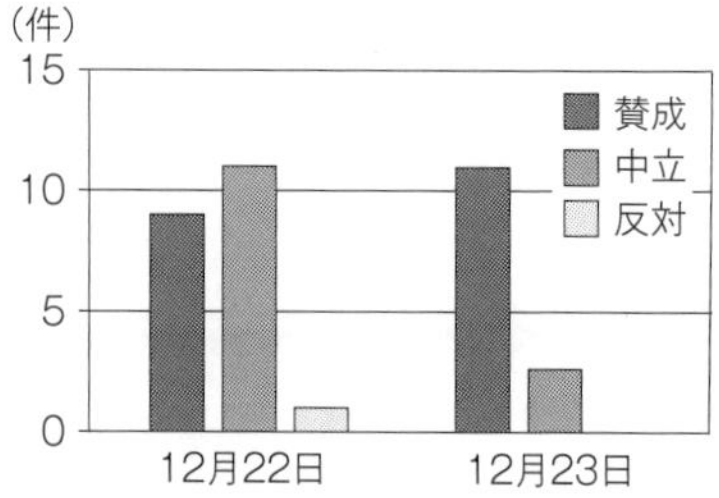

図2　Twitterにおける賛成、中立、反対意見の変化（12月22日、23日）

ところには、一般に向けて「国際的なトレンド＝多様性社会」という多様性フレームを広げようとした意図がみてとれる。これは、鈴木らにとっては支持基盤を広げるため、理解の枠組みを拡張する「フレーム拡張」であるといえる。

結果、図2の通り、十二月二十二日のＮＨＫの報道の直後は、賛成の投稿と中立な立場の投稿が拮抗していたが（十二月二十二日は賛成九件・中立十一件・反対一件、二十三日は賛成六件・中立九件）、ほとんど語られない期間の後、ハッシュタグを用いた運動が行われてからは、当事者・非当事者の別は判別しづらかったものの、投稿総数が増え、そのほとんどが賛成意見となった（一月二十五日は賛成十九件・中立一件、二十六日は賛成三十三件・中立三件、二十七日は賛成十九件のみ）（図3）。プロフィールから明らかにＬＧＢＴ当事者だと思われる者のツイートもあった[29]。

鈴木によるパレードなどの運動により文化的な基盤があったためか、制度に対する反対の意見が最初からほとんどなかったのは特筆するべきであるが、初期に中立の意見が多いところには、人々の関心のなさがみてとれる。運動後にネット上でツイート数と賛成数がともに増えたのは、鈴木らによるＳＮＳでの運動が成功した証左といえる。

廣川によると、ネット世論が盛り上がった結果、札幌市には「国際的な動向だ」という鈴木が設定し

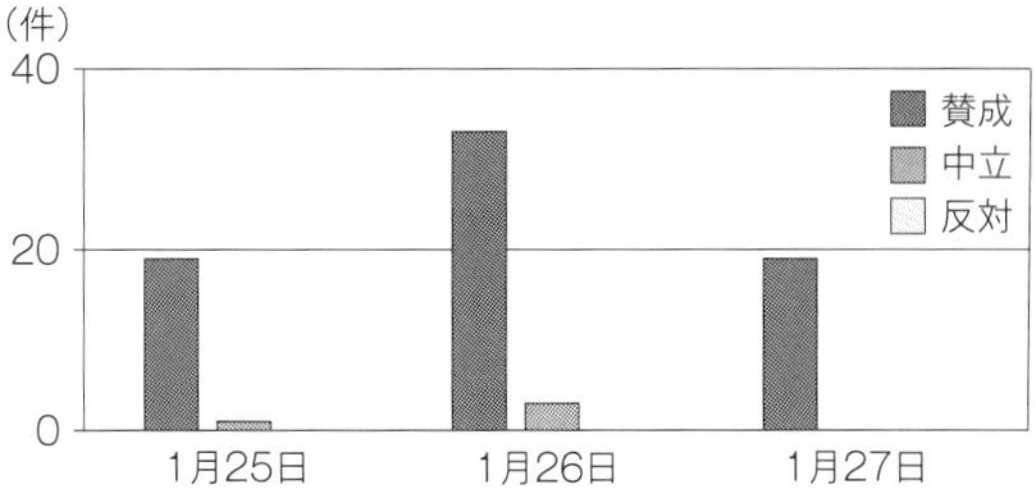

図 3　Twitter における賛成、中立、反対意見の変化（1 月 25 ～ 27 日）

たフレームを反映した意見や、「札幌市民であることを誇りに思う」といった賛成意見が一六〇〇数件、また「少子化が進む」、「家族制度が崩壊する」、「性的少数者には個別に対応すればいい」といった反対意見が八〇〇数件寄せられた。札幌市政の開始以来一、二位を争う数の意見が寄せられたことに、市長や区役所の幹部職員は一様に驚いた。また、制度導入で先行した宝塚市では二〇〇〇以上の反対がきていたため、反対意見の数に対し、廣川は少ないと感じた[30]。これまでは、ＬＧＢＴに対する施策は当事者が要求するものであり[31]、パレードなどにより市民に文化的受容性はつくられていたものの、住民の理解はさほど深まっていなかった。それが今回、新たなフレームが持ち出されたことで、ＬＧＢＴの抱える課題について多くの人が関心を持つようになったこと、また、渋谷区での導入時と違い、目立った反対運動が起きなかったことをみると、鈴木らによるＳＮＳでの運動は人々の意識の変化に一定の影響を与えたと考えられる。

廣川によると、それまでの傾向と異なり、市に寄せられた賛成意見は市長宛のメールを中心に、当事者・非当事者、また市内・市外に住む人に関係なく寄せられたというから[32]、匿名性が高く、物理的な距離が関係ない Twitter での拡散の影響があったといえる。なお、筆者が二〇一八年六月七日に確認したところ、最もリツイートされたもの（五三七件）は、著名な運動家によるものであった。ＬＧＢＴ運動と反原発運動など、他の運動とをリエゾンしている方であり、彼のツイートも賛同者の広がりに影響を与えたと推察する。

札幌市で、同性も含めたパートナーシップ制度導入が大きな山場を迎えています。三十日が期限でリンク先から賛成のＦＡＸないしメールを送れます。一九八万都市、札幌での制度発足を応援しよう‼ https://www.city.sapporo.jp/city/mayor/mail/koe.html（@YKOTKO 2017.1.25 9:10pmTweet)

その他、市外に住む人、また非当事者からは、それぞれ以下のようなツイートもあった。

メールした。今は旭川だけど二年ぐらい前までは札幌にいたし、札幌がしっかりした多様性のあるイケてる街になってほしい。（@nakanoshima_PRS 2017.1.28 1:40pmTweet)

札幌市が検討中の同性パートナーシップ制度を実現するべく札幌市長にメールを送りました。多様性を認め合い他者に寛容な社会を実現することは住みよい街づくりの基本です。我が家は夫婦別姓・事実婚ですが、子の氏をどうするか等制度の壁にぶつかり突破の連続。多様な選択ができる世の中を実現したい。（@yui_hisashi 2017.1.27 3:52pmTweet)

札幌市の問題に対するツイートのこうした広がりが、先述の議会での議論も経て、制度導入のプロセスに影響を与えたといえる。廣川によると、行政の職員もこうしたSNSの投稿を逐一チェックしており、啓発といった観点からも制度をつくる必要があると考えた。その後、彼らは他の自治体との相互参照によって政策を推進していくのであるが、検討にあたっては、職員で手分けをし、同様の制度を既に導入していた五市のうち、那覇市を除く、渋谷区、世田谷区、宝塚市、伊賀市に視察にも行った。他の自治体からは、「制度があることで救われることもある」という学びを得たという。(33)

第3節　市長・議員・職員への影響

運動から、市長・職員・議員はそれぞれ、どのような影響を受けたのであろうか。特に、保守派議員はどうか。政策過程の各局面において、フレーミングが政策推進者に与えた影響は、以下に整理できる。

【3-1】市長や職員への影響、および自民党議員への影響

まずは、鈴木らが行った、LGBT当事者の住民票を集める運動である。運動によるフレームブリッジで、Twitter上に市内の当事者が直面する課題や制度の導入への賛同者の存在が可視化されたこと、また実際にLGBT当事者の住民票が提出されたことが市長の政策推進の一因となったことは、前節に記述した通りである。鈴木の認識によれば、住民票の提出によって、課題を抱える当事者が札幌市内に

もいるという証明ができ、市長の認知がつくられた。渋谷区でのインターネット署名活動などと同様に、SNSでのフレーミングにリアルの場でのそれが加わり、市長の認知に影響を与えたといえる。札幌には運動の歴史があり、市民のLGBTに対する寛容度は既に高かった。しかし、運動が行われる前の段階では、市内のLGBTが直面している課題や同性パートナーシップ制度の必要性について一般の認知は高まっておらず、市民からの要望がないため、制度の導入には至っていなかった。[34]

一方、ハッシュタグ運動は、まず職員の行動に影響を与えた。議会での審議の直前に行われたこの運動では、レインボーのロゴなども用いて行ったフレーム拡張が影響し、SNS上に多くの賛同者の声が集まった。[35] 前頁に記した通り、職員はSNSの投稿を逐一チェックしていたというから、フレーミングによってネット世論が喚起され、市内のLGBT当事者や制度への賛同者の存在が可視化されたことは、職員の認知に影響を与えたと考えられる。そうした中で、担当課は先進自治体の事例を視察などによって最後に相互参照し、政策づくりに着手することができたのである。

ハッシュタグ運動は、自民党議員にも影響を与えた。自民党の佐々木によると、当初、自民党の議員団の中では、賛成と反対で分かれたという。[36] 憲法の解釈をどうするかという議論もあった。また、自民党本部に意見を求めたところ、家族観が壊れるという理由から消極的だった（賛成に回った後は、党本部から苦言もきた）。さらに、自民党を応援する日本会議系の団体や、団体に所属していない一般の支持者からも反対の声が出たという。しかし、（1）そもそも行政の方からの提案だったこと、（2）この制度をはじめてほしいという賛成の団体からの相談もあったこと、（3）オリンピックを誘致しているという状況の中で、IOCの宣言の中にも書いてあることに真っ向から反対することもないだろうという意見が出たこと、そして（4）SNSでは賛成の声が多かったことを考慮し、最終的に判断したという。特に、（4）について、「若い人の意見は、最近の世の中の趨勢を鑑みてやるべきだというものが多かった」と捉えたという[37]。

札幌市においても、SNSによって自治体内に散在していた賛同者の存在が集合的に見えるようになると、議員たちは要綱への反対は当事者以外の人たちや潜在的な支持層も失う可能性があると考えるようになった。こうして、当初は反対派であった自民党議員も、反対表明を抑制せざるを得なくなったのである。

【3-2】SNSによる影響

最後に補足的に、SNSが本区における市長・議員・職員の認知に与えた影響を明らかにする。政策過程をフレーミングによる政策推進者の認知形成を中心にまとめると、以下のようになる。（1）世田谷区のキーパーソンであった上川の多様性フレームを使ったフレーム増幅により、渋谷区でつくられたフレームがより明確になった。そして、上川のツイートをみた札幌市の運動家・鈴木の認知が形成された。（2）鈴木は市長の秋元とは面識がなかったことから、住民票を集める活動では、SNSによるフレーミングで市内のLGBT当事者の共感を得、多くの住民票を集めて、政策推進者に市内で課題を抱える当事者からの賛同を明らかにしようとした。こうして鈴木がフレームブリッジを行うことで、世田谷区の上川からのフレーム伝播が完成した。鈴木の証言によると、集まった住民票を市長に提出することで、彼の認知がつくられた。これによるフレーム拡張は、職員の認知形成にも影響を与え、彼らを政策推進と反対派の議員の説得に向かわせた。さらに、（3）議会での審議の直前に行われたハッシュタグ運動で多様性フレームがさらに拡散され、ネット世論では賛成多数となった。そして、これが自民党議員の認知形成に影響を与え、当事者以外の支持も失う恐れから、自民党議員は反対しなくなった。

本事例では、世田谷区の運動家→札幌市の運動家→自民党以外の議員→市長・職員→自民党議員という順で認知がつくられた。本項の趣旨に従って、一連のフレーミングからSNSによるものだけを取り出すと、まず、（2）で、世田谷区で確定した多様性フレームが本市でのSNSを活用したLGBT当事者の住民票を集める活動と組み合わさって「フレーム伝播」されたことが、市内のLGBT当事者からの共感を得ることにつながった。そして、市内で課題を抱える当事者の存在が明らかになったことで、市長や職員の新たな認知がつくられた（ただし、ここには住民票の提出という非SNSでのフレーミングが加わっている）。また、（3）のハッシュタグ運動によって拡散された多様性フレームはネット世論を賛成多数へと導き、それが職員の政策推進と保守派議員の反対表明の抑制につながった。たとえ市長が決断しても、世田谷区のように職員がすぐに政策推進に動かない場合があるし、自民党議員もネット世論からの認知の形成がなければ、議会での政治的対立を長引かせ、結果として「非自民型」の首長が途中で政策の推進を断念していたかもしれない。そのような意味では、本事例では社会運動によるSNSの活用が、ネット世論を喚起するフレーミングによって市長と職員、議員の認知をつくったことが、政策過程に一定の影響を与えたといえる。

札幌市の二つの運動では、いずれもTwitterが使われた。そしてTwitterは結果的に、運動が意図した通り、政策過程の早い段階で当事者／非当事者のコミュニティを越えた賛成のネット世論をつくり出した。それが職員や保守派議員等に影響を与え、運動家にとって有利な状況を生むことになったのである。なお、ＬＧＢＴ当事者の住民票を集める運動では、Twitter の他に、鈴木が開設した Facebook ページも使われていた。鈴木が運動をはじめる際に、まず自身の友人のネットワークに認知してもらおうと意図したものであったが、これが結果的にＬＧＢＴ当事者のリツイートを促し、Twitter での拡散に弾みをつけた可能性もある。

第４節　本章のまとめ

本章では、札幌市の「札幌市パートナーシップ宣誓制度」の導入過程を、特にＳＮＳを介したフレーム伝播の影響に注目して概観した。ここでも、運動がフレーミングを行っており、フレーミングが首長・議員・官僚の新たな認知をつくり出すことに役立ったといえる。運動のキーパーソンは、市内のＬＧＢＴ当事者の抱える課題を明らかにするべく市にアプローチした鈴木賢であった。彼は札幌市の政策過程において、世田谷区の運動家が政策波及を狙って行ったフレーム増幅からフレームを受信し、これを活用して二度のフレーミングを行っていた。鈴木の運動により、ＳＮＳ上に多様性フレームが形成された。また、市長・議員・職員はＳＮＳ上での賛成世論の高まりをチェックしており、結果的にそれが彼らの意識の変化をもたらした。

札幌市では、組織による資源動員が長年行われていても制度が変わらなかったところに、ＳＮＳを活用したフレーム増幅とフレームブリッジの組み合わせからなる「フレーム伝播」がもたらされた。まず、世田谷区の上川あやのTwitterでの発信がフレーム増幅となり、渋谷区でつくられたフレームがより明確になった。そして、上川のツイートを参照した鈴木が多様性フレームを取り入れた運動を行うことで（フレームブリッジ）、結果としてそれがフレーム伝播となったのである。

運動家が行ったフレーミングが人々の解釈の枠組みを変えてネット世論を形成すると、市長や職員、議員はSNS上に市内のLGBT当事者や新政策への賛同者の存在を見出した。それが、保守派議員の反対表明の抑制にもつながった。当初は拙速さを指摘していた保守派議員が態度変容したことで、Campbell（1992=1995）の言う「政治型」が収束し「認知型」に移行する形で政策転換が起きた。運動家が長年運動を続けても政策転換が起きなかった札幌市でも、社会運動によるSNSの活用が制度導入の要因の一つとなったのである。

もちろん、社会運動によるフレーミング以外が政策過程に与えた影響もある。伊藤修一郎（2002）のいう政策出力を促すもののうち、「内的要因」の中でも首長の所属政党や政策上の選好、議会の勢力バランス、それらに影響される官僚の行動などを指す「政治要因」を検討したい。まず、首長の所属政党・選好、および議会バランスについては、市長が「非自民型」の一方、議会構成が自公で過半数となる、政策転換にとっては不都合な状況であった。市長が政策を進めようとしても、議会の強い反対を受ければ、議会との関係性を維持するために導入を断念する可能性もあったのである。このような政治状況では、市長が住民からの声がない段階で自ら発案することは考えづらかったと推察できる。職員は、運動により当事者や賛同者が可視化された段階で、政策推進に動いていた。

一方、札幌市は政令指定都市では初の制度導入となったが、市区町村では六番目の導入であり、政策推進者である市長や職員は、既にマスメディアの報道等から賛同者の広がりを認知していたとも考えられる。しかし、そもそも鈴木が上川のツイートをみていなければ、多様性フレームは、運動で活用されていない可能性もあった。そして、鈴木によるSNSを活用した運動で市内の賛同者の広がりが政策推進者に認知されなければ、政策転換が起こらなかったかもしれないことが、実証過程に示されている。

なお、今回みられたフレーム伝播には、「地理的に拡散している人々をSNS上でつなげ、ネット世論を喚起することで人々の行動を促す」という、SNSを活用することが一般的となった現代の運動の特徴が活かされた。運動家は、SNSにより特定のトピックスに興味を持つが地理的に拡散している人々の間に「場」を越えたネットワークを形成し、結果として、つくられたフレームが別の自治体に伝播したのである。

【注】

(1) 鈴木に二〇一七年八月二十八日に北海道大学の教室で行ったインタビューによる(以下、「鈴木」とする)。
(2) 同上
(3) タイトル中の「ビ」はバイセクシュアル(両性愛)の意味である。
(4) 鈴木
(5) 同上
(6) 同上
(7) 同上

（8）同上
（9）同上
（10）同上
（11）同上
（12）大嶋に二〇一七年八月二十八日に会派の控え室で行ったインタビューによる。
（13）鈴木
（14）同上
（15）同上
（16）鈴木
（17）札幌市男女共同参画室の課長の廣川、および調査担当係長の酒谷に二〇一七年八月二十八日に市役所の会議室で行ったインタビューによる（以下「廣川」とする）。
（18）鈴木
（19）平成二十九年札幌市議会財政市民委員会（一月三十一日）会議録 http://sapporo.gijiroku.com/voices/cgi/voiweb.exe?ACT=200&KENSAKU=1&SORT=0&KTYP=0,1,2,3&KGTP=3&FYY=2017&TYY=2017&TITL=%8D%E0%90%AD%8Es%96%AF%2C%8A%C2%8B%AB%8F%C1%96h&TITL_SUBT=%95%BD%90%AC%82Q%82X%94N%81i%8F%ED%94C%81j%8D%E0%90%AD%8Es%96%AF%88%CF%88%F5%89%EF%81%7C01%8C%8E31%93%FA-%8BL%98^&KGNO=432&FINO=3302&HUID=186438&UNID=k_h29013149fu1（二〇一九年十一月十二日取得）
（20）廣川
（21）同上
（22）佐々木に二〇一八年一月十五日に行った電話インタビューによる（以下「佐々木」とする）。
（23）鈴木
（24）同上
（25）「解放」の誤字であると解釈する。

(26) 鈴木
(27) 同上
(28) 廣川
(29) 「札幌」かつ「パートナーシップ」というワードを検索の上、筆者がTwitter上の投稿を一つ一つ判別して二〇一八年六月七日に作成した。「賛成」には「やった」、「嬉しい」、「誇らしい」などポジティブなワードで肯定的に捉えている投稿を、「反対」には「法的拘束力は皆無」など否定的に捉えているものを、また「中立」には価値判断をしていない投稿のほか、ニュースを引用したものを分類した。
(30) 廣川
(31) 廣川によると、これまで市に意見を寄せるのは、LGBT団体の関係者ばかりであった。
(32) 廣川
(33) 同上
(34) 同上
(35) 鈴木
(36) 佐々木
(37) 同上

第4章　政策波及――港区

政策波及が行われた自治体として最後に取り上げるのは、札幌市の運動のキーパーソンに刺激を受けた個人によって運動が行われた港区である。ここでは、運動家が当事者団体等に所属せず、区長・議員・職員と全く関係をもっていない状況で運動を行っていた。運動家が最初に相談したのは、区議会議員である横尾俊成（筆者）であるが、後述の通り、横尾は上川のツイートで使われていた多様性フレームが運動の成功の鍵となると考えていたため、彼にそれを活用するよう伝えていた。

結論から先に言えば、港区への政策波及に影響を与えたフレーム伝播は、世田谷区議会議員の上川あやのSNSでフレーム増幅されたものを運動家が直接受信し、フレームブリッジを行ったのではなく、上川によるそれを横尾が受け止め、運動家にフレーミングを促す形で行われたものであった。社会運動によるSNSの活用が政策過程に与えた影響について、本章でもまた、序章で示した検討事項のうち、（1）社会運動がフレーミングを行ったか、（2）フレーミングが首長・議員・官僚の新たな認知をつくり出すこと、また特に保守派議員の反対表明の抑制に役立ったかを検証しつつ、一連の過程におけるS

NSによるフレーム伝播に注目する。

（1）については、運動家からの証言を得、運動家による意図的な行為が行われたか、またどのSNSが選択され、それによりSNS上にフレームが形成されたかを分析する。

（2）については、区長・議員・職員がSNS上での賛成世論の高まりをチェックしていたか、またそれにより彼らの意識が変化したかを記述する。具体的には、第1節で港区における政策過程を運動家によるフレーム形成を含めて総合的に概観し、第2節ではフレーミングが、区長・議員・職員の認知形成にどのような影響をもたらしたかを検討する。

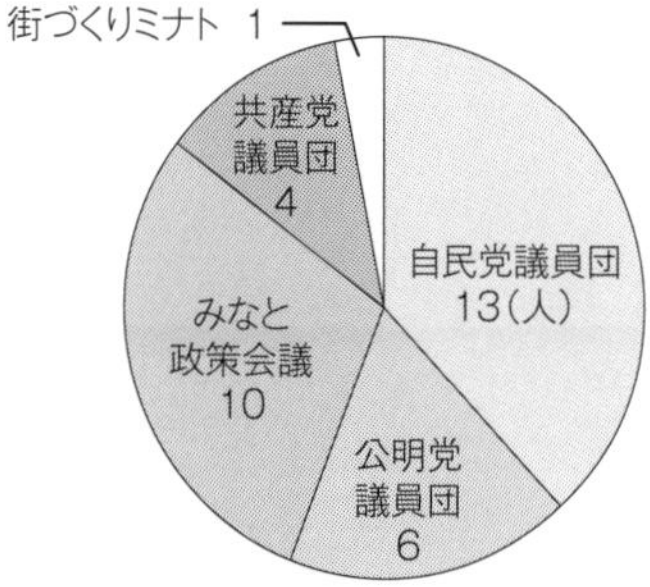

図1　条例制定時の会派毎の所属議員の人数

なお、区長・議員・職員の認知形成を捉える背景情報として、あらかじめ政治的機会構造についてまとめておくと、まず、区長は「自民型」であり、議会構成については、「自公が過半数」となっていた（図1）。そのため、区長は政策を通しやすい状況にあった一方、革新的な政策は採用されづらい環境にあった。

第1節　「みなとマリアージュ」の導入過程と運動家によるフレーム形成

以下は、港区の「みなとマリアージュ」の導入過程である。港区は、二〇一九年四月の時点では条例の制定に至っていなかった。だが、二〇一九年二月十四日、区議会の第二会派「みなと政策会議」の幹事長・清家あいの代表質問、および第三会派「公明党議員団」の丸山たかのりの代表質問に、区長は、東京2020大会前の施行を目指し「請願の趣旨を踏まえた条例案を、来年度の区議会へ提出するため、準備を進め（る）」と明確に答弁した[1]（その後、条例は二〇二〇年二月二十六日に議決され、四月一日に施行された）。要綱での導入ではなく、条例でより法的拘束力を高める形で行うのは、渋谷区、豊島区に続いて三番目である。

港区では、札幌市同様、首長や議員からではなく運動家からの提案の結果としてアジェンダ設定が行われたのが特徴である。そしてこの政策波及の過程でも、SNSを活用したフレーム増幅とフレームブリッジの組み合わせからなるフレーム伝播がみられた。まず、運動が生まれた背景からみていく。

【1-1】個人による運動開始

ゲイの当事者であり、新橋でバーを営む林隆紀が港区で同性パートナーシップ制度の導入に向けて動き始めたのは、偶然のことであった。バーの客を通じて知り合った当事者団体「Rainbow Tokyo 北区」の代表・時枝穂に勉強会に誘われ、第二回の講師として招かれた札幌市の制度導入のキーパーソン・北海道大学名誉教授の鈴木賢と出会ったのがきっかけであった。林は、ゲイバーの客を中心に、当事者にもアライにも多くの仲間がいたこともあり、社会人となってからは、日常生活上の問題を感じていなかった。また、悩みを抱える当事者も周囲にいなかった[2]。林によると、「勉強会に参加する前までLGBTの意味さえ分からず、当事者ながら全く無知だったと気づいた[3]」。林は、鈴木の札幌市での活動を紹介する勉強会の二度目の会合に出席していた東京都議会議員に対し、当事者からの要望があるにもかかわらず制度を導入しようとしない東京都の姿勢について非難した。そして、鈴木に「自分も動いていないのに、無責任だ」と詰められ、その場で、導入に向けた運動を起こすことを約束してしまった。[4]林からしてみれば、鈴木に「そそのかされた」[5]のであり、これまで運動などしたことがなかったため、はじめは「どうすれば良いか、全く見当もつかなかった」[6]。困った林は、「何かやろうとすると、SNSにすぐ書く癖がある」[7]こともあり、二〇一七年六月十六日、まず自らのFacebookに以下のような文章を投稿した。

港区で同性パートナーシップ制度を実現させる事をここに宣言します!(中略)LGBTの割合が5~8パーセントいてその人たちにもそうなって欲しくてその突破口がパートナーシップ制度だと実感しています。現状が知りたくて港区の人権男女平等参画係に電話してみました。港区は全く動いてない事を知りました。二年前に渋谷区から始まり世田谷区最近政令指定都市初の札幌市まで成立してるのにびっくりです。港区が認めれば東京都そして国が認めざるを得ないはず。(以下略)(TakacoNoborder 2017.6.16 Facebook.https://www.facebook.com/takaco.noborder)(二〇二〇年七月二十五日取得)

投稿すると、普段は数十であり、多い時には二〇〇件の「いいね!」がつくという林のFacebookの投稿に四六三件の「いいね!」がつき、五十八件のコメントと一一四件のシェアがされた(二〇一九年

■新刊

佐藤典司・八重樫 文 監修・著／後藤 智・安藤拓生 著

デザインマネジメント論のビジョン

デザインマネジメント論をより深く学びたい人のために

デザイン思考は，組織を活性化し商品価値を高めるスキルとして，今では新入社員から経営者まで，必須の知識となっている。聞きなれないカタカナ語も多いデザインマネジメントの手法と最新理論をかみくだいて説明。デザインマネジメント活用の必携書。

ISBN978-4-7885-1766-0 四六判 264 頁・定価 2640 円（税込）

日本発達心理学会 編／高橋惠子・大野祥子・渡邊 寛 責任編集

発達科学ハンドブック11

ジェンダーの発達科学

人は生物学的に男女に二分できないことが科学的に明らかになってきている。性別とは何か。なぜ性別で差別や不利益が生じるのか。解決のための理論・方法とは。生涯にわたる発達を解明する「発達科学」の視点からジェンダーをめぐる多様な課題に迫る。

ISBN978-4-7885-1773-8 A 5 判 316 頁・定価 4070 円（税込）

二宮祐子

保育実践へのナラティヴ・アプローチ

保育者の専門性を見いだす4つの方法

相互作用に埋め込まれた保育者の専門性をいかに見いだすか。連絡帳，クラスだより，生活画，創作劇を対象に，それぞれのナラティヴ特性をいかした方法で分析しその内実に迫る。ナラティヴ・アプローチの基礎から実践的意義までわかりやすく論じた一冊。

ISBN978-4-7885-1775-2 A 5 判 148 頁・定価 2530 円（税込）

J. W. クレスウェル・J. C. バイアス／廣瀬眞理子 訳

質的研究をはじめるための30の基礎スキル

おさえておきたい実践の手引き

質的研究者のように考えることから，研究に際しての感情的側面，リサーチクエスチョンの設定，インタビューやデータ分析のノウハウ，論文を書くプロセスまで，実践に役立つ 30 の基礎スキルを豊富な具体例とともに学ぶハンドブック。

ISBN978-4-7885-1769-1 A 5 判 432 頁・定価 5060 円（税込）

白井利明・杉村和美

ワードマップ アイデンティティ

時間と関係を生きる

私はどう生きるか？　生涯この問いに挑んだエリクソンの理論からその後の実証的な研究，アイデンティティ発達のメカニズムに切り込んだダイナミックシステム・アプローチ，自己連続性の問題まで，アイデンティティ研究の新展開を一望する見取り図。

ISBN978-4-7885-1764-6 四六判 312 頁・定価 3080 円（税込）

■新刊

倉田 剛

論証の教室〔入門編〕 インフォーマル・ロジックへの誘い

論理学は見慣れない記号や式だらけで難しそう，というイメージを一新。いざというときに論理的になることができる能力を，インフォーマル・ロジック（非形式論理学）を通して身につける，新しい教科書が誕生！　学生からビジネスマンまで必携の書。

ISBN978-4-7885-1759-2　A 5 判 336 頁・定価 2970 円（税込）

赤川 学・祐成保志 編著

社会の解読力〈歴史編〉 現在せざるものへの経路

今ここに存在しない「歴史」を現前にたぐり寄せ，その多面性を描き出す想像力こそが，実証と向かいあう歴史社会学を前にすすめる動力である――この方法論を共有する著者たちが多様な歴史テーマに挑んだ，オリジナルな研究のフォーラム。

ISBN978-4-7885-1757-8　A 5 判 248 頁・定価 3520 円（税込

出口剛司・武田俊輔 編著

社会の解読力〈文化編〉 生成する文化からの反照

文化的事象を細部にわたり分析しながら，それがいかなる社会的背景・文脈のもとにどのような実践として生成しているのかを描き出す文化社会学。そのコンセプトのもと，多様なテーマに取り組んだ著者たちの成果を一冊に凝縮。

ISBN978-4-7885-1758-5　A 5 判 256 頁・定価 3520 円（税込

山下晋司・狩野朋子 編

文化遺産と防災のレッスン レジリエントな観光のために

今日，地球規模での災害が頻発し，文化遺産も災害の危機にさらされている。本書は「レジリエンス」という概念に注目しながら文化遺産，観光，防災の絡み合いをさぐる。それを通して「災害の時代」に文化遺産とともに生きることの意味を考える。

ISBN978-4-7885-1780-6　A 5 判 216 頁・定価 2750 円（税込

庄司興吉 編著

ポストコロナの社会学へ コロナ危機・地球環境・グローバル化・新生活様式

コロナ禍が引き起こした危機は，私たちが強く身体に拘束されており，地球［環境］の影響を受けていることを改めて如実に示した地球環境問題を生産パラダイムから総体的にとらえ直し，身体地球，歴史，社会を接続して考える今日の社会学のための挑戦。

ISBN978-4-7885-1755-4　A 5 判 216 頁・定価 2860 円（税込

十一月一日現在）。すでに渋谷区で対抗フレームが敗れていたことも影響したのか、コメントも全てが好意的なものであり、「味方になってくれる人が周りにたくさんいたことが分かって、やる気になった」。(8)

次に林は、Facebookグループをつくることを考えた。(9) 鈴木の講演から、SNSを使って署名を集めることの大切さ、また議員に接触することの必要性を学んでいた林は、上記の投稿から三日後、Facebookグループ「東京都港区でパートナーシップ制度を実現する会（港区居住の方専用）」および「東京都港区でパートナーシップ制度を実現する会（港区在勤の方専用）」をつくり、そこに当事者とアライ、さらに議員の登録を促そうとした。そして、グループに逐一進捗情報を発信し、署名が必要になった場合にはそこに呼びかけて、賛同者を広げていく方法を考えた。(10)「東京都港区でパートナーシップ制度を実現する会（港区居住の方専用）」の「グループ情報」の部分には、以下のように記されている。

港区在住で同性間パートナーシップ制度に賛同していただける方を募集しています。もちろん参加していただける方の性別、性的指向、性自認は問いません。
議会・区長・議員に陳情するにあたり署名活動に代わるものになればと思いこのグループを立ち上げました。このグループは公開されているのでプライバシーの観点から直接のメッセンジャーでのご支援・参加表明などもお待ちしてます。（以下略）（「東京都港区でパートナーシップ制度を実現する会（港区居住の方専用）」https://www.facebook.com/groups/232324037260989）（二〇二〇年七月二十五日取得）

以後、二つのFacebookグループには、賛同した議員や区の関係団体の会長などを写真付きで紹介したり、後述する署名集めのための投稿をしたりしている。林は、悩みを持つ区内在住の当事者を知らなかったが、Facebookグループへの参加という簡単な方法で当事者も含めた多くの人の運動への参加を促すとともに、知人から連鎖的に制度への理解が広がっていくことを狙っていた。[11] 結果、グループには、知り合いだけでなく、知り合いからの紹介による参加もあった。Facebook上のつながりから、より多くの人に認知を広げようとしていたのである。

特徴的なのは、林は、当事者やアライの可視化が、「署名活動に代わるもの」[12] だと認識していた点である。林の行動は、議員に対して、港区にも多くの当事者と賛同者がいるのだということを認知させるものであり、これは支持基盤の拡大のため、理解の枠組みを拡大するSNSを活用した「フレーム拡張」であるといえる。レインボーをあしらったグッズを身にまとった港区観光協会の会長・渡辺仁久の写真をこのグループに投稿したことについても、林は、「(自民党と仲が良い会長を載せることで)議員にプレッシャーをかけようと思った」[13] と述べている。

【1-2】請願書の提出

林から、区議会議員で会派「みなと政策会議」に所属する無所属の横尾に連絡がきたのは、二〇一七年六月二十三日であった。[14] 林は、偶然家の近くにできた東京都議会議員の選挙事務所に行き、LGBT政策について候補者に意見を聞いた。その際、選挙参謀をしていた元区議会議員に紹介され、FacebookからDMを送ったのであった。[15] 横尾は以前から折に触れ、議会で港区での条例制定を訴えていたが、区内在住の当事者からの要望がもとになってはいなかったため、発言の説得力に欠けると自覚していた。また、横尾の議会での発言に対し、制度の導入に反対していた自民党は、「家族観が壊れる」という反論をしていた[16]。さらに、「自民型」の首長である港区長の武井雅昭は革新的な施策の導入は好まず、制度を検討するという答弁はしていなかった[17]。そのような折、林から声がかかり、横尾もようやく区内在住の当事者の存在を認知することができ、制度の必要性を確信したのであった[18]。横尾は早速、林に前向きな回答をした。

その後、林は会派を問わず、様々な議員にDMを送り、会派「みなと政策会議」の議員など一部の議員から反応を得た[19]。そして、六月三十日、横尾と同じ会派の清家、それに港区観光協会の会長・渡辺と林、そして横尾で打ち合わせを行った。渡辺は林の店で既に経緯を聞いていたため、淡々と話を聞いていたが、清家は、林が多くの当事者がこの制度を求めていると話したことに驚いていた。清家には、ここではじめて、区内に制度を求める当事者がいるという認知がつくられたと推察される（フレームブリッジ）。条例で制定するにしても、「自民型」の区長から要綱を出してもらうにしても、過半数を占め、かつ与党を構成する自民党と公明党の賛同を得ることが必要だと認識していた横尾はその場で、自民党との関係が良好な渡辺に自民党の説得を依頼した。また、札幌市などで賛成に回った公明党を味方につけるため、公明党と会合を行うことを提案した[20]。その後、八月二日にみなと政策会議の控え室で行われた会合には、公明党から幹事長の近藤まさ子ほか一名、みなと政策会議からは幹事長の清家、横尾ほか三名、それに鈴木、渡辺、時枝らも加わった。

横尾は、世田谷区議会議員である上川あやのツイートから多様性フレームを認知しており、これが運動の成功の鍵であると認識していた。そのため、会合の終盤に、林に、運動ではこれを活用するよう伝えた。また、鈴木はそれに呼応するように、多様性を認める国際的な動向を強調しつつ、運動では当事者の声を多く集めたことが札幌市での運動の成功につながったと語った一方、林はそれまでのFacebookグループによる運動の広がりについて紹介した。公明党からは、条例制定に対して明確な賛同はなかったが、運動により賛同者を明確にすることに対しては前向きな反応であり、区内での当事者の声を集めることが必要だとの意見が述べられた。また、近藤は「目に見えないだけで、どれだけつらい人がいるか。なんとかしたい」と語った[21]。近藤にはこの時点で、区内にも悩む当事者がいるという認知がつくられたと推察される。

なお、林がその日に自らのFacebookにした投稿は以下である。ここで、多様性フレームが意図的に使われているのがみてとれる。

> パートナーシップ制度の成立に向けミーティングをしました。明治大学法学部の鈴木教授を迎え今後の対策やスケジュール確認をしました。賛同していただいてる「みなと政策会議」に会派を超え「公明党」の方にもご参加いただきました。当事者としてお話をさせていただき親身になって聞いていただき感動しました。みなさん本当に優しかったです。多様性を認めて誰もが住みやすい港区にしたいと一致団結しました。☆☆☆これから陳情するにあたり港区在住のLGBT当事者の意見が必要ということになりました☆☆（TakacoNoborder 2017.8.2 Facebook.https://www.facebook.com/takaco.noborder）（二〇二〇年七月二十五日取得）

九月一日、林から横尾に、港区長に同性パートナーシップ制度の導入に関する要望書を、また議会に請願書を出したい旨が伝えられた。横尾からは、区長に事前に要望書を出しつつ、十三日までに請願書を出せば、二十日の議会で審議されることを伝えた。また、要望書や請願書の参考とするために、札幌市の請願書の写しを鈴木から林にもらえるよう依頼した。この際も、横尾には、渋谷区でつくられ、世田谷区で確定し、さらに札幌市に伝播した「多様性フレーム」を活用しようとする明確な意思があった。九月二日に、札幌市の請願書の写しをもとに横尾が要望書と請願書の下書きを作成し、五日にそこに林が自らの考えを加筆した。[22] ここで、後にはじまる請願書への署名活動とSNSでの拡散によって完成するフレーム伝播のための準備ができたといえる。

五日に横尾が区長室長と調整した結果、時間的にも、区長への要望書は請願書を出した後が良いということになったため、議会に請願書を出すにとどめることになった（この際、室長からは認知形成とみられる特段の反応は得られなかった）。横尾は林に、完成した請願書を事前に近藤以外の公明党の議員にもみてもらい、公明党議員団として会派全員が制度に賛同しやすいように文章を修正してもらうよう伝えた。ここには、公明党の議員の認知を活性化する「フレーム増幅」の意図があった。また、それと並行し、横尾は、みなと政策会議の他の議員に請願書を回し、フレーム増幅を図った。同じ会派の議員から異論が出ることはなかった。八日には、公明党の近藤から林に、「検討をはじめていただきたい、という内容なら採択までもっていけると思う」との旨が、Facebook のメッセンジャーで伝えられた。[23] それを受け、横尾は請願書の当該箇所を、「検討開始を要望する」という表現に修正するよう伝えた。横尾は、自民党の議員が林のFacebookグループに入っていないことを鑑みても、彼らの認知は未だつくられていないと考え、この段階では、まずは議会で検討への機運を高めること、特に自民党議員団へはフレームブリッジを行うことが先決だと考えたのである[24]。

九月十一日、修正した請願書案を持って、林は自民党や共産党を含む、すべての会派の控え室を回った。だが、想定していた通り、自民党の幹事長からは、「このままでは通せない。私たち自身ももっと知らなければならないが、まだ認識が追いついていない」との懸念が示され、林からは、「では、勉強会を開催してください。それを確約していただくのであれば、今回は取り下げ、次回以降の議会で請願を出します」と伝え、九月議会での提出は見送りとなった[25]。

【1-3】公明党の賛成

十月三十一日、横尾から林に電話をし、次の議会に向け、自民党を説得することが大事だと伝えたところ、林からは、「まずは自民党に当事者を招いた勉強会をしてもらう。札幌市もそうだったが、(区内のLGBT当事者の)存在を知れば、認めざるを得ないだろう」、「その上で、修正する前の請願を次の議会で提出したい。札幌と同様、SNSを使って署名も集めたい。それでも自民党が反対ならしようがない。一旦区切りをつけたい」という返答であった[26]。その後、結局、勉強会が開催されることはなく、十一月十八日にはLINEで、林から横尾に、十一月の議会で請願を出したい旨の連絡を受けた。横尾は、港区へのフレーム伝播を意識して、請願文で多様性フレームを活用することの重要性について再度強調して伝えたほか、SNSを使った署名の集め方を伝えた。また、自民党や公明党には粘り強くアプローチを続けるべきだとした(27)。

そして二十二日、林がSNSで請願書への署名の呼びかけを開始した。同時に、新橋の飲食店二十二店に署名簿を配り、協力を要請した(28)。二つのFacebookグループへの呼びかけ文でも、以下のように札幌市と同様、多様性フレームによるフレームブリッジが行われた。ここで、フレーム伝播が完成したといえる。

☆署名活動のお願い☆「シェア・いいね!」で拡散よろしくお願いします♡いよいよ十二月の港区定例会議にパートナーシップ制度のお願いを議会に提出することになりました。LGBT当事者はもちろん人種・性別・障害を越えた多様性を認め合う事には必然な制度です。幼少期の自殺・いじめ防止にもなります。より多くの方が自分らしく幸せに生きられるために、ご協力下さい。(以下略)(TakacoNoborder 2017.11.21 Facebook.https://www.facebook.com/groups/232324037260989)(二〇二〇年七月二十五日取得)

署名の締め切り日に設定した十一月二十七日、林と鈴木は自民党向けの勉強会を実施したが、自民党に所属している議員十二名中、五名の参加にとどまった(29)。鈴木は横尾に、その模様をLINEで以下のように伝えている。「今日この方々と懇談しました。パートナーシップ制度はやらないと決めてる印象でした。極めて敵対的でした(30)」。

翌日には、鈴木、林、清家、横尾で打ち合わせ、自民等の説得は半ば諦めつつも、みなと政策会議と公明党、それに、既に賛同の意思を示している共産党などが賛成すれば過半数となり、請願を採択できるため、普段は自民党と歩調を合わせた態度表明をしている公明党が鍵を握ることを再認識した。公明党の賛成を決定づけ、さらに自民党の態度変容を促すためには、署名運動のSNSでの拡散で、区内にもLGBT当事者や制度に賛同する人が多くいるという事実を明確にすることが大切だと確認した。さらに、渋谷区同様、請願を審議する総務委員会の委員会室に、LGBT当事者を中心に多くの傍聴者を集め、そこにメディアも呼ぶこととした。横尾は、こうした行為が、公明党議員団に所属する議員に対するフレーム増幅になると考えていた(31)。

十一月二十九日、林らの当初の想定を超える七四四名の署名が入った請願書を林が議会事務局に提出した(32)。そして、林から横尾に、次のようなLINEが届いた。「近藤さんとはメールのやり取りをしました。自民党との関係が難しいようで賛成の確約は取れませんが、多くの人も賛成していることから公明党が賛成に回れるよう頑張ってもらえることは約束してもらいました(33)」。港区議会では、定例会の一日目までに各会派に署名簿が回り、議員が紹介議員欄に署名をするのが慣例であるが、そこには自民党を除き、みなと政策会議、公明党、共産党など十八名(総数は三十四名)の署名を得た(34)。

結局、自民党の意思が覆ることはなかった。十二月六日、当事者やアライ、メディア各社などで満席になった総務常任委員会の委員会室では、自民党からまず「継続審議」が諮られたが、賛成少数で否決となった。その後「採択」が諮られ、自民党を除く全議員の賛成で請願は採択となった。十二月八日の本会議では自民党の全議員とその他一名以外が賛成にまわり、請願は賛成多数で採択となった(35)。そして、請願採択を受け、二十六日、みなと政策会議から選出されている副議長の手配で、林と鈴木、近藤、横尾が区長および区長室長、人権・男女平等参画担当課長に面会し、林らから直接、区長に制度創設の要望が伝えられた。区長からは、「港区らしい方法を検討する」という前向きな発言があった。[36]

こうしたことを受け、二〇一八年二月十四日に行われた区長の所信表明には、「平和や人権、多様な価値観を尊重することは、すべての施策の根幹をなすものであり、国際社会の一員として、区もこの目標に取り組んでいかなければなりません。性的少数者、いわゆるLGBTの方の権利をはじめとする様々な人権課題について、区民の理解を一層深めることが重要です。来年度は、人権課題に関する区民の意識調査を実施し、今後の啓発活動や事業創出に生かすことで、区民の誰もが互いに尊重し合い、心豊かに過ごせるための取組を推進します」という文言が入った。[37]渋谷区が二〇一五年四月一日から「渋谷区男女平等及び多様性を尊重する社会を推進する条例」を施行していたのに対し、港区はそれに相当する条例の名称を「港区男女平等参画条例」としていた。また、渋谷区と同様に、条例に多様性という文言を加えるべきとした横尾の議会での発言に対しても、区長は明確な答弁を行っていなかった。[38]そのような中、区長の所信表明に、国際社会への言及とともに、はじめて「多様（性）」という文言が入ったことからは、SNS・非SNSでのフレーミングが区長にも少なからず影響を与えたとも読み取れる。

こうした動きを受け、担当課は当該年度の予算を急遽付け替え、二〇一八年二月二十六日から三月二日にかけて、港区を含む東京二十三区の当事者を対象とした性的マイノリティに関するインターネット調査を行い（回収数は四〇〇件）、そこに同性パートナーシップ制度の導入希望に関する設問を設けた。また、並行して、庁内の各課を対象に「夫婦に提供している行政サービス等と、同性カップルに提供している（できる）行政サービス等」に関するヒアリングを行った。人権・男女平等参画担当課長の江村信行によると、請願等を受けて、区で定期的に行っているニーズ調査を前倒しで行えるか課内で話し合った。そして、他の自治体の制度の導入状況に関する実態調査の結果（相互参照）とともに副区長に具申し、承認を得たという。(39)江村は、「いずれにしても調査自体は行う予定だったが、請願は、制度構築に向けて動き出す大きなきっかけになった(40)」とした。ここからは、公明党の賛成と区長の認知により不確実性が取り除かれたことが、担当課による政策の推進につながったと推察される。

【1-4】制度導入の答弁

その後、議会の総務常任委員会（公明党の議員が委員長）が主催した勉強会（二〇一八年十月二十六日）などの動きはあったものの、区長から制度導入の宣言がなされず、このまま統一地方選挙を迎えてしまうのではないかと感じた清家と横尾は二〇一九年二月一日、公明党議員団の控え室に行き、総務常任委員会の委員長に対し、議員発案で条例をつくりたいと伝えた。三日後には、近藤より清家と横尾に、「区長部局が動かないなら、議員発案の条例を任期中に提出しよう」との呼びかけがあった。議員発案の条例は過半数の賛成で良いため、必ずしも自民党の賛同は必要ないのだが、筋を通そうと近藤が自民党へ相談に行くことになった。また、鈴木は条例案をつくることになった。自民党からは区民の理解が得られていないことを理由に、条例の共同提案を拒否された。また自民党選出の議長からは、議会全体に関わる案件にもかかわらず、副議長から議長に正式な申し出がなかったことへ不満が伝えられるなど、自民党からは反発を受けた。(41)

そうした混乱を把握した副区長は、二月七日、近藤と清家を呼び、話し合いの機会を持った。そこでは、それまでの検討の経緯と、区が検討している制度の概要について書かれた資料が提示された[42]。その後、提示された資料のスクリーンショットとともに、清家は鈴木、林、近藤、横尾が入ったLINEグループに次のように報告している[43]。

近藤さんと一緒に、港区の進めようとしている制度について聞いてきました。内容は、同性スーパーパートナーシップ制度という感じのものなんですが、どうしても後追いしてるみたいなのがイヤ、というのが本音みたいです。契約婚というのは、事実婚だけど、共同生活の内容を契約書などで取り交わしている形態のことで、これを普及させるために、港区で独自の書式を作って結婚届けみたいに、窓口に置く。また、その書面を確認して、港区が認証書を発行する。というものです。
条例だと来年度中、要綱だと来年夏くらいになる見込み。なので、今定例会に議員立法するなら、理念条例で、港区のやろうとしてることの足かせにならないようなものにしないといけなくて、その要綱に港区の作ってるのを当ててもらう感じになります。作れそうですが難しかったら、議会質問で、やります、というのを引き出すところまでかな。という感じです。

要約すれば、区で現在、パートナーシップの関係を認める「契約婚」という制度を検討しているから、条例を提案するにしても、理念条例にとどめて欲しいという内容であった。ひとたび議員発案で条例がつくられてしまうと、行政はそれを修正することができない。行政としては、自らのコントロールが効かなくなることを避けたかったとも推察される。その後、近藤、清家、鈴木、横尾で相談し、区長が議会で制度導入の宣言をするという条件と引き換えに、提出を見送ることとした[44]。

事前に、議会でのみなと政策会議、および公明党議員団からの代表質問に対する答弁調整が行われ[45]、二〇一九年二月十四日、区長が東京二〇二〇大会前の施行を目指すべく、「請願の趣旨を踏まえた条例案を、来年度の区議会へ提出するため、準備を進める」と答弁したのは前述の通りである。その後、庁内で約一年かけて条例案がつくられ、二〇二〇年二月二十六日に議決された。公明党が賛同することで政治的に敗北した自民党からは、議会において、制度の詳細や法的根拠に対する質問がされたり、「性的マジョリティ」からの意見聴取の必要性について述べられたりした[46]。しかし、制度の導入が決定的となった二〇一九年二月十四日以降は、表立って反対することはなくなっていた[47]。

第2節　区長・議員・職員への影響

以上が、港区の制度の導入過程と政策過程で行われた運動家によるフレーム形成である。本過程では、結果的に、普段は自民党と歩調を合わせている公明党が賛成に回ったことが制度導入の大きな要因となったようであるが、次に運動の区長・議員・職員への影響について、特に公明党が自民党との関係を崩してまで賛成した理由に注目して分析したい。

【2-1】議員への影響

本区での導入事例において、林は三度フレーミングを行っていた。一度目は、Facebook グループに

DMで議員を招待した行為であり、結果的に、これは議員に対するフレーム拡張となった。当事者やアライの可視化が署名活動に代わるものだと認識していた林が、区内にも多くのLGBT当事者・賛同者がいるということを認知させるために行った運動である。

この頃になると、同性パートナーシップ制度について既に多くのマスメディアによる報道があったため、各議員は、制度やLGBTの存在について認識してはいた。だが、横尾を含め、区内に住む当事者から陳情を受けた議員はおらず、前述のLGBT総合研究所などの調査機関がLGBTの当事者は8パーセント程度と発表していても、実感がわかないのも事実であった[48]。横尾も、渋谷区の動きを受けて議会で制度の提案をしていた際も、説得力がないと自覚していた。自民党議員からは他市区の自民党と同様に、家族観を理由とした反論がなされ、「自民型」の区長からも、前向きな答弁は返ってきていなかった。

そのような中、林は一〇九人が参加したFacebookグループ「東京都港区でパートナーシップ制度を実現させる会（港区在勤の方専用）」や一二〇人が参加したFacebookグループ[49]「東京都港区でパートナーシップ制度を実現させる会（港区在勤の方専用）」に議員や知人を招待することで、港区にもLGBT当事者がいて、制度の導入を後押しするアライもいることを、議員に広く認知させようとした。これは、支持基盤の拡大のため理解の枠組みを拡大する「フレーム拡張」であるといえる。渋谷区、世田谷区、札幌市の事例では、政策過程の後半に議員らに対するフレーム拡張が行われていたが、この段になると社会の認知が進んでいたため、政策過程の初期段階で、区内に住むLGBT当事者や賛同者の存在を明確にするためになされた。札幌市においては、運動家が議会と関係性を持っており、そこから政策推進者にアプローチすることができたが、それまで運動をしたことがなく、当事者団体にも所属していなかった港区の林には、首長、職員、議会とのつながりがなく（横尾以外にも多くの議員に手当たり次第DMを送っていたことからも、それがみてとれる）、彼らの賛同を得られる見込みはなかった。そこで、DMの反応がよかった議員を通じて、議会にアプローチすることからはじめようと考えたのである。[50]

【2-2】公明党議員、および区長、職員への影響

LGBT当事者としての林が請願書案を各議員に見せて直接訴えるという二度目のフレーミングを経て行われた三度目のフレーミングは、再び、SNSを活用したそれであった。これは公明党議員の行動変容を促すこととなった。

請願書に署名を集めるため、林は二つのFacebookグループの中で、世田谷区で確定し、札幌市でも応用された多様性フレームを用いたフレームブリッジを行った。これにより、世田谷区におけるフレーム増幅を横尾が受け止め、それを林に伝える形で行われたフレーム伝播が成立した。林は、請願書に多くの署名を集めるため、多様性フレームを使って伝統的な家族観フレームを乗り越えようとしたのである。また、請願書でもそれを用いたことが奏功し、当初の想定を超える七四四名の署名を集めることができた。林は、渋谷区でのインターネット署名活動、また札幌市での住民票を集める活動などと同様、SNSを活用して多くの署名を集めることを狙った。そしてそれが成功すると、集まった署名を議会というリアルな場に届け、フレーミングによる認知形成を図った。その結果、自民党との関係から最終的な決断ができていなかった公明党議員団からの賛同も得ることができた。

議会では、賛成議員が過半数をとることができれば、議員が発案する形で条例をつくることができる。そのため林は、ＳＮＳを活用した署名集めで、多くの住民は制度に賛成だと認知させて、議員の態度変容を促そうとした。こうした行為が、態度を決めかねていた公明党議員団に対するフレーム増幅となり、請願を採択させることができたのである。公明党は、本制度について、市区町村によって異なる対応をとっていた。そのため、署名活動で制度を望む区民の存在が明確になったことは彼らの判断材料の一つとなった。幹事長の近藤によると、公明党議員団は、区内のＬＧＢＴ当事者や新政策に対する賛同者の存在を認知し、請願に賛成することとした。党本部にも判断を求めたが、党本部からは、「人権の党として否定はしない」という回答を得た(51)。

公明党議員団の賛成により請願が採択され、運動家の林が区長と面会した後、区長の所信表明に、国際社会への言及とともに、はじめて「多様（性）」という文言が入ったことから、運動によるＳＮＳ・非ＳＮＳでのフレーミングは区長にも少なからず影響を与えたと読み取れる。また、こうした動きを受け、担当課が当該年度の予算を急遽付け替え、当事者を対象とした性的マイノリティに関するインターネット調査を行ったことについては、公明党議員団の賛成と区長の認知により不確実性が取り除かれたことが影響したと推察される。人権・男女平等参画担当課長の江村が「請願は、制度構築に向けて動き出す大きなきっかけになった」と述べたことは、本章「1-3 公明党の賛成」にも記述した。

【2-3】ＳＮＳによる影響

最後に補足的に、特にＳＮＳが本区における区長・議員・職員の認知に与えた影響を改めて明らかにしておきたい。

これまでの検討を踏まえ、政策過程をフレーミングによる政策推進者の認知形成を中心にまとめると、以下のようになる。

（1）運動をはじめるにあたり、組織に所属していなかった林は、まずFacebookグループをつくり、SNSを通じて当事者や賛同者を集めることとした。また、議員にもメッセージを送りグループに入れることで、みなと政策会議や公明党議員団を中心とした議員に対し、フレーミングによって、区内にもLGBT当事者がいるという認知の形成を促した。（2）議会に請願を提出することになった林は、多様性社会の実現をうたった請願書案をもって各会派をまわり、フレーミングにより議員の認知形成を狙った。また、（3）横尾のアドバイスに従い、世田谷区で確定し、札幌市でも活用された多様性フレームを使い、Twitterを活用した運動で多数の署名を集めようとした。ここで、世田谷区からのフレーム伝播が成立した。そして、集まった署名は議会に請願という形で提出された。結果、制度を求める多くの住民の存在を認知した公明党議員団が、自民党との関係を崩してまで賛成に回った。請願によって区長に認知がつくられ、所信表明の中にはじめて「多様」という文言が入った。区長の認知がつくられ、公明党の賛成で条例が成立する見込みも立ったため、職員が政策を推進した。以後、自民党が表立って条例に反対することはなくなった。

本項の趣旨に従って、一連のフレーミングからSNSによるものだけを取り出すと、（1）と（3）に示した、Facebookグループを使った活動、および請願に署名を集めるためのTwitterでの活動となる。

港区では、運動家が首長・議員・官僚に資源を持たないところから運動をはじめた。そこでまず、既知の友人が多く個人情報の開示度が高い「強いつながりのSNS」であるFacebookを活用し、友人経由で議員等との個別のコネクションをつくり、彼らの認知を得ようとした。そして、リアルな場において各会派へ行ったフレーミングで自民党議員団から拒絶を示されると、公明党議員団の最終的な決断を促すために世論を喚起することが大切であると感じた。そこで、上川のツイートで使われていた多様性フレームが運動の鍵となると考えていた議員の主張を受け、運動家は世田谷区から札幌市を経て伝播された多様性フレームを拡散し、ネット世論を喚起しようとした。ここでは、当事者／非当事者のコミュニティを越えた広範な賛成のネット世論をつくるため、Twitterが使われた。結果、（3）に示したように、議会構成上鍵を握っていた公明党議員団の態度変容を促したのであった。

厳密に言えば、公明党議員が区内のLGBT当事者や制度への多数の賛同者の存在を認めたのはSNS上なのか、もしくはその後にリアルな場で請願書に集まった署名の数をみてなのかは定かではない。だが、社会運動によるSNSの活用でフレーミングが行われなければ、これだけの署名の数が集まっていなかったであろうこと、また区内で制度を求める人々の可視化が行われていなかったであろうことを勘案すれば、Facebookグループの作成からはじまる社会運動によるSNSの活用は、フレーミングにより政策過程に一定の影響を与えたといえる。

第3節　本章のまとめ

本章では、札幌市の運動のキーパーソンとの偶然の出会いから、個人によって運動が起こされた港区について、政策過程を記述した。ここでは、議員である横尾を間に挟んではいるが、札幌市と同様に、運動家によってSNS上でフレーム増幅とフレームブリッジの組み合わせからなるフレーム伝播がなされ、それが政策過程に影響を与えていた。

政策過程の終盤においては、運動家が、渋谷区で採用され、世田谷区で確定され、さらに札幌市にも伝播した多様性フレームを用いて賛成のネット世論を形成した。結果、請願には多数の署名を集め、区内に住むLGBT当事者や制度への賛同者の存在を可視化することができた。それが、公明党が自民党との関係を崩してまで賛成に回ったこと、また、最終的な自民党議員の反対表明の抑制に一定の影響を与えたといえる。公明党の議員は、それが世論を正確に反映しているかどうか疑わしかったとしても、SNS等によって地域に散在していた賛同者の存在が集合的に見えるようになると、そこに潜在的な支持者層を見出したのである。保守派議員が態度変容したことで、Campbell（1992=1995）のいう「政治型」が収束し「認知型」に移行する形で政策転換が起きた。

もちろん、社会運動によるフレーミング以外が政策過程に与えた影響もあるであろう。伊藤修一郎（2002）のいう政策出力を促すもののうち、「内的要因」の中でも首長の所属政党や政策上の選好、議会の勢力バランス、それらに影響される官僚の行動などを指す「政治要因」を検討したい。

まず、首長の所属政党・選好、および議会バランスについては、区長が「自民型」であり、さらに議会構成が自公で過半数となる、政策転換にとっては不都合な状況であった。一般的にこのような政治状況においては、首長からも議会からもこれまでの価値観から外れるような新政策が提案されることはない。公明党議員団の行動変容には、運動によるSNSの活用が与えた影響が大きかったと推察されるが、運動家から相談を受けた無所属議員の横尾や清家がすぐに公明党議員団との打ち合わせの場を設定し、彼らを政策過程の初期段階から巻き込んだことも、少なからず影響を与えたと考えられる。なお、職員は、横尾が議会で質問を繰り返していた段階では政策推進に消極的であったが、区長の認知がつくられ、条例が成立する見込みがたった段階で、政策を推進した。

札幌市と同様、議員や職員は、既に各種のメディアから賛同者の広がりを認知していた可能性もある。しかし、横尾が議会で質問をした頃にはすでにメディアの報道も出ていたのにもかかわらず、区長や職員が具体的な検討を進めていなかったのは、他市区と同様、区内に当事者や賛同者の存在がみえなかったからだと考えられる。

札幌市の政策過程と比べた時の一番の違いは、札幌市が革新的な政策を好む「非自民型」の首長であったのに対し、港区はそうではない「自民型」の首長であったという点にあった。港区では、運動を起こす個人が首長・職員・議会という政策推進者との関係を全くもっていなくても、運動によるフレーミングで喚起されたネット世論をつくり、請願への署名数の増加に寄与した。それにより政策推進者の新たな認知を獲得することで、区長や与党会派の翻意を促すことができたのである。

【注】

（1） 平成三十一年港区議会第一回定例会（二月十四日）会議録 https://gikai2.city.minato.tokyo.jp/voices/cgi/voiweb.exe?ACT=200&KENSAKU=0&SORT=0&KTYP=1,2,3,0&FBMODE1=SYNONYM&FBMODE2=SYNONYM&FB

MODE3=SYNONYM&FBMODE4=SYNONYM&KGTP=1,2,3&TITL_SUBT=%95%BD%90%AC31%94N%91%E61%89%F1%92%E8%97%E1%89%EF%81%7C02%8C%8E14%93%FA-02%8D%86&KGNO=4740&FINO=5567&UNID=K_H3102140021（二〇一九年十一月十二日取得）

（2）林に、二〇一八年二月十四日にみなと政策会議の控え室で行ったインタビューによる（以下、「林」とする）。

（3）同上

（4）同上

（5）同上

（6）同上

（7）同上

（8）同上

（9）同上

（10）同上

（11）同上

（12）同上

（13）同上

（14）横尾がつけたフィールドノートによる（以下、「フィールドノート」とする）。

（15）林

（16）平成二十八年度決算特別委員会における自民党議員・土屋準の発言（平成二十八年度港区議会決算特別委員会（平成二十九年十月五日）会議録）ほか https://gikai2.city.minato.tokyo.jp/voices/cgi/voiweb.exe?ACT=200&KENSAKU=0&SORT=0&KTYP=1,2,3,0&FBMODE1=SYNONYM&FBMODE2=SYNONYM&FBMODE3=SYNONYM&FBMODE4=SYNONYM&KGTP=1,2,3&TITL_SUBT=%95%BD%90%AC28%94N%93x%8C%88%8EZ%93%C1%95%CA%88%CF%88%F5%89%EF%81%7C10%8C%8E05%93%FA&KGNO=4484&FINO=5268&UNID=K_H29100526101（二〇一九年十一月十二日取得）

（17）平成二十九年港区議会第二回定例会（六月七日）会議録ほか https://gikai2.city.minato.tokyo.jp/voices/cgi/voiweb.exe?ACT=200&KENSAKU=0&SORT=0&KTYP=1,2,3,0&FBMODE1=SYNONYM&FBMODE2=SYNONYM&FBMODE3=SYNONYM&FBMODE4=SYNONYM&KGTP=1,2,3&TITL_SUBT=%95%BD%90%AC29%94N%91%E62%89%F1%92%E8%97%E1%89%EF%81%7C06%8C%8E07%93%FA-06%8D%86&KGNO=4447&FINO=5194&UNID=K_H29060700061（二〇一九年十一月十二日取得）

（18）フィールドノート

（19）林

（20）フィールドノート

（21）同上

（22）同上

（23）同上

（24）同上

（25）同上

（26）同上

（27）LINEでの林と横尾のやりとりのスクリーンショットによる（以下、「LINE」とする）。

（28）林

（29）同上

（30）LINE

（31）フィールドノート

（32）同上

（33）LINE

（34）フィールドノート

（35）平成二十九年港区議会第四回定例会（十二月八日）会議録 https://gikai2.city.minato.tokyo.jp/voices/cgi/voiweb.

exe?ACT=200&KENSAKU=0&SORT=0&KTYP=1,2,3,0&FBMODE1=SYNONYM&FBMODE2=SYNONYM&FBMODE3=SYNONYM&FBMODE4=SYNONYM&KGTP=1,2,3&TITL_SUBT=%95%BD%90%AC29%94N%91%E64%89%F1%92%E8%97%E1%89%EF%81%7C12%8C%8E08%93%FA-16%8D%86&KGNO=4525&FINO=5319&UNID=K_H29120800161（二〇一九年十一月十二日取得）

（36）フィールドノート

（37）平成三十年港区議会第一回定例会（二月十四日）会議録 https://gikai2.city.minato.tokyo.jp/voices/cgi/voiweb.exe?ACT=200&KENSAKU=0&SORT=0&KTYP=1,2,3,0&FBMODE1=SYNONYM&FBMODE2=SYNONYM&FBMODE3=SYNONYM&FBMODE4=SYNONYM&KGTP=1,2,3&TITL_SUBT=%95%BD%90%AC30%94N%91%E61%89%F1%92%E8%97%E1%89%EF%81%7C02%8C%8E14%93%FA-01%8D%86&KGNO=4576&FINO=5357&UNID=K_H30021400011（二〇一九年十一月十二日取得）

（38）平成二十七年度予算特別委員会（平成二十七年三月十三日）会議録 https://gikai2.city.minato.tokyo.jp/voices/cgi/voiweb.exe?ACT=200&KENSAKU=1&SORT=0&KTYP=1,2,3,0&FBKEY1=%93%AF%90%AB&FBMODE1=SYNONYM&FBMODE2=SYNONYM&FBMODE3=SYNONYM&FBMODE4=SYNONYM&KGTP=1,2,3&NAMES=%89%A1%94%F6%8Fr%90%AC&TITL_SUBT=%95%BD%90%AC27%94N%93x%97%5C%8EZ%93%C1%95%CA%88%CF%88%F5%89%EF%81%7C03%8C%8E13%93%FA&KGNO=4093&FINO=4762&HUID=484057&UNID=K_H270313201065（二〇二〇年二月四日取得）

（39）人権・男女平等参画担当課長の江村に、二〇一九年十月九日に議員控え室にて行ったインタビューによる。

（40）同上

（41）フィールドノート

（42）同上

（43）LINEでの清家、鈴木、林、近藤、横尾のやりとりのスクリーンショットによる。

（44）フィールドノート

（45）同上

（46）　例えば、平成二十九年度決算特別委員会（平成三十年九月二十一日）会議録を読むと、自民党議員の土屋準は「性的マイノリティではない、いわば性的マジョリティの方が、どのような意識を持っていて、この問題をどう感じているのかも、行政としては把握しておかなければならないことだと感じております」と述べている。https://gikai2.city.minato.tokyo.jp/voices/cgi/voiweb.exe?ACT=200&KENSAKU=1&SORT=0&KTYP=1,2,3,0&FBKEY1=%90%AB%93I%83%7D%83C%83m%83%8A%83e%83B&FBMODE1=SYNONYM&FBMODE2=SYNONYM&FBMODE3=SYNONYM&FBMODE4=SYNONYM&KGTP=1,2,3&NAMES=%93y%89%AE%8F%80&TITL_SUBT=%95%BD%90%AC29%94N%93x%8C%88%8EZ%93%C1%95%CA%88%CF%88%F5%89%EF%81%7C09%8C%8E21%93%FA&KGNO=4666&FINO=5490&HUID=542273&UNID=K_H3009212603166（二〇一九年十一月十二日取得）

（47）　例えば、平成三十年度予算特別委員会（平成三十年二月二十七日）会議録を読むと、自民党議員の土屋準は「多様性の理解を進めるにあたっては、分断や反発を招かないよう、さまざまな意見に耳を傾けるべきと考えますが、いかがでしょうか」と述べている。多様性フレームに従って発言を行っていることに加え、制度の導入に明確には反対していないのが分かる。https://gikai2.city.minato.tokyo.jp/voices/cgi/voiweb.exe?ACT=200&KENSAKU=1&SORT=0&KTYP=1,2,3,0&FBKEY1=%90%AB%93I++&FBMODE1=SYNONYM&FBMODE2=SYNONYM&FBMODE3=SYNONYM&FBMODE4=SYNONYM&KGTP=1,2,3&NAMES=%93y%89%AE%8F%80&TITL_SUBT=%95%BD%90%AC30%94N%93x%97%5C%8EZ%93%C1%95%CA%88%CF%88%F5%89%EF%81%7C02%8C%8E27%93%FA&KGNO=4579&FINO=5378&HUID=532790&UNID=K_H3002272003203（二〇二〇年七月二十七日取得）

（48）　フィールドノート

（49）　参加人数については、筆者（横尾）が二〇一九年八月十六日に確認したところによる。

（50）　林

（51）　公明党の幹事長・近藤まさ子から、二〇二〇年二月三日にLINEで得た回答による。

終章

本章では、まず第1節で、渋谷区から港区に至る一連の政策波及におけるSNSを介した「フレーム伝播」をまとめ、社会運動によるSNSの活用が新政策の採用と波及に与えた影響を分析する。その際、序章にあげた各自治体での検討事項に従い、（1）社会運動がフレーミングを行ったか、（2）フレーミングが市長（区長）・議員・職員の新たな認知をつくり出すことに役立ったか、特に保守派議員の反対表明の抑制につながったかについて再検証する。またその際、各種のSNSが、運動によってどのように選択され、政策過程のどの場面で機能したのかについても分析する。さらに、自治体を越えてフレームがいかに伝播したのかを分析し、SNSが政策波及に果たした役割を明らかにする。

次に、第2節で、第1節での分析結果から、SNSを活用したフレーミングによる認知形成と政策波及に関するモデルを構築し、本研究で得られた知見が今後一般化し得る可能性を検討する。さらに、第3節で、本事例で取り上げた自治体以外における同性パートナーシップ制度の政策過程を網羅的に概観し、そこに社会運動によるSNSの活用が影響を与えたかを分析する。第4節では、制度の自治体への波及状況から、波及過程全体における四自治体の位置付けを示す。最後に、第5節で本研究が行った学術的貢献をまとめた後、第6節で残された課題について記す。

第1節　一連の政策波及におけるSNSを介したフレーム伝播

本節で行うのは、渋谷区、世田谷区、札幌市、港区において、運動家によるSNSの活用が各自治体での新政策の採用にどのような役割を果たしたのか、そして一連の過程において自治体を越えてフレームがどのように伝播したのかについての分析である。

新政策の採用が最初に行われた渋谷区では、Twitterでのハッシュタグ運動、およびインターネット署名活動で運動家が行ったフレーミングが人々の解釈の枠組みをつくり、ネット世論を賛成に向かわせた。特に、インターネット署名活動は、プリントアウトされた署名の提出と組み合わさり、議員らに対する区内のLGBT当事者や制度への賛同者の可視化と彼らの認知形成に重要な役割を果たした。

渋谷区では当初、区民の多くの人々は制度の内容や意味を理解しておらず、この問題を捉えるフレームを持っていなかった。筆者が行ったTwitter分析によると、当初は制度への「賛成」や「反対」の意見に比べて「中立」の意見が圧倒的に多かったことから、政治的機会構造の文化的側面との関係で言えば、特定のイシューに対し未だ価値観が定まっていないケースであり、個人や集団によるフレーミングは有効に作用しやすい状況にあったといえる。これは、先述した、二〇〇五年時点での「同性愛」に対する寛容度の調査結果（石原 2012）とも符号していた。また、本条例はいわゆる理念条例であるため、政策推進者の認知をつくりつつ、保守派議員の反対表明を抑制することが新政策の採用の鍵を握っていた。そのような中、制度を発案した議員が「多様性」という言葉を用い、多様性社会をつくることは先進的で国際社会のトレンドであること（対抗フレームであった伝統的な家族観は後進的であること）、また、LGBTを包摂する社会づくりが多様性社会の実現に向けた第一歩であるとした。そして、それまで存在しなかった「多様性フレーム」がSNSを活用した運動で意図的に使われることで、人々の新たな解釈の枠組みをつくることに成功した。結果的に、それが区内のLGBT当事者や新政策への賛同者の可視化、またそれによる政策推進者の認知形成、特に保守派議員の反対表明の抑制に役立ったのである。

SNSでの意見表出の特性上、Twitter上での意見の変化は、社会全体の価値変容とはいえない。しかし、Twitter上の賛成意見の短期間での増加は、結果的に、当時、ポリティカルマーケティングを行い、SNSでのコメントに過度に反応していた議員らの行動に一定の影響を与えることとなった。選挙を目前にした議員たちは、普段対面することのないネットユーザーの意見に、制度に賛成する多くの有権者の存在を認め、再選を優先した行動をとらせたのである。「自民型」の区長で、かつ区長系の議会勢力が強かった渋谷区で条例を通すためには、与党会派の分裂が必要であった。渋谷区の政策転換には、保守派である自民党議員の反対表明の抑制とともに、公明党の賛成が条例成立の条件となったが、彼らの態度変容にも、社会運動によるSNSの活用で賛成のネット世論を形成したことが、一定程度影響していた。

また、渋谷区から世田谷区を経て政策波及が行われた札幌市では、次の二つの運動が奏功し、政策推進者の認知形成、特に保守派議員の反対表明の抑制が行われた。まず、世田谷区での動きを知った運動家が、市長を説得するためにＬＧＢＴ当事者の住民票を集める運動を、自身の友人のネットワークに認知してもらうためにFacebookで告知し、その後Twitterで拡散した。そして、渋谷区と同様、それをリアルな場で市長に届け、彼の認知を形成した。さらに、運動家は、議会での政治闘争を回避するため、議会での議論が行われる直前にはTwitter上でハッシュタグ運動を行った。この運動によるフレーミングでネット世論の方向性が定まり、議員や職員は賛成世論の盛り上がりに、市内のＬＧＢＴ当事者や新政策への多数の賛同者の存在を認めた。結果、本音では制度に反対していた保守派議員に反対表明を抑制させ、職員が施策を進めやすくする状況ができた。そして、最終的には職員が視察で他自治体を相互参照し、それを踏まえて議員を説得することに成功した。札幌市でも、市内に制度を望むＬＧＢＴ当事者や賛同者がいるという認知は、運動によってはじめてつくられたという証言が得られている。

一方、港区では、首長・議員・官僚のどれにもネットワークを持っていなかった運動家が、札幌市で行われたフレーミングを参照した運動を行っていた。そして、それが渋谷区や札幌市と同様に、区内のＬＧＢＴ当事者や新政策への賛同者の存在を可視化し、政策の推進に重要な役割を果たした。運動家はまず、政策過程の初期段階に、議員らとのコネクションをつくるため、Facebookグループを作成してフレーム拡張を行おうとした。また、保守派議員の反対表明の抑制のために区内のＬＧＢＴ当事者や新政策への賛同者を可視化する必要性が生じた政策過程の中盤には、請願に多数の署名を集めるため、Twitterを活用し、多様性フレームを用いたフレーミングを行った。一連の運動によってネット世論が形成され、請願には多くの署名が集まった。結果、請願が議会に提出されると、与党を構成し議会構成上条例成立の鍵を握っていた公明党議員団に、区内に新政策への賛同者が多数いるという認知が形成され、彼らが賛成に回ることで条例成立の見込みが立った。その後、担当課が他自治体を相互参照し、区民に対するアンケート調査も行って条例案をつくると、自民党議員の抵抗もなくなった。

なお、世田谷区では、政策波及を狙った区議会議員が、制度の導入が決まった後に、自ら運動家となり、他自治体への政策波及を狙って、特定の問題や事象に関する解釈フレームを明確化し活性化する「フレーム増幅」を行っていた。この行為が、渋谷区でつくられた多様性フレームを確定し、さらに、札幌市や港区の運動家によるフレームブリッジと組み合わさって、運動家による政策波及の形である「フレーム伝播」を構成していた。世田谷区の区議会議員の『togetter』への書き込みによるフレーム増幅で参照されやすくなったフレームを、札幌市や港区の運動家が取り入れることで、政策が波及したのである。ここには、地理的に拡散している人々をネットワーク上でゆるやかにつなげ、世論をつくることができる、社会運動によるＳＮＳの活用の特徴があらわれている。

一連の事例を構成する四つの自治体では、政治的な状況と社会運動が起きた時期が、それぞれ異なっていた。議員が政策を主導する場合には、運動は政策過程の中盤以降で政策推進者の認知を形成し、保守派議員の反対表明を抑制させるために機能していた。一方、運動家が主導し、かつ鍵を握る政策推進者と関係を持っていない場合には、政策過程の初期段階においても、政策推進者の認知形成のために運動が起こされていた。

まず、運動家との出会いによって同性パートナーシップ制度をはじめて政策にした渋谷区議会議員は、政策過程の中盤で、政策推進者の認知形成、および保守派議員の反対表明の抑制のために運動家に運動を依頼していた（同様に議員が主導した世田谷区では、本来なら特に中盤以降で、保守派議員の認知を形成する必要があったが、要綱での導入ということもあり、区長との関係性を活用して政策を推進することができた)。一方、運動家が市長と直接の関係を持っていなかった札幌市では、運動家が政策過程の初期段階で市長の認知をつくるため、また中盤では保守派議員の反対表明を抑制させるために運動を行っていた。運動家が議会との関係を全く持っていなかった港区では、初期段階で議員にアプローチする際、それに、中盤での保守派議員へのLGBT当事者や制度への賛同者の可視化の際に運動が起こされていた。

さらに、各種のSNSは、四つの自治体における政策過程の各場面で、運動家により、その機能に応じて使い分けられていた。まず、(1)既知の友人が少なく個人情報の開示度が低い「弱いつながりのSNS」の一つであるTwitterは、渋谷区でのハッシュタグ運動とインターネット署名運動、札幌市での住民票を集める運動とハッシュタグ運動、それに港区での請願への署名を集める運動において、当事者/非当事者のコミュニティを越えた広範な賛成世論をつくり出すために使われた。また、(2)既知の友人が多く個人情報の開示度が高い「強いつながりのSNS」の一つであるFacebookは、政策推進者とのつながりを持っていなかった港区の運動家によって、議員等との個別のコネクションをつくるために使われた。札幌市では、LGBT当事者の住民票を集める運動の際に、自身の友人のネットワークに認知してもらうために使われたが、これが結果的にLGBT当事者のリツイートを促し、Twitterでの拡散に弾みをつけた可能性もある。さらに、(3)世田谷区で運動家が他の自治体への政策波及を意図してフレーミングを行った際は、Twitterのまとめサイトである『togetter』が活用された。『togetter』は、他自治体の運動家や同調者に賛同や拡散を募り、それが結果的に、運動家による政策波及の形である「フレーム伝播」を引き起こした。

上記のような違いはあるが、一連の過程においては、（1）社会運動がフレーミングを行っており、（2）フレーミングが市長（区長）・議会・職員の新たな認知をつくり出すことに役立っていて、さらに、それが保守派議員の反対表明を抑制させる役割を果たしていた。また、政策波及では、運動家によるＳＮＳを介した「フレーム伝播」が行われていた。渋谷区でのハッシュタグ運動・インターネット署名活動、札幌市での住民票を集める活動・ハッシュタグ運動、それに港区でのFacebookグループを使った活動・請願への署名を集める活動といった運動はそれぞれ別に行われたものであったが、そこでは、運動家によって意図的に同じ多様性フレームが活用されており、それは、ＳＮＳを介し自治体を越えて伝播したものであった。

こうした事実により、本事例では、運動によるＳＮＳの活用がフレーミングでネット世論を喚起し、特に自治体内におけるＬＧＢＴ当事者や新政策への賛同者の存在を可視化することで首長・議員・官僚の新たな認知をつくり出し、保守派議員の反対表明を抑制させることが、新政策の採用と波及を促す決定的な要因の一つとなったことを確認した。一連の政策波及は、フレーミングによるＬＧＢＴ当事者や新政策への賛同者の可視化がなければ、起きていない可能性がある。

なお、政策波及ではフレーム伝播と呼ぶべき現象がみられた。組織を前提とした従来の運動は、メンバーシップの存在を集票力や集金力、あるいは議会へのロビイングなどといった形で示すのに対し、個人がＳＮＳを活用して行う現代の運動はネット上に不特定多数の賛同者の存在を示しながら、政策推進者に自治体内に新政策への賛同者が多数いるという認知をつくることで、政策転換を狙えることが示された。また、従来の官僚組織による相互参照だけではなく、運動家個人のネットワークによるＳＮＳを

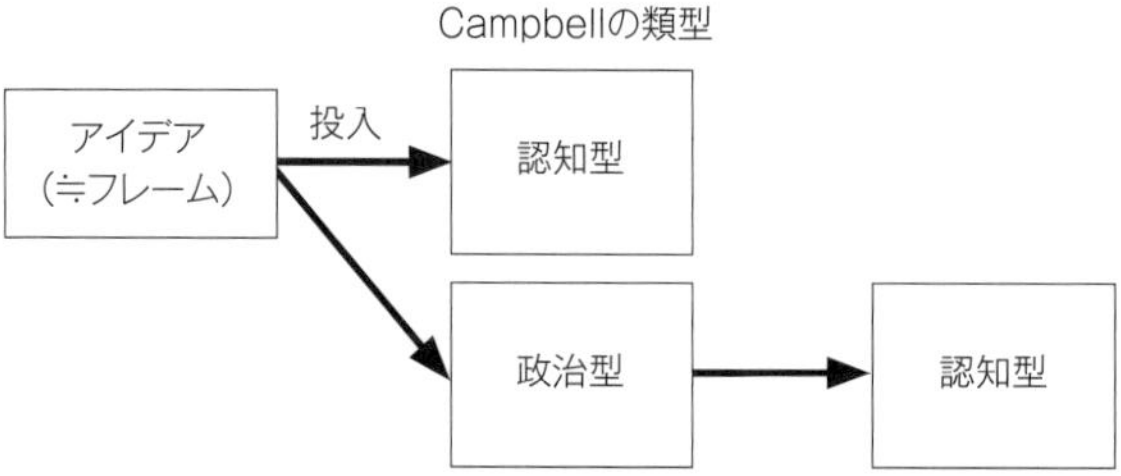

図1　社会運動によるSNSの活用と
Campbell（1992=1995）の政策転換の四類型との接続

介したフレーム伝播が、政策波及の一助となることも明らかになった。

なお、社会運動によるSNSの活用は、**図1**の通り、フレーミングによってCampbell（1992=1995）の言う「アイディア」を投入して認知を形成した。フレーミングにより自治体内のLGBT当事者や制度への賛同者の存在が可視化されると、特に保守派議員たちは、自らの支持者を失う恐れから、もしくは支持者層の拡大を狙って反対表明を抑制させた。結果、政策過程の中盤で「政治型」が収束し、「認知型」に移行する形で政策転換が起きていた。特に、渋谷区と港区では条例での制度導入が進められており、議会では自公を合わせると最大勢力となっていたため、もし会派の政治的な思惑が交錯し、政策過程の終盤までイシューをめぐる政治闘争が繰り返される事態になっていれば、政策が通ることはなかったであろう。

本論では触れなかったが、このことは、官僚が政策を推進しようとしていたのにもかかわらず保守派議員の反対で新政策の採用に失敗した丸亀市の以下の事例をみても明らかである。

丸亀市では、二〇一五年十二月の市議会の定例会で、議員の藤田伸二が、渋谷区等の動向やセクシュアル・マイノリティの人権保障について、市長の梶正治の見解を質した。その後、藤田よる二度目の議会質問を経て庁内に研究会が設置され、庁内での検討の末に議会に要綱案が提出された。しかし、委員会では保守派議員が、（1）市民の理解が浸透していないこと、また（2）行政と市議会の情報共有が十分ではなく、市内の当事者の存在や彼らが置かれた現状についても把握できていないことを理由に反対し、最終的に要綱は制定されなかった。市長と職員が早い段階で認知し、要綱を制定しようとしたのにもかかわらず、議員たちから市内のLGBT当事者の存在や市民の理解を示す論拠がないという声があがり、議会の反対で制度が実現しなかったのである（ユリア 2019）。もし、こうした政策過程にフレーム伝播が加わり、運動家によるSNSでの発信で市内のLGBT当事者や新政策への賛同者の存在が可視化されていれば、一連の事例のように保守派議員の反対表明を抑制することになり、制度が導入されていたかもしれない。世田谷区では、SNSを活用した運動を行うまでもなく、LGBT当事者である議員の直談判で制度導入が決まったが、このことも、政策推進者につながりをもたない運動家にとっての、フレーミングによる自治体内の当事者・賛同者の可視化の重要性を示している。

もちろん、一連の政策波及にはフレーミング以外の要因も影響を与えている。伊藤修一郎（2002）のいう政策出力を促すもののうち、マスメディアによる報道については、特に渋谷区と世田谷区の動きを主要各紙が次々と報じており、その時期に多くの人々の認知がつくられたと推察される。したがって、渋谷区から世田谷区を経て政策波及した札幌市と港区では、運動が影響を与えるまでもなく、政策推進者の一般的な認知は既につくられていたとも考えられる。しかし、調査で得られた証言によれば、彼らは、マスメディアからLGBTに関する一般的な事実を知ったことよりも、運動によるフレーミングにより自治体内に多くのＬＧＢＴ当事者や新政策への賛同者がいると感じた事実に、より影響を受けたという証言が得られた。

運動家の意識はどうか。まず、他自治体への政策波及を狙った世田谷区の運動家は、意図的に多様性フレームを活用したツイートを行っていた。また、札幌市の運動家は、世田谷区の運動家によるツイートを参照し、多様性フレームを運動に活用した。港区においても、運動家に運動の方法を伝えた議員は、やはり世田谷区の運動家のツイートから多様性フレームを認知し、これが運動の成功の鍵であると認識していた。こうしたことからも、多様性フレームは、ＳＮＳを介して伝播したということができる(1)。

また、遠藤（2011）が指摘する「間メディア社会」、すなわち、マスメディアがＳＮＳ上の情報をもとに報道をし、さらにＳＮＳでマスメディア発の情報が話題になるような時代にあっては、メディア間の相互依存関係についても考慮するべきである。例えば、渋谷区での動きについて伝えるマスメディアの報道をみると、ＳＮＳでの多様性フレームにもとづく発信は、マスメディアに先行していた。マスメディアがＳＮＳでのやり取りを参照し、そこから多様性フレームを採用した可能性も考えられる。

第2節　モデル化

次に、本事例の政策過程分析をもとに、今後各地の運動家が自らの住む自治体で運動を行う場合を想定し、社会運動によるＳＮＳの活用に関わる、新政策の採用とその波及に関するモデルを構築したい。一連の事例における発見からのモデルに過ぎないが、今後これを他事例でも検証したいと考える。まずは、運動家がＳＮＳを活用して自治体に働きかける際の「フレーミングによる政策推進者の認知形成モデル」である。

政策転換は、伊藤（2002）の言うところの「外的要因」、もしくは、「内的要因」によって引き起こされるが、運動がアプローチしようとする場合には、一般に「内的要因」の中の「政治要因」を狙おうとする。その際、運動家は、首長・議員・官僚にアクセスすることを図る。そして自らの持つネットワークから最適なアプローチ先を選び、政策転換を起こそうとする。アプローチ先としてはまず、首長である。首長の影響力は群を抜いて大きいため、首長とのつながりさえあれば、運動家はまずここを狙おうとする。首長は特に、「非自民型」のケースでは新政策を採用しやすい。また、一般に「自民型」の首長がいるところや自民党が議会で強い勢力を持つところでは新政策は採用されづらいが、多党化の影響等の理由により、必ずしもそうでない場合もある。次に議会である。議会は首長に次ぐ影響力を持つが、支持者基盤や世論の動向等を踏まえ、議員個人や会派が時に党本部や首長の意向に反した行動をとる場合もある。自民党が議会で多数派を形成していても運動家には働きかける余地がある。最後に官僚である。官僚は一般に首長の政策上の選好を考慮するが、住民の声を背景に実務と手続きを重視して政策転換を主張する場合がある。三つのアクターは、それぞれ何かしらの形で運動側のアプローチを受け入れる土壌をもっており、運動家はこれまでそこに自らの資源を動員し、働きかけようとしていた。

しかし、運動家が政策推進者とつながりを持たない場合でも、彼らは本事例のように、人々の価観がはっきりと定まっておらず、政策推進者の認知が形成されていない政策では、ＳＮＳを活用したフレーミングによって人々の新たな認知をつくり、ネット世論の形成を通して、特に首長・議員に影

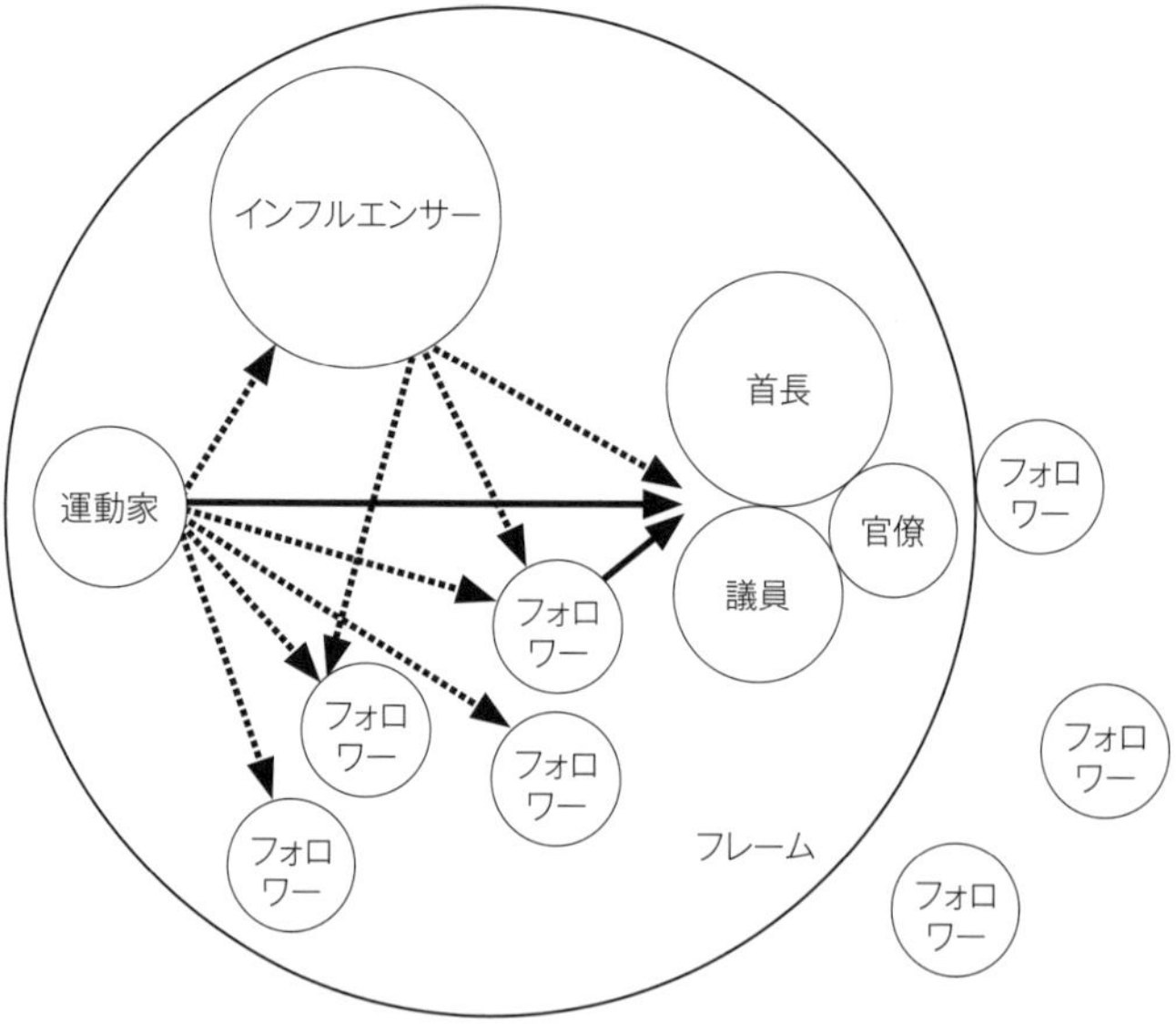

図2 フレーミングによる政策推進者の認知形成モデル

響を与えることができる。その際、運動家は、図2の通り、次のような手順で認知の形成を図る。すなわち、（1）運動家が自治体という「場」において、政策推進者に働きかける。その際、運動家はまず自らの資源をあたり、首長・議員・官僚のいずれかにアプローチしようとするが、ない場合は、SNSを活用する。SNSによるフレーミングが成功し、情報拡散が行われ、賛成のネット世論が多数となって新政策への賛同者の存在が可視化されると、それをみた（2）当該の自治体内の特に首長や議員に新たな認知が生まれ、保守派議員の反対表明が抑制される。結果、Campbell（1992=1995）のいう「認知型」の政策転換が起き、もしくは「政治型」であっても政治闘争が落ち着き、結果としてつくられたフレームに沿った形でアジェンダがつ

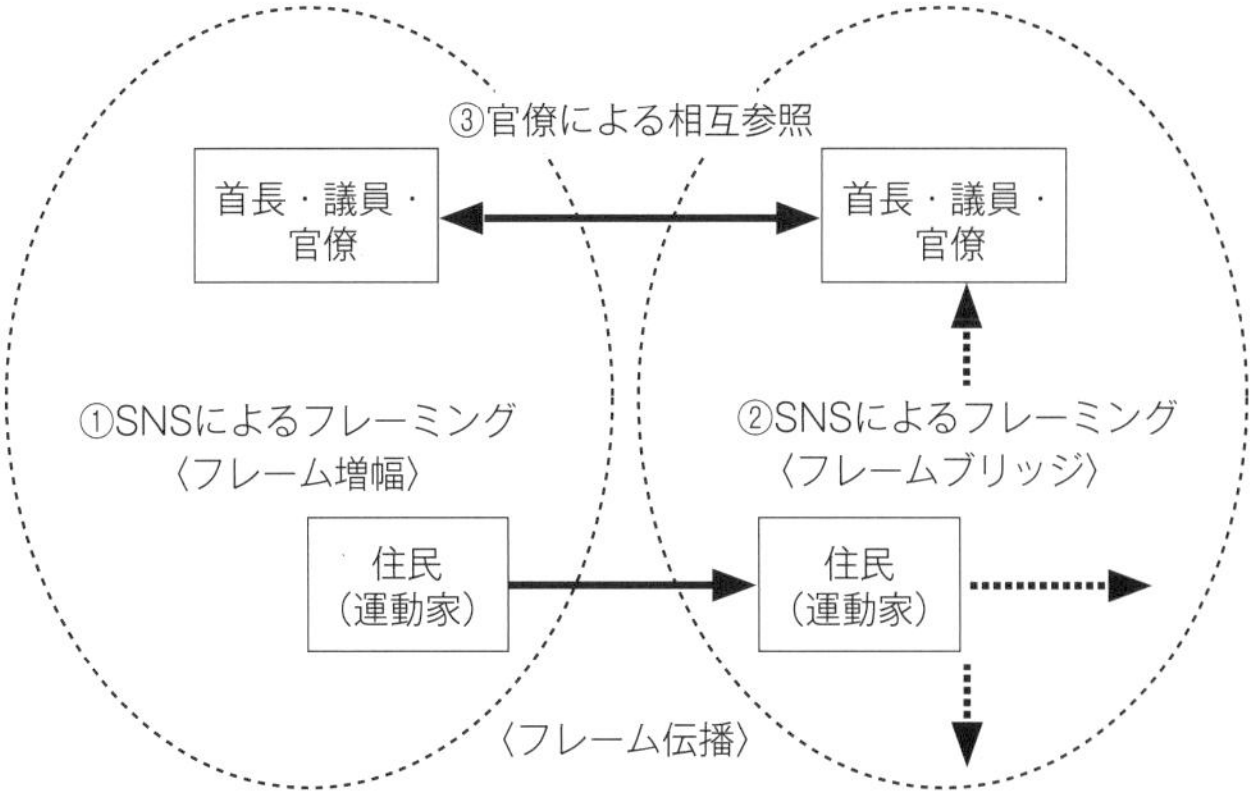

図3「フレーム伝播」による自治体を越えた政策波及モデル

くられるのである。なお、フレームに影響を受けた住民の中には、議員などに直接アプローチする者も出てくるだろう。また、SNS上にはインフルエンサーもいるが、彼らにフレームが辿りつくと一気にフレームが拡散し、認知の速度が上がる。

また、運動家は、ときに他の地域に政策を波及しようと試みる。その際は以下のようなプロセスによって、政策波及を図ることができる。**図3**に示した『「フレーム伝播」による自治体を越えた政策波及モデル』を参照されたい。すなわち、（1）一つの自治体でつくられたフレームに対して、世田谷区でみられたように、運動家が政策波及の意図を持ってフレーム増幅を行うと、つくられたフレームが確定し、SNSによる運動の特徴を発揮して、自治体という「場」を越えて他に共有されやすくなる。次に、（2）札幌市や港区でみられたように、他の自治体の運動家がそれを受信し、自らの自治体内でSNSを活用し、フレームブリッジを行うと、それに賛同したフォロワーによって運動が拡散的に広がっていく

（フレームは、点線の通り、自治体内の住民や首長・議員・官僚などに広がる）。こうして運動家を介し、自治体という「場」を越えてフレームが他の自治体へ伝わり、フレーム伝播が起きる。最後に、（３）政策決定を行う首長や議員、官僚の中で認知が高まり、結果として伊藤（2002）の政策波及モデルの通り、政策づくりの実務を担う官僚が自治体間で相互参照を行うと、政策転換が当該の自治体で起きるのである。ここでは、自治体の職員による相互参照よりも、住民（運動家）によるフレーム伝播が、政策波及の原動力となっている。

これまで、ＬＧＢＴの当事者は利益団体を持たないことが多かった。また、政策課題については、自治体に陳情や請願等で要望しなければ認知されず、その際はカミングアウト等の問題も絡むことから、運動を行いづらかった。だが今では、個人がＳＮＳでハッシュタグ等を使ったフレーミングを適切に行えば、ネット世論が形成され、首長や議員が多数の賛同者の存在を見出す可能性があることがわかった。

ＳＮＳ上では、情報拡散の際にインフルエンサーが一般ユーザーより優位であることには変わりがないが、両者の間には、「コミュニケーションの二段階の流れ仮説」で示されたような、完全な主従関係があるわけではない。ＬＧＢＴ等のマイノリティであっても、彼らのコミュニティを越えてフレームを拡散させる力を持ち得るのである。なお、「『フレーム伝播』による自治体を越えた政策波及モデル」からは、ＬＧＢＴ当事者が他自治体内に資源を持っていなくても、運動家による相互参照を通じてフレームが自治体を越えて拡散する可能性がみえた。このことは今後、個人が身近な自治体を起点として広く社会に影響を与え得ることを示している。

第3節　社会運動によるＳＮＳの活用が有効になる条件

前節までに、渋谷区から港区に至る一連の事例において、社会運動によるＳＮＳの活用が自治体の政策過程に与えた影響を検討し、そこから新政策の採用と波及に関するモデルを構築することができた。本節では、本事例以外で同性パートナーシップ制度を導入した自治体の政策過程を網羅的に概観し、それぞれの自治体で政策推進者の認知がどのように形成されたか、また社会運動によるＳＮＳの活用はあったかを検討する。これにより、社会運動によるＳＮＳの活用が有効になる条件について明らかにできると考える。

まず二〇一九年四月時点で同性パートナーシップ制度を導入した二十の自治体、および港区における導入過程の概況である。概況をまとめた**表1**には、比較のため本事例で取り上げた自治体も加えた（なお、**表1**には概況のみを記しており、本書の「付録」に、より詳細な政策過程をまとめている）。

表1では、首長・議員・官僚の認知はどのように形成されたか、また社会運動によるＳＮＳの活用は観測できたかを中心に記述しているが、首長の分類（「自民型」か「非自民型」か）や議会構成といった政治状況については、先行研究でみた通り、政策過程に運動が影響を与える際の重要な要素であるため、特記した。また、伊藤（2002）が自治体の政策決定に影響を与える要因として挙げたもののうち、「社会経済要因」に当たる各都市の人口（国勢調査を基礎とした二〇一九年一月現在の自治体推計であり、千人以下は四捨五入としている）、および、国勢調査の区分による都市の種別についても、補足的に情報を加

表1　同性パートナーシップ制度を導入した自治体の政策過程一覧

自治体名	導入方式	導入時期	首長	議会構成	人口	都市の種別	政策過程の概況
渋谷区	条例	二〇一五年一一月五日	自民型	自公が過半数	23万人	大都市圏中心市	同性パートナーシップ制度を初めて導入した自治体である。導入過程で社会運動によるSNSの活用が観測され、それが政策推進者の認知形成に影響を与えていた。
世田谷区	要綱	二〇一五年一一月五日	非自民型	自公が過半数	91万人	大都市圏中心市	制度導入のキーパーソン・世田谷区議会議員の上川あやが渋谷区での導入の情報を得て、同時期での導入に尽力した。条例ではなく要綱での導入となる「世田谷方式」が生まれた。制度の成立後には、他自治体への波及を意図した運動が見られた。
伊賀市	要綱	二〇一六年四月一日	非自民型	自公が多数	9万人	該当なし	メディアなどで知り、制度の導入を検討していた市長が運動家による人権に関する講演を偶然聞いた後に決断した。政策過程では運動家によるTwitterやブログでの活動報告はあったが、報告にとどまっており、市長の認知は講演会でつくられたと考えられる。
宝塚市	要綱	二〇一六年六月一日	非自民型	無所属が多数	23万人	大都市圏周辺市町村	世田谷区での制度導入の動きを上川あやのTwitterなどによって知った市長が主導し、制度の導入を決めた。住民や当事者からの運動は観測できなかった。
那覇市	要綱	二〇一六年七月八日	非自民型	自公以外が過半数	32万人	該当なし	メディアなどによって認知した市長が市内のニーズを知るために担当課に検討の指示を出し、その後行われた意見交換会で、当事者団体などが早期の導入を求めた。意見交換会の後に、当事者団体によるSNSやブログでの活動報告があったが、報告にとどまっている。
札幌市	要綱	二〇一七年六月一日	非自民型	自公が過半数	197万人	大都市圏中心市	同性パートナーシップ制度を政令指定都市として初めて導入した自治体である。世田谷区の制度導入のキーパーソンがTwitterのまとめサイトにあげた投稿を参照し、運動家が運動を行った。世田谷区で確定したフレームが伝播し、それが政策推進者の認知形成に影響を与えた。
福岡市	要綱	二〇一八年四月二日	自民型	自公が過半数	158万人	大都市圏中心市	渋谷区での導入のキーパーソンとなった活動家の杉山文野らが市長へ直接話をし、市長が政策推進に動いた。議会での議員への質問に対する市長の前向きな答弁の後、当事者団体による市長・議長への要請と、SNSやブログでの活動報告が行われたが、報告にとどまっている。

大阪市	要綱	二〇一八年七月九日	非自民型（維新）	維新が最大会派	273万人	大都市圏中心市	LGBTなどの性的少数者を支援する団体の要望を受け導入を検討していた市長が決断した。運動家によるSNS上の書き込みは観測できなかった。
中野区	要綱	二〇一八年九月六日	自民型	自公が過半数	20万人	大都市圏中心市	当事者団体が中野区と共催でシンポジウム（区長や教育長も出席）や議員向けの学習会等を開催した。それに呼応し、議会で区長が公明党議員の質問に対し、制度導入に言及した。学習会の告知等に、当事者団体によってSNSが使われていた。
大泉町	要綱	二〇一九年一月一日	自民型	自公が多数	2万人	該当なし	二〇一七年三月三十一日には「あらゆる差別の撤廃をめざす人権擁護条例」を制定するなど、人権施策には積極的であった。二〇一八年十月には、大泉町は群馬県のセクシャルマイノリティ支援団体「ハレルワ」を講師に招き、セミナーも開催した。制度導入は町長が主導した形で行われた。SNSでの動きは観測できなかった。
千葉市	要綱	二〇一八年一月二日	非自民型	自公が過半数	98万人	大都市圏中心市	当事者団体「レインボー千葉の会」の働きかけで、職員との意見交換会、市長とのランチミーティング等が開催された。当事者団体によるSNSでの活動報告はあったが、市長との会合等の報告にとどまり、区長の認知はメディア等によって既につくられていたと考えられる。
熊本市	要綱	二〇一九年四月一日	自民型	自公が過半数	74万人	大都市圏中心市	当事者団体「くまにじ」が熊本市議会に陳情を提出した。当事者団体が関係各課や市長にアプローチを続けた結果、市長選でマニフェストに制度導入が記載されるなど前進した。陳情等の動きについて当事者団体によるSNSやブログでの活動報告はあったが、報告にとどまり、市長の認知は陳情等でつくられたと考えられる。
府中市	要綱	二〇一九年四月一日	自民型	自公が多数	26万人	大都市圏周辺市町村	府中市議会が、二〇一八年九月に制度を求める市民の陳情を採択したのを受け、市が二か月後に制度導入を発表した。当事者からの相談を受けた公明党議員団が、当事者の所属団体や代表者等からヒアリングを重ね、さらに市の当局と話し合いを続けるなどしてきた。SNSでは、陳情した個人や議員の書き込みは観測できなかった。

堺市	要綱	二〇一九年四月一日	非自民型（反維新）	維新が最大会派	83万人	大都市圏中心市	二〇一八年九月の堺市議会において、議員からの質問に対し、市長が導入検討を表明した。議会では議員から会派を越えて何度も発言があり、さらに市長が府立泉北高校を訪れた際、条例の必要性について高校生からの訴えも受けた。そうした積み重ねが市長を決断させ、導入につながった。SNSでの動きは観測できなかった。
横須賀市	要綱	二〇一九年四月一日	自民型	自公が多数	40万人	大都市圏周辺市町村	LGBT当事者であることを公表した議員の議会での質問等を受け、市は行政内部での検討を行い、当事者団体との意見交換も重ねた。最終的には、LGBT支援団体の代表や弁護士、公募の市民らで構成する「人権施策推進会議」の答申を受け市長が決断した。議員によるブログでの活動報告やTwitterでの発信などはあったが、政策過程において当事者団体による発信は観測できなかった。
総社市	規則	二〇一九年四月一日	自民型	自公が多数	7万人	大都市圏周辺市町村	市議会で、公明党の質問に対し市長が検討する方針を示した。市長が国際会議での経験を踏まえ検討する中で、与党議員からの質問というきっかけがあり決断した。SNSでの動きは観測できなかった。
小田原市	要綱	二〇一九年四月一日	自民型	自公が多数	19万人	大都市圏周辺市町村	当事者団体が市に働きかけを行ったのではなく、担当課の中でLGBTの住民の支援が必要だという認識になり、パブリックコメントでも肯定的な意見が多かったため、実現に至った。SNSでの動きは観測できなかった。
枚方市	要綱	二〇一九年四月一日	非自民型（維新）	公明が最大会派	40万人	大都市圏周辺市町村	同性パートナーシップ制度や専門相談窓口を開設するなどの事業を行う自治体が増えたため、市としても取り組む意思を示す必要があると判断した。SNSでの動きは観測できなかった。
江戸川区	要綱	二〇一九年四月一日	自民型	自公が過半数	70万人	大都市圏中心市	LGBT当事者が主催する「LGBTコミュニティ江戸川」が議員へ根回しの上陳情を議会に提出し、全会一致で採択された。それを受けて区長が決断した。当事者団体によるSNSやブログでの活動報告はあったが、報告にとどまり、区長の認知は陳情等でつくられたと考えられる。

豊島区	条例	二〇一九年四月一日	自民型	自公が多数	29万人	大都市圏中心市	当事者団体「NPO法人レインボーとしまの会」から制度導入を求める請願が提出され、議会が賛成多数で採択した。LGBT当事者であることを公表して発言を続けてきた議員による活動の積み重ねもあった。当事者団体によるSNSやブログでの活動報告はあったが、報告にとどまり、区長の認知は請願等でつくられたと考えられる。
港区	条例	二〇二〇年四月一日	自民型	自公が過半数	26万人	大都市圏中心市	札幌市の運動のキーパーソンに刺激を受けたゲイバーの経営者によって運動が行われた。導入過程では、渋谷区でつくられ、世田谷区で確定したフレームがそのまま使われた。

えた。なお、都市の種別について、国勢調査では、大都市圏は「中心市」及び「周辺市町村」によって構成されている。大都市圏の「中心市」は、東京都特別区部及び政令指定市である。「周辺市町村」は大都市圏の「中心市」への十五歳以上通勤・通学者数の割合が該当市町村常住人口の1・5パーセント以上あり、かつ中心市と連接している市町村とされている。以上に当てはまらない都市について、ここでは「該当なし」と記述した。

概況をまとめるにあたっては、序章に述べた方法論（五十四頁）で、二十の自治体および港区についてインターネット上の調査を行った。また、インターネット上の情報が少なく、制度の導入過程がわかりづらかった伊賀市、那覇市、宝塚市、福岡市については、聞き取り調査も実施した。その際、伊賀市については、二〇一七年十月十日に男女共同参画課人権政策係の担当に制度導入までの経緯について電話でヒアリングを行ったほか、団体のメールの問い合わせフォームから連絡し、二〇一八年二月二十一日に、LGBT団体の代表（山口颯一）に電話でインタビューを行った。那覇市については、二〇一七年十月十日に平和交流・男女参画課の担当に制度導入までの経緯について電話でヒアリングを行った。宝塚市については、世田谷区の制度導入のキーパーソンである世田谷区議会議員に、議員の控え室で二〇一七年七月十八日に行ったフォーマルインタビューの際に情報を得た。福岡市については、二〇一八年二月十九日に人権推進課の担当に電話でインタビューを行ったほか、渋谷区のLGBT団体代表・杉山文野から紹介を受け、制度導入に向けて動いたLGBT団体の代表二名（三浦暢久、五十嵐ゆり）から、二〇一八年二月十一日と十二日の両日に、Facebook のDMでそれぞれ質問の回答を得た。

各自治体における政治的機会構造についてまとめておくと、まず、首長が「自民型」か「非自民型」かに関して、「自民型」は十二自治体、「非自民型」は九自治体であった。議会構成については、自民党と公明党を合わせると議会の最大勢力となる「自公が多数」、および「自公が過半数」を合わせると、十六自治体となった。また、伊藤（2002）が自治体の政策決定に影響を与える要因として挙げたもののうち、「社会経済要因」に当たる各都市の人口および都市の種別について、制度を導入した自治体に共通するものはなかった。

また、制度を規定する根拠について補足すると、渋谷区と豊島区、港区は自治体が条例で定める「渋谷方式」、総社市は規則で定める方式、残りは全て、要綱で定める「世田谷方式」での制度導入となっていた。要綱が多数を占めたことには、世田谷区と同様、他自治体の流れに乗るため、手続きや合意形成のスピードを重視した首長が多かったことが影響しているであろう。「非自民型」の首長は、政治闘争となり議会で対立が続く事態を恐れ、首長の裁量で導入できる要綱を選択した。また、議会で自民党が多数を占めない那覇市などの自治体では条例での導入も狙うことができたが、本書巻末の「付録」に示した通り、那覇市では関係者の証言から、制度導入までのスピードを重視して、要綱にしたということが明らかになっている。

では、政策推進者の認知形成はどのように行われ、社会運動によるＳＮＳの活用は政策過程に影響を与えたのであろうか。まず、ＳＮＳ上での動きが観測されないまま制度が導入されたのは、宝塚市、大阪市、大泉町、府中市、堺市、総社市、小田原市、枚方市の八自治体であった。また、Twitter でのつぶやきなど運動家によるＳＮＳの活用については、本事例で取り上げた四自治体に加え、伊賀市、那覇市、福岡市、中野区、千葉市、熊本市、横須賀市、江戸川区、豊島区の九自治体でみることができた。ただ、これら九自治体であっても、先行研究でみた社会運動の定義「社会構造や価値観の変化の促進または阻止といった社会的な目標のために、ゆるやかに組織化された持続的なキャンペーン」（Killian 2020）に当てはまるもの、すなわち運動家による目標設定とある程度組織化された持続的な活動といった「運動家の意図」が明確に介在するＳＮＳの活用は、次の通り観測できなかった。

伊賀市では、講演会、アンケート実施などの動きについて、運動家によるＳＮＳでの報告はあったが、非ＳＮＳの場で運動を行ったことの活動報告等にとどまっていた。那覇市では、市長がマスメディア等で認知した後、当事者団体に声がけを行っていた。当事者団体のＳＮＳは、意見交換会等の活動報告にとどまっていた。福岡市では、市長の導入への答弁後、当事者団体が市長に要請活動を行っており、当事者団体のＳＮＳは、要請等の活動報告にとどまっていた。中野区では、主に当事者団体主催の学習会への告知にＳＮＳが使われていた。千葉市では、市長がメディアでの認知後に当事者団体に接触しており、当事者団体のＳＮＳでは、市長との会合等の活動報告等にとどまっていた。熊本市、江戸川区、豊島区では、請願や陳情等の動きについて当事者団体がSNSで報告を行うのにとどまっていた。最後に、横須賀市では、当事者団体によるSNSの活用はなく、LGBT当事者であることを公表して活動を行っていた議員がブログやSNSで活動報告等を行うのが観測できたのみであった。前節で定義した「フレーム伝播」は、フレーム増幅とフレームブリッジの組み合わせによって起きるが、上記の通り、本研究で取り上げた四つの自治体以外では、社会運動によるSNSの活用でフレームブリッジが行われたとは明確にいえない。すなわち、「フレーム伝播」による政策波及は、やはり本研究が扱った一連の過程にのみ観測できたといえるであろう。

では、九自治体において、首長・議員・官僚といった政策推進者の認知は、どのようにつくられたのであろうか。伊賀市、那覇市、福岡市、千葉市、熊本市、江戸川区では、当該自治体内で活動していた当事者団体等が政策推進者とつながりを持っており、彼らからの要望などから、認知が形成されたと推察される。例えば、那覇市では、以前から「セクシュアル・マイノリティ対策を必要とする社会層の存在が認知されている。その上で、当事者らの存在が那覇市が開催してきた当事者意見交換会の際だけではなく、政策過程そのものに大きな支援になったと考える」(ユリア 2019: 16) と指摘されている。また、中野区、横須賀市、豊島区では、当事者であることを公表して活動していた議員がLGBT関連の施策をたびたび議会で取り上げており、制度導入にあたっては、議員が当事者団体などと一緒に、非SNSの場で首長に直接働きかけていた。一方、SNS上での動きが観測されないまま制度が導入された八自治体については、いずれも政策推進者がマスメディアなどの情報を得て政策立案していた。

以上より、本事例以外の自治体においては、官僚による相互参照を含め、政策推進者がSNSとは別の要因で課題を認知しており、SNSでの投稿は運動の事後報告等にとどまっていて、「フレーム伝播」は行われていなかったことがわかった。当事者団体等が首長もしくは議会・官僚とつながりがある場合、運動家はSNSによるアプローチでネットワークを開拓しなくても、既に構築されているルートを使えば自治体内のアクターに政策課題を直接認知させ、政策転換を迫ることができる。もし運動家が首長とつながっていれば、首長の強い権限を利用すれば良いし、一般に住民の要求、苦情に接し、政策についての問題の所在を知ろうとする議員との関係を持っていれば、運動家は彼らにアプローチすれば良い。また、一般的に首長が政策課題を自ら認知し、政策推進を主導する場合、粛々と政策を決定すればよいし、官僚が主導する場合も、彼らが首長の意向を無視して不確実性の高い新政策を採用するとは考えづらく、その場合は官僚が首長の認知をつくるべく、他自治体への相互参照を積極的に行うなどして、まず説得を試みるであろう。このような場合、運動家がネット世論を喚起してLGBT当事者や新政策への賛同者の存在を可視化し、政策推進者の認知形成を図る必要性がさほどない。

一方、本事例を構成する自治体を改めて振り返ると、社会運動によるSNSの活用がみられた渋谷区では当初、運動家と首長、職員の間には関係性がなかった。杉山文野と松中権という二人の運動家は、区長や職員、また議会構成上鍵を握った公明党とつながっていなかった。区長や職員は、LGBTの抱える課題について、はじめは認知していなかった。また、保守派議員は、当初、区内にLGBT当事者がいるという事実を把握していなかった。また、札幌市は、運動家が長年活動してきた地域ではあったが、市長とつながりを持っていなかった。市長ははじめ、同性パートナーシップ制度の導入を市の政策課題として認知していなかった。さらに、港区の運動家は、それまで運動をしたことがなく、また他の運動家や団体との関係も持っていなかった。彼は首長や議会に政策課題をほとんど認知されていないところから、運動をスタートさせていた。すなわち、これらの自治体において、運動家は政策推進者とつながりを持っていなかったため、SNSを活用した運動に依存せざるを得なかったのである。

なお、世田谷区は、本事例の中で唯一、政策過程で社会運動によるSNSの活用がみられなかった自治体であったが、ここでは、制度の導入を推進しようとした議員が現役の区議会議員で、かつ区長と親しい関係であったため、区長の認知は、議員が直接のやり取りによってつくればよかった。ここでも政策推進者はSNSとは別の要因で課題を認知していたのである。

第4節　波及過程における四自治体の位置付け

前節では、二〇一九年四月時点で同性パートナーシップ制度を導入した二十の自治体、および港区における導入過程を概観した。本事例を構成する四つの自治体以外では、官僚による相互参照を含め、政策推進者がSNSとは別の要因で既に課題を認知していたため、SNS上では陳情等の運動の事後報告にとどまっており、フレーム伝播はみられなかった。さらに、筆者が本書の元となった論文を執筆していた二〇二一年二月時点においても、他自治体への波及過程にSNSが影響を与えた事実は観測できていない。このことはすなわち、同性パートナーシップ制度の波及過程においては、波及の初期段階にのみ、社会運動によるSNSの活用が影響を与えたとも解釈できる。こうした事実を捉える際に参照するべきなのは、Rogers（2003=2007）による普及学の視点である。

片岡（2003）によると、普及学とは、新たに開発された技術による工業製品の消費者への普及や農産物の改良試験の結果として生まれた新しい品種の生産者への普及、新しい衛生思想の国民への普及など、イベノーションの結果として生み出された新たなアイディアが、マスメディアを通じた広告宣伝活動や、新知識普及活動を担う普及員などといった様々な啓発主体を通じてどのように対象者に受容され、普及していったか、あるいはどのような原因で普及に失敗したかという点を考察するものだという。普及学を体系化したRogersは、イノベーションを「個人あるいは他の採用単位によって新しいと知覚されたアイデア、習慣、あるいは対象物である」（Rogers 2003=2007: viii）と定義するが、彼によれば、イノベーションの普及に典型的にみられるのは、累積採用者数がS字カーブを描く普及のパターン（「S字型普及曲線」）であるという。はじめに、少数の「革新的採用者」とそれに続く「初期少数採用者」がイノベーションを採用すると、そこに多数のやや革新的な「前期多数採用者」が続く。そして、採用者が過半数に達すると、多数のやや保守的な「後期多数採用者」に採用され、最後に保守的な少数の「採用遅延者」が採用する。この分析的枠組みは、特定の自治体によって突破口が開かれた新たな政策が、他の自治体にどのように広がっていくかを分析する際にも有効な視角を提供する。

伊藤（2006: 26）は、「地方自治体が地域の課題に自律的に取り組み、その解決策として新たな政策を策定し、実施すること又はその政策自体」を政策イノベーションと呼び[2]、Rogersの普及学を応用して、特定の自治体によって政策イノベーションの突破口が開かれた新たな政策が他の自治体にどのように広がるかを分析しようとした。そこでは、政策が普及する中で内容的にも発展していく現象に注目し、「その中で漸進的に一つの政策革新が生まれる」（伊藤 2006: 27）こともあるとしている。この定義に従うと、同性パートナーシップ制度の採用は伊藤のいう「政策イノベーション」であるとも捉えられるが、その波及過程では、確かに、要綱での導入などの変化が繰り返され、発展的に多くの自治体に採用されていた。なお、伊藤（2002）は、（1）新政策を早期に採用する「革新的採用者」にあたる自治体では首長の関与が鍵となること、また、（2）国の介入が早い段階で行われる政策においても、国に先行する自治体では首長のリーダーシップが際立つこと、さらに、（3）政策波及においては、職員による相互参照が際立つとしていた。

一方、本事例では、制度が理念的なものであるために、政策波及の初期段階においては区長のリーダーシップとともに、保守派議員の反対意見の抑制が重要であった。四自治体を政策イノベーションの観点から位置付けると、まず「革新的採用者」である渋谷区では、運動が「男女平等」に「多様性」という視点を加えたことで区長の認知が形成され、さらに、運動により賛成のネット世論がつくられてLGBT当事者や新政策への賛同者の存在が可視化されたことが、保守派議員の反対表明の抑制につながっていた。制度に内心では反対していた議員たちは、党内での十分な議論がないままSNSによってつくられたネット世論に押され、区内のLGBT当事者や新政策への賛同者の存在がみえると、表立って反対を唱えることができなくなってしまったのである。また、その後の「初期少数採用者」にあたる札幌市と港区への波及過程では、同じく職員による相互参照ではなく、SNSを活用したフレーム伝播が政治部門の認知の形成に貢献しており、市長（区長）の関与とともに最終的な保守派議員の反対表明の抑制が鍵となって新政策が採用されていた。他方、四自治体以外では、波及過程での職員による相互参照が目立っていた。

このことから、人々の価値観がはっきりと定まっておらず、政策推進者の認知が形成されていない政策では、SNSによるフレーミングで政策推進者の認知をつくり、保守派議員の反対表明を抑制することが有効であるといえる。一旦フレームがつくられ、多数がそれに則った発言をするようになれば、「沈黙の螺旋過程仮説」に従い、人々は特定の争点について、多数派であると考えられる主張は積極的に行い、少数派であると考えられる主張は孤立を恐れて沈黙することになる。逆に言えば、政策推進者や一般大衆の間でイシューに関する認知が進み、価値観が定まってしまった段階においては、社会運動によるSNSの活用が関与する余地は限定的であろう。

なお、国レベルの話ではあるが、韓国では、国会議員選挙の比例代表における女性議員の割当制（クォータ制）が二〇〇〇年に導入された際には、議員たちが問題に気づかず、国会での審議がほとんどないうちに市民団体が大統領にインプットして実現してしまったようである（高安 2007）。二元代表制という意味では、韓国の大統領制と日本の地方自治体は似ているが、こうした事実からも、初期段階での政策推進者に対する認知形成の重要性がわかる。

第5節　フレーム伝播による当事者、賛同者の可視化

本事例において、運動家は政策推進者とつながりを持っていなかったため、SNSを活用した運動に依存せざるを得なかった。また、本稿で扱った同性パートナーシップ制度は理念的なものであったため、官僚よりも首長や議員といった政治部門の認知が制度導入の鍵を握る特殊ケースであった。こうした事

実は、研究の発見を限定する。実際、本事例以外で制度を導入した自治体の政策過程では、運動家から直接陳情を受けるなど、政策推進者がSNSとは別の要因で課題を認知しており、フレーム伝播はみられなかった。しかし、本研究からは、自治体の政策推進者や既存の運動体と関係を持っていない人々が、政策推進者に認知されていない課題を訴える場合でも、社会運動によるSNSの活用でネット世論を喚起し、当事者や政策への賛同者を可視化することで、保守派議員の反対表明を抑制させ、自治体の政策転換を狙える可能性が示された。またその際、Campbell（1992=1995）の理念型としての「政策転換の四類型」に解釈を加え、政治的な対立を避けるため一方が反対を表明しない、もしくは取りやめる場合に「政治型」が収束して「認知型」に移行するケースがあることを事例によって検証することができた。さらに、政策波及に関して言えば、一連の政策過程の検討によって、個々の住民（運動家）、および運動のネットワークが政策波及の推進役として一定の役割を果たし得ることを明らかにできたことは、今後の運動にとっても一つの参考になるであろう。

伊藤（2002）の研究に寄せて、改めて本研究の独自性を考えると、まず、伊藤の研究は、官僚機構を中心に分析を試みていたが、本研究では、運動家のアプローチが特に政治部門の認知形成に与える影響を中心に政策過程を捉えることができた。また、伊藤は行政と既存の利益集団等の関係をみたが、本研究では組織に属しない個人、すなわち圧力団体や後援会といった行政に要望を伝達する回路を持たない人がSNS等の手段を使って新たな政策領域を開く場合をみることができた。さらに、伊藤は自治体内での政策過程を中心に研究しており、運動のネットワークが起点となる政策波及については捉えきれていなかった。

本研究では、運動家とそのつながりによる行政へのアプローチに注目し、ＳＮＳを介したフレーム伝播が政策波及の原動力となる可能性を示した。そして、運動家が、伝播されたフレームを活用して自治体内の賛同者の存在を可視化することが、政策推進者の認知形成、および保守派議員の反対表明の抑制につながることが検証された。そのことは、自治体内の当事者の可視化ができず、保守派議員の反対表明を抑えることができなかったために制度導入に失敗した丸亀市の事例をみても明らかである。こうしたことから、本研究は、具体的な事例を通じて、伊藤とは異なる形の政策波及を明らかにすることができたといえる。

第６節　残された課題

残された課題もある。運動が政策過程に影響を与える前提条件に関するさらなる分析の必要性である。まず一つ目に、本研究はあくまでも限られた事例の研究であり、ここで構築したＳＮＳによるフレーミングが政策過程に与える影響に関するモデルは、限定された範囲でしか一般化できないことを述べておかなければならない。もし一連の運動の効果を明らかにしようとする場合には、多くの事例での検証と、それぞれの因子におけるより詳細な因果関係の解明が必要になる。特に、社会運動によるＳＮＳの活用があっても本制度が導入されなかった自治体については、調査範囲を無限に広げることができないため、本論文では視野の外に置いている。今後こうした自治体が観測できた場合、その政策過程を調べることにより、ＳＮＳによるフレーミングが政策過程に影響を与える際の前提条件を、さらに規定することができる。

二つ目は、ＳＮＳの普及度の差異が、運動によるＳＮＳの活用が政策過程に与える影響に地域差を生み出すのではないか、ということである。モニタスが二〇一八年五月八日に全国の都道府県二八三〇人を対象に実施したFacebook、Instagram、Twitterの使用率に関するインターネット調査をみてみよう。同調査は、Facebook、Instagram、Twitterについての四十七都道府県別の利用率をまとめており、それによると、Facebookの利用率が最も高いのは福島県（47・5パーセント）となった。これに、鳥取県（46・5パーセント）、佐賀県（45・5パーセント）、宮崎県（42・6パーセント）が続いている。逆に、最も利用率が低い県は群馬県（19・0パーセント）で、福島県と比較して二・五倍の差があった。また、Twitterの利用率が最も高いのは京都府（57・4パーセント）となった。これに、北海道（44・2パーセント）、東京都（42・4パーセント）、高知県（42・9パーセント）、群馬県（41・4パーセント）、岩手県（41・0パーセント）が続いている。最も利用率が低いのは石川県（13・1パーセント）で、京都府と比較して約四・五倍の差が出た（モニタス 2018）。ＳＮＳの使用頻度が低い地域でも首長や議会、官僚は運動の影響を受けるのかを検討する必要がある。

なお、渋谷区で社会運動によるＳＮＳの活用が行われたのは二〇一五年であるが、当時はＳＮＳが普及しはじめた頃であり、議員も、統一地方選挙を前にＳＮＳを活用しはじめた時期であった。特に大都市においては、近年町会や自治会等、地域組織への人々の加入率が低下しており、従来、そうした組織を通じて住民との接触を図ってきた議員にとっては、住民の声を把握しづらい状況にあった。そのため、前述のように、制度が各自治体に導入されはじめた頃は議員が住民の声を把握するための手段としてＳ

ＮＳを過度に意識していた可能性があり、現在のようにＳＮＳの普及が進んだ状況下で、社会運動によるＳＮＳの活用が当時と同様の影響力を持つかどうかは検証が必要である。ただ、フレーミングは、ＳＮＳが普及した現代においても、当該自治体内の当事者・賛同者を可視化するという、政策転換を起こすための重要な役割を果たすことはできる。したがって本研究の知見は、今後も部分的には有効であるだろう。

三つ目は、国レベルの課題より、地域の事情に応じて時に自律的に政策を決定する市区町村レベルの課題の方が、社会運動によるＳＮＳの活用と相性が良いのではないかということである。本事例では、運動が当該自治体にＬＧＢＴ当事者が存在することをＳＮＳなどで提示したことが、政策推進者の認知を形成する要因となっており、そこに運動によるフレーミングが介在する余地があることがわかった。二〇一九年四月現在で同性パートナーシップ制度が導入された自治体がすべてそうであるため、今回は市区町村レベルのみの事例分析となったが、今後事例が出てきた時点で、都道府県レベル、もしくは国レベルにおいても運動が政策過程に影響を与え得るのかについて分析する必要があるであろう。また、ある程度の事例が出てくれば、都道府県や市区町村の特徴による政策波及のしやすさについても、イベント・ヒストリー分析などを活用して明らかにすることができる。

四つ目として、社会運動によるＳＮＳの活用は、ＬＧＢＴ、およびマイノリティの権利獲得運動以外のいかなる分野においても、フレーミングにより政策過程に影響を与え得るのかどうかということである。今回分析の対象としたのはＬＧＢＴ運動であったが、ＬＧＢＴに関する問題においては、先行研究での調査データや渋谷区での Twitter 分析を見る限り、運動以前に人々の価値観が定まっておらず、フレームは形成されていなかった。また、同性愛に対して「全く認められない」とする人の割合も、すでに減少傾向にあった。そのため、マイノリティに関する問題の中でも、LGBT問題は、政治的機会構造の観点からは、フレーミングが有効に作用するための前提条件がそろっていたといえる。絶対的拒否層が少ないことは、反対運動が盛り上がらないことにも影響していたと考えられる。一方、例えば在日コリアンの問題のように、一般に既に価値観が固定化してしまっているようなテーマについては、現時点では、運動によるSNSの活用は政策過程に影響を与えづらいと推察される。この点については、マイノリティ問題のみならず、今後新たなテーマが出てきた時点で再度検討する必要がある。

【注】

(1) ただしフレームがSNSを介して伝播したことは、マスメディアの報道が運動家の認知形成に影響を与えた可能性、また、それによってSNSによるフレーム伝播が加速された可能性を排除するものではない。自身の認知形成がSNSによるものか、マスメディアによるものかが不明であると証言している世田谷区議会議員である上川あやの場合も、それがあてはまる。実際、渋谷区で条例が制定され、また世田谷区で要綱が制定された二〇一五年十一月五日の後も、マスメディアでは継続的に多様性フレームを活用した報道がされていた。港区で条例が制定されたのは二〇二〇年四月一日であるため、試みに、二〇一五年~二〇二〇年の読売新聞の報道をみてみると、記事の中で「同性」と「多様性」が同時に使われた回数は、二〇一五年に十七回、二〇一六年に十四回、二〇一七年に十六回、二〇一八年に三十五回、二〇一九年に三十七回、そして、二〇二〇年に二十四回と推移している(「多様性」が報道する際のフレームとして使われているか否かを調べるため、「多様性」を条例や要綱の名称やその言い換えとしてのみ記載する記事は除いた)。

（2）片岡（2003: 2）は「条例や要綱の制定、予算への新規事業の計上など、地方政府にとって遂行可能な政策手段のうち、いかなる手段をもって行われるかを問わず、中央政府がまだ行っていない政策を地方政府が先駆けて行う」ことを政策イノベーションと定義している。片岡も伊藤も、政策イノベーションについては、地方自治体の「自律性」と「政策の新規性」を強調する。ここでいう自律性とは、中央政府からの指示や強制ではなく、地方自治体が自ら政策を策定することを指す。また政策の新規性とは、Rogers にならえば、新しいと知覚されたもの、すなわち、当該自治体がこれまでの価値基準では採用しなかったような新たな政策ということである。

おわりに

本書で示したのは、社会運動によるＳＮＳの活用によって、利益団体を持たない個人が身近な自治体の政策形成から広く社会に影響を与える可能性である。もし、構築したモデルが今後一般化できるとすれば、それは、間接民主主義の世界では多数決によって敗北してしまうマイノリティでも、ＳＮＳを使うことで、直接民主主義的な方法で自らの権利を主張し、自治体を越えて政策を広げていくことができることを意味する。ＳＮＳでの賛同者の数が実際のそれよりも多く見える「ＳＮＳの錯覚」がこうした現象を補強する。また、利益団体が専門誌やマスメディアといった「第三の権力」に働きかけ、人々の関心をつくることで一定程度、政治に影響を与えてきたというメディアと市民との関係を、ＳＮＳが変える可能性も示唆する。こうしたことは運動側にとっては希望である一方、その使われ方によっては、為政者の権威性を高める「デジタル権威主義」につながる恐れもある。

二〇一七年に就任したトランプ前大統領は、「America First（アメリカ第一主義）」を掲げ、貧困に苦しむ白人労働者層の支持を取り付けようとした。ＳＮＳを駆使した選挙戦では、マイノリティなど、他を排除するというやり方で過激な発言を繰り返し、彼の支持者たちとの交流を増やしながら結果的に扇動することに成功した。「ポピュリスト」を呼ばれる彼の主張が白人労働者層を中心に浸透したことには、アメリカでＳＮＳが普及したことを背景に、従来の主要メディアに対してフェイスブックやツイッターで対抗する選挙戦術が功を奏したという側面もあるという（Allcott and Gentzkow 2017）。

トランプ前大統領は、当選してからは不法移民への強硬策を行ったり、地球温暖化対策といった国際協調に反抗したりしたが、熱心な支持者は大統領への支持をさらに強める一方、多くの議員はつくられた世論を気にして大統領への批判を避け大統領へ媚びへつらうようになった(Leibovich 2022)。この間、共和党の穏健派も次々と議席を失い、支持者と大統領がSNSなどを通じて直接のコミュニケーションを繰り返した結果、大統領と支持者との直接の絆は強化される一方、非支持者との分断は深まり、さらに反対意見を「フェイクニュース」として断罪する姿勢は民主主義の危機を引き起こしかねないとも言われた(白崎 2020)。こうした例や「アラブの春」の後の権威主義の台頭などを見ると、デジタル技術は非民主主義体制を弱体化させるのではなく、むしろ強化するという主張(Runciman 2020)に優位性があるように見える。

デジタル技術は、上述のように、時にフェイクニュースの流布による情報操作やSNS上の言論統制による反対派の抑圧などに使われるが、リスクはそれだけではない。伊藤亜聖(2020)によると、中国などに見られる監視国家化とプライバシーの喪失という文脈は、デジタル化の政治面での脆弱性であるという。便利な検索や快適な物品購入、人と人とのマッチング、信用スコア、あるいは新型コロナウイルスのアプリなどにおいて、人は利便性と引き換えに国家やプラットフォーム企業などに個人情報を捧げている。そこで、さまざまなデータを為政者が掌握し、国民を監視するようになれば、国民の行動に適切なタイミングで働きかけることが可能になるし、自らの政治体制を支持するように仕向けることも容易になる。例えばインドネシアにおいても、二〇一九年の大統領選挙で、現職の大統領が複数のＡＩ分析チームを利用してＡＩに選挙予測を行わせ、さまざまなビッグデータをもとに各地での効率的な選挙戦略を判断させていたというが（岡本・亀田2020）、SNSでは、取得したデータに基づいて一人ひとりの状況や選好に合わせたメッセージを発信することで、人の判断に影響を与えることも可能となるのである。デジタル技術は、ポピュリズムと組み合わさることで、権威主義の台頭を後押しすることになるかもしれない。

しかし、以上のような懸念があってもなおRunciman（2020）は、民主主義は決して終焉することはないという。デジタル技術を適切に民主主義に取り込むこと、すなわち、政治家がみずからの職能で直接民主主義的な施策を上手に取り入れることで、民主主義をより人々の要求に応えるものにすることができるというのである。アイスランドでは、二〇〇八年の金融危機により経済が破綻した後、国民がインターネットやSNSを活用し、新しい憲法の草案の作成を行った。また、サンフランシスコなどでは市民がオンライン投票で市の予算手続きに参加することが試行された。ストックホルムでは政策を決定する前に有権者がインターネットで投票することができるし、いくつかの国では政党ネット上の意見に基づいて政策を決定している。

日本でも現在、デジタル技術を活用して市民の声を政治や行政へ届ける仕組みの構築が様々に行われている。例えば、株式会社PoliPoliが提供する「PoliPoli Gov」と呼ばれる、すでにいくつかの自治体で実装されているサービスでは、行政が新たな施策に関する意見を市民に求めたり、市民が求める政策を行政に直接伝えることができたりする。政治家に意見を届けられるサービスもある。「ポリテック」とも称されるこうしたサービスはSNSとも連動し、政治や行政に対する建設的な意見が日々拡散されているが、これは結果的に、市民のSNS上での発信力を強化し、それがひいてはデジタル権威主義への対抗となるとも考えられる。匿名で、気軽に政治に参加する機会が増えることで、これまで言葉を発してこなかったために存在しないものとされていた多数の「声なき声」の意見が政治に反映され、市民が政治に対して発言と提案を繰り返すことで、市民のリテラシーや政策提言力が高まることが予想されるのである。VR空間の活用にも期待できる。オンライン空間にアバターを作成し、もう一つの世界の中で議論を活発化させていくことができれば、地域、年齢、性別、外見、障がいの有無などに関わらない多様な市民による政策論議が気軽に行われ、熟議により政策がつくられるようになるのではないか。

こうした試みの成否を判断するにはさらに時間が必要だが、いずれにせよ、デジタル技術はその使い方によって民主主義の強化にも弱体化にも結びつくといえる。翻って、本書で提示した「SNSの活用により個人が自治体の政策形成に影響を与えられる可能性」は、今後のデジタル技術の開発と、何よりその活用法により、さらに広がるものと考えられる。今後、さらに多くの事例でこうした議論を深めていくべきであるが、現時点では、民主主義のさらなるアップデートに期待をしつつ、筆を置きたいと思う。

最後に、本書の刊行にあたり、博士論文の指導に当たっていただいた、慶應義塾大学の教授で主査の小熊英二先生、副査の片岡正昭先生、玉村雅敏先生、鈴木寛先生、それに東京工業大学の西田亮介先生に、この場を借りて改めて感謝を申し上げたい。学際的な研究で、何度も挫折しかけた時、先生方の粘り強いご指導と励ましに助けていただいた。また、愛知学院大学の講師である大澤傑先生は多忙の中、友人として、外部の視点から研究のヒントとなる有益なアドバイスをしてくれた。慶應義塾大学の学生で横尾俊成事務所の政策秘書でもある平野城太郎くんは、本書の刊行に当たり、追加のリサーチなどで協力をしてくれた。新曜社の編集部の清水檀さんは、小熊先生からのご紹介であったが、刊行に当たっての私の思いや意図をすぐに理解し、さまざまな提案をいただきながら、期待を超える編集力を発揮していただいた。併せて感謝を申し上げたい。

二〇二二年十一月三十日

横尾俊成

【付録1】同性パートナーシップ制度を導入した自治体の政策過程一覧

●東京都渋谷区（二〇一五年十一月五日導入）

同性パートナーシップ制度を初めて導入した自治体である。条例により定められた。導入過程で社会運動によるSNSの活用が観測され、それが政策推進者の認知形成に一定の影響を与えていた。

●東京都世田谷区（二〇一五年十一月五日導入）

制度導入のキーパーソン・区議会議員の上川あやが渋谷区での導入の情報を得て、同時期での導入に尽力した。条例ではなく要綱での導入となる「世田谷方式」が生まれた。制度の成立後に、上川は他の自治体の波及を意図した、Twitter のまとめサイトを活用した運動を行った。

●三重県伊賀市（二〇一六年四月一日導入）

伊賀市が同性パートナー制度を導入するきっかけとなったのは、二〇一五年十二月に市の人権部門が主催したイベント「人権を考える市民の集い」で、市長の岡本栄が当事者団体「ELLY」の代表理事の山口颯一の講演をはじめて聞いたことであった。講演は、同性パートナーシップ制度の導入を訴えることを意図したものではなかった。だが、制度の導入を以前から検討していた市長が、この講演を受け、イベント後に決断に踏み切った(1)。

イベント直前の時期に電通ダイバーシティラボが行った調査「LGBT調査二〇一五」では、7・6パーセントがLGBTなどのセクシャルマイノリティであるとの結果も出されていた。「伊賀市にこの割合を当てはめると五千人から七千人が該当するのではないか(2)」と考えていた市長は、講演を受け、二〇一六年一月に正式に庁内のプロジェクトチームを発足させた。山口には、講演会の当日に、担当課から「(プロジェクトチームの)アドバイザーになってくれないか」と声がかかった(3)。

「非自民型」の首長であった岡本は、制度の導入にあたり、自民党が多数を占める議会との対立を避けたいと考えていた(4)。そのような中、市長の動きを知り、円滑に進めるための補助的な役割を果たしたのが、「ELLY」の山口であった。山口はそれまでも市とともにイベントを開催するなどしてきたが、プロジェクトチームの発足を知ると早速、当事者三十人にアンケートを取った。そして、渋谷区などと同様、市長や議長に直接会い、証明書の発行やLGBTが住みやすい環境の整備などを要望した(5)。

数ある施策の中でパートナーシップ証明制度の導入を決めたのは、市長が渋谷区と世田谷区の事例をメディアなどで知り、先進的で話題にもなると認識していた時に、偶然講演を聞いたためであった。山口の話に共感したことが、結果的に市でのアジェンダ設定につながった[6]。伊賀市は、他の自治体と比べて検討開始から実施までの期間が短かったこと、また「ELLY」の山口代表が「市長はやると決めたら結構早く、面白いことを仕掛けるタイプでは」と認識していたことも考えると[7]、本ケースは市長の決断によるものであったといえる。ただし、山口の行ったアンケートも、議会において最後まで政治的対立を起こさなかったという意味では一定の影響があったであろう。

渋谷区で条例の制定に関わった杉山文野のやり方を、普段から「TTP（徹底的に、パクる）」しているという山口は、講演会やフェスの開催、コミュニティスペースの運営、企業とのコラボレーションなど、様々に活動し、講演会の回数は、県内を中心に年二〇〇回を超えるようになった。県単位での制度の導入を目指す山口は、知事が動きやすい環境をつくるべく、伊勢市、四日市市、そして津市でも、制度導入に向けて市や市議会（主に公明党）に働きかけている[8]。

政策過程では運動家によるTwitterやブログでの活動報告はあったが、報告にとどまっており、市長の認知は講演会でつくられたと考えられる。

●兵庫県宝塚市（二〇一六年六月一日導入）

宝塚市では、市長の中川智子が中心となって制度の導入を進めた[9]。中川は、世田谷区での導入のキーパーソンとなった上川あやが議員になる前に、ＬＧＢＴの当事者として国会議員に性的マイノリティの権利を訴えようと面会を求めた際、会うことができた二十人のうちの一人であった。制度導入の動きを上川のTwitterなどによって知った中川は、上川の携帯電話に「宝塚市でも、同性カップルの存在を公的に認めたい」と連絡をした。上川はそれを受けて市長に会いに行き、職員と議員が出席する議員向けの研修会で話した。その後、宝塚市は二〇一五年十月二十八日からLGBT支援策を検討する部会を開催し、七回にわたって会議を開いた[10]。

議会では、一部から反対意見が出されたほか、自民党の議員が「宝塚に同性愛者が集まってHIV感染の中心になったらどうするのか、という議論も市民からでる」といった差別的な発言をしたことが二〇一五年六月二十五日の朝日新聞などに報道され、話題にもなった。

政策過程において、運動家によるSNS上の書き込みは観測できなかった。

●沖縄県那覇市（二〇一六年七月八日導入）

那覇市では二〇一六年七月八日、「パートナーシップ登録証明書」の発行を規定する「那覇市パートナーシップ登録の取扱いに関する要綱」を施行した。二〇一六年二月二十三日の沖縄タイムスによると、制度の検討に際しては、市との意見交換会の際、当事者たちから「存在が社会的に容認されると感じられ、精神的な支えになる」と早期導入を求める声があがったため、市長決裁でより早く制定できる要綱で導入することにしたという。

メディアで渋谷区や世田谷区の動きを知っていた市長は、制度について市内でも導入するべきかどうかを検討していた。そこで担当課に検討の指示を出し、課が呼びかけて「レインボーアライアンス沖縄」をはじめとする県内の当事者団体との意見交換会が実施された。意見交換会は、二〇一五年十二月十五日、二〇一六年五月二十八日と六月三十日の三回にわたって開催され、当事者団体から制度導入の要望が出るとすぐに総務部長が指示を出し、総務課が具体的な設計を行うことになった。策定にあたっては、制度を導入している先進自治体への視察、また市の附属機関である「那覇市男女共同参画会議」での審議を経ながら内容を検討し、さらに「性の多様性の尊重」についての連携・協力に関する協定に基づいて琉球大学大学院法務研究科から法的なアドバイスも受けた(11)。

那覇市では、性的マイノリティに対する問題を人権課題と捉え、市長が関与しながら、当事者との意見交換や市民向け講座などを積み重ねてきた。前年には「性の多様性を尊重する都市・なは」を宣言していた(12)。那覇市の場合も「非自民型」の首長であったが、議会構成では、保守派の分裂によって市長派が過半数を占めていることもあり(13)、議会の会議録を見る限り、二〇一五年二月以降議員からの導入の要望もたびたびあるなど(14)、制度は大きな反対にあうことなく導入されている。

当自治体では、メディアなどによって認知した市長が市内のニーズを知るために担当課に検討の指示を出していた。その後行われた市との意見交換会の後には、当事者団体によるSNSやブログでの活動報告があったが、意見交換会の報告にとどまっている。

●北海道札幌市（二〇一七年六月一日導入）

同性パートナーシップ制度を政令指定都市として初めて導入した自治体である。Twitter のまとめサイトに世田谷区の制度導入のキーパーソンがあげた投稿を参照し、運動家が運動を行った。世田谷区で確定したフレームが伝播し、それが政策推進者の認知形成に影響を与えた。

●福岡県福岡市（二〇一八年四月二日導入）

市長の高島宗一郎は、二〇一七年九月の議会で「多様性を認め合う共生社会のさらなる実現に向けて、パートナーシップ制度も含めた性的マイノリティへの支援の充実について、踏み込んで検討」すると述べていたが、[15]二〇一八年二月八日の毎日新聞の報道などで具体的な導入方針が明らかになった。

以前より市に要望を伝えていた九州レインボープライドの代表・「あなたののぶゑ」こと三浦暢久の証言では、今回の導入の一番の鍵となったのは、渋谷区での導入のキーパーソンとなった活動家の杉山文野らが、市長へ直接話をしたことである。[16]以下、記しておく。

> 私も以前から自らの人脈等を使って高島さんに面談のアプローチはしていました。でも高島さんは普段どなたともお会いにならない方針を取られているので、なかなか会っていただけるタイミングは来ませんでした。その中での文野くんの一件は本当に大きなことだと今でも思っています。あのタイミングから市の方の動きがガラリと変化したように思います。[17]

さらに、同様に市長に要望していたNPO法人Rainbow Soup代表の五十嵐ゆりは、これに加え、三つの要因を挙げる。すなわち、（1）福岡市議会のパワーバランス（福岡空港への出資問題を機に自民党が割れ、混乱した状態が続いていた）、（2）九月の議会で市長から初めて前向きな発言を引き出した公明党の役割、（3）当事者側からのアクションの積み重ねである。[18]九州レインボープライドは、福岡市の重要施策「ユニバーサル都市・福岡」へ積極的に参画し、広報誌にもたびたび掲載されていたし、市の担当者のみならず、当事者、市民、企業、メディアともつながって市内で幅広く事業を展開していた。また、Rainbow SoupはNPOの法人格をもった福岡市唯一のLGBT団体であり、市の職員向けの研修のほか、個別相談、各種発行物の監修も行っていた。Rainbow Soup主催の各種イベントには福岡市が何度も後援につくなど、日常的に連携をしていたとのことである。[19]

「自民型」の首長でありながら、時に革新的な施策を行う市長と自民党との対立があった中で、九月議会後も議会で自民党から反対意見が出されなかったのは、二〇一七年十一月十三日、福岡市内のLGBT七団体で構成する「LGBTアライアンス福岡」代表の五十嵐ゆりら六人が市役所を訪れ、市長と議長の双方に制度の導入などを求める要望書を手渡したことも影響したと推察される。[20] 市長は、市が制度の検討をすでに始めているとした上で、「議会と連携して進める」と応じ、議長からは「ぜひしっかり学びたい」というコメントを得た。[21] そして翌日には、新聞などでその模様が報道された。五十嵐は言う。「導入に向けた世論喚起の一つが、要望書提出というアクションだと思っています。その動きが報道されることによって、当事者やアライの方の関心は高まったものと感じています[22]」。

政策過程において、議会での議員の質問に対する市長の前向きな答弁の後、当事者団体による市長・議長への要請が行われた。SNSやブログでの活動報告はあったが、要請等の報告にとどまっている。

●大阪府大阪市（**二〇一八年七月九日導入**）

二〇一三年九月、市内の淀川区が全国で初めて「LGBT支援宣言[23]」を発し、それが那覇市など全国に波及していたことから、大阪市の動向は以前から注目されていた。

淀川区長の榊正文は支援宣言の直後、二〇一三年十月の「レインボーフェスタ（関西レインボーパレード）」に登壇して当事者を支援するスピーチを行い、電話相談、コミュニティスペース設置などの具体的な支援事業もスタートしていた。こうした流れを受けて、大阪市が全国で初めて同性カップルを里親に認定し、そのことが二〇一七年四月五日の毎日新聞などで報じられていた。

政策過程において、運動家によるSNS上の書き込みは観測できなかった。

●東京都中野区（二〇一八年九月六日導入）

中野区では、一九九〇年代から性的マイノリティ団体が事務所を置き、当事者の支援や啓発などの活動を行っていた。二〇一一年には石坂わたるがゲイであることをカミングアウトして区議会議員に当選し[24]、LGBTに対する区の施策の不十分さなどについての質問も議会で行っていた。だが、二〇一五年二月十日に行われた定例会で、石坂が同性パートナーシップ制度について質問したところ、区長は「同性カップルの証明の取り組みにつきましては、法的な効果について現時点では確認できないため、今後の議論に注目していきたい」と答弁するなど[25]、区は当初、制度に前向きではなかったといえる。

二〇一五年十月一日、中野区に当事者団体「中野LGBTネットワークにじいろ（中野にじねっと）」が設立され、中野区と共催でシンポジウム「すべての人が暮らしやすい中野区を目指して」を開催した。そこには、区長や教育長も出席した。二〇一六年に出された「新しい中野をつくる十ヵ年計画」には、LGBTに関する記載もされていた（石坂 2018）。また、同団体は、二〇一七年十一月から、渋谷区や世田谷区、札幌市での制度導入のキーパーソンを呼び、当事者や関心のある人向けに学習会も開催した（中野ＬＧＢＴネットワークにじいろ 2018）。さらに、二〇一八年には「中野区にも同性パートナー公認制度を！　実行委員会」が立ち上がり、二月には全会派の議員を対象にした勉強会を開催した。そして、同年二月に行われた第一回定例会において、区長が公明党議員の質問に対し、要綱による制度の導入に言及した（石坂 2018）。石坂によると、区内の当事者団体、区内外の専門家や経験者、区民、その他関係各位の力が結実した形で制度導入がされたということである（石坂 2018）。

政策過程では、二〇一七年十一月からの学習会の告知等に当事者団体によってＳＮＳが使われていた。区長の認知はイベントや議会での質問等によってつくられたと推察される。

●群馬県大泉町（二〇一九年一月一日導入）

大泉町は人口の約18パーセントを外国人が占めている。そのような地理的背景もあり、二〇一七年三月三十一日には「あらゆる差別の撤廃をめざす人権擁護条例」を制定するなど、人権施策には積極的であった。二〇一八年十月には、大泉町は群馬県のセクシャルマイノリティ支援団体「ハレルワ」を講師に招き、「いろいろな性～セクシュアルマイノリティについて」というタイトルのセミナーを開催した（大泉町 2020）。二〇一八年十二月二十七日の毎日新聞の報道によると、今回の制度導入は町長の村山俊明が主導した形で行われたが、村山は導入にあたり、「人権擁護の先進地として性的マイノリティーの人たちの権利をしっかり認めていきたい」と話したという。

政策過程において、運動家によるＳＮＳ上の書き込みは観測できなかった。

●千葉県千葉市（二〇一八年一月二日導入）

市長の熊谷俊人の制度への前向きな姿勢が明らかになったのは、二〇一五年十二月十六日の朝日新聞の報道であった。熊谷は朝日新聞の取材に対し、渋谷区などの取り組みについて「賛同する。多様性を認める国にならなければいけない」と話した(26)。十二月二十五日から翌年の一月十日にかけては、市が「性的少数者（性的マイノリティ）に関するWEBアンケート」を実施した。その結果を踏まえ、四月二十四日には当事者団体「レインボー千葉の会」と市役所職員とのLGBTに関する意見交換会が行われ、八月十六日には同会と市長によるランチミーティングが開催された（千葉市 2017）。

二〇一九年二月十二日の自治体クリップによると、二〇一八年四月二十六日に「レインボー千葉の会」から市議会に陳情書が出され、市議会の環境経済委員会において賛成多数で採択されたことをきっかけに、職員が他自治体の取り組み事例をリサーチしはじめたという。制度を導入している自治体へのヒアリング等も行い、その結果を受けて、同年九月には考え方を公表し、メールやFAX等で市民から意見を募集した。庁内では、法律関係の部署や証明手続きを担当する部署に協力を仰ぎ、庁外ではLGBT当事者、支援者団体などとも連携してプロジェクトを進めたという。二〇一九年一月三十日の千葉日報によると、熊谷は交付式のあいさつで「大学時代の仲間にLGBTがいた。カミングアウトされた時は驚いたが、普通の友人付き合いができた。多くのLGBTが不都合や不便を被っている」、「制度が全ての人にとって生きやすい社会実現の第一歩になる。皆さんの人生とパートナーシップを応援したい」と話した。

当自治体では、当事者団体「レインボー千葉の会」の働きかけで、職員との意見交換会、市長とのランチミーティング等が開催されていた。当事者団体によるSNSでの活動報告はあったが、市長との会合等の報告にとどまり、区長の認知はメディア等によって既につくられていたと考えられる。

●熊本県熊本市（二〇一九年四月一日導入）

二〇一八年八月二十日の朝日新聞デジタルによると、熊本市では、「ともに拓《ひら》くLGBTQ+の会くまもと」、「くまにじ」など、複数の市民グループが二〇一七年九月と十二月、窓口での偏見のない対応や不要な性別欄の削除、職員の研修などを要望したことを受け、男女共同参画課を中心に役所内の意識改革が行われていたという。市ではまず、二〇一七年十一月に、職員が庁内でPCを起動する際に、「LGBTを理解しよう！」と呼びかける啓発画面が表示されるように設定された。二〇一八年一月以降は管理職や市の相談員を対象とした研修会も開催された。その後、五月からは市の手続きで使われる書式の見直しが行われ、消防職を除く職員採用試験の受験申込書は性別記入を任意にした。また、七月の県議補選では、期日前・不在者投票時の「宣誓書」の性別欄を削除した。八月には九州で初めて、基礎的知識をまとめた職員向けのハンドブックもつくるなど、様々な取り組みが行われていた。こうした流れの中で、二〇一八年七月二十三日には、「性的少数者に係る窓口の一元化及びパートナーシップ制度を含めた取組の強化に関する指定都市市長会要請」が熊本市の提案で、指定都市市長会から内閣府に行われた（指定都市市長会2018）。

二〇一八年六月六日の市議会定例会での議員からの質問に対して、市長は「国レベルで議論すべき」と述べるなど、市長は当初、制度の導入には前向きではなかった[27]。そこで、同年九月、先述の「くまにじ」が熊本市議会に陳情を提出した。その後、十月十二日には「平成三十年度第一回ＬＧＢＴ等の性的マイノリティ当事者・支援者団体と熊本市関係課との意見交換会」が開催され、市長選では現職のマニフェストに、制度の導入が記載された（くまにじ 2018）。

陳情等の動きについて当事者団体によるＳＮＳやブログでの活動報告はあったが、報告にとどまっており、市長の認知は陳情等でつくられたと考えられる。

●東京都府中市（二〇一九年四月一日導入）

府中市議会が、二〇一八年九月に制度を求める市民の陳情を採択したのを受け、市が二か月後に制度導入発表した。公明党のホームページをみると、当事者からの相談を受けた公明党議員団が、当事者の所属団体や代表者等からヒアリングを重ね、さらに市の当局と話し合いを続けるなどしてきたことがわかる。同ホームページからは、陳情についても、公明党の議員が当事者に提出を促したことがうかがえる（公明党 2019）。

政策過程において、運動家によるＳＮＳ上の書き込みは観測できなかった。

●大阪府堺市（二〇一九年四月一日導入）

二〇一八年九月の堺市議会において、民主党系の会派「堺創志会」の議員からの質問に対し、市長の竹山修身が導入検討を表明した(28)。その後、十月には、堺市人権施策推進審議会において議論が行われ、「（仮称）堺市パートナーシップ宣誓制度（案）」の概要が示された。二〇一九年一月三十一日の産経新聞によると、竹山は制度を発表する会見で、「今のところは他都市の例を参考にやっている。中には踏み込んだ制度を取り入れた都市もあり、それらを参考にしながら制度を拡充していきたい」と話したという。

二〇一六年三月に共産党議員団の議員からLGBTに関する相談体制の充実について聞かれた市長は、LGBTについては、深く考えられておらず、これからも勉強したい、といった趣旨の発言をしている。[29] その後、議会では議員から会派を越えて何度も発言があり、さらに二〇一八年五月に竹山が府立泉北高校を訪れた際、LGBTをテーマとした課題研究班との懇談が行われ、条例の必要性について高校生からの訴えも受けた。議員の渕上猛志によると、そうした積み重ねが市長を決断させ、制度の導入につながったという（ふちがみ 2019）。

政策過程において、運動家によるSNS上の書き込みは観測できなかった。

●神奈川県横須賀市（二〇一九年四月一日導入）

二〇一八年十一月十四日のOUT JAPANによると、市では二〇一一年から、市職員への勉強会や当事者との意見交換会等を定期的に実施してきた。サイトには「性的マイノリティ」というページを設け、性的マイノリティについての基本的な知識を紹介している。また、市立の病院で手術を受ける際に同意書への署名者として同性パートナーを認めたり、同一世帯で住民登録や国民健康保険へ加入することを認めたり、同性カップルを里親に認定したりするなどしてきた。

これらの背景には、当事者であることをカミングアウトした市議会議員の藤野英明による運動がある。

藤野は同性パートナーシップ制度についても、二〇一三年三月から、その必要性について議会で発言してきた。十六年間ともに市議として働いた上地克明が市長選挙に立候補すると、藤野は彼を支援した。上地はそれに呼応するように、「横須賀を虹色にしたい」と訴えた（藤野 2019）。

選挙後の二〇一七年九月に行われた議会で、上地は藤野の制度導入を求める一般質問に対し、「当事者の意向を伺いながら、人権施策推進会議において議論をしながら、前向きに進めていきたい」と前向きな答弁を行った[30]。二〇一八年十二月七日のタウンニュースによると、その後、市は行政内部での検討を行い、性的マイノリティ当事者団体との意見交換も重ねた。また、二〇一八年八月にできた有志団体「よこすかにじいろかれー」が、要望書を市へ提出するということもあった。最終的には、市が設置し、LGBT支援団体の代表や弁護士、公募の市民らで構成する「人権施策推進会議」の答申を受け、市長が決断した（藤野 2018）。

議員によるブログでの活動報告やTwitterでの発信などはあったが、政策過程において当事者団体による発信は観測できなかった。

●岡山県総社市（二〇一九年四月一日導入）

二〇一八年十二月の市議会で、公明党の頓宮美津子の質問に対し、市長の片岡聡一が、同性パートナーシップ制度の創設について検討する方針を示した。市長は同議会で、次のように語っており、国際会議での経験を踏まえ検討する中で、与党議員からの質問というきっかけがあり決断したといえる。

これまで、私が市長になってから以降、多分その前も、この問題について、この議場で語られたことはなかったことと思いますが、これはやっぱり、この六月二十日に私がインド、ニューデリーのWHOの会議に出席させていただきましたが、世界の趨勢はもう既にダイバーシティーの時代であって、この問題についてもまさしくこれを受け入れていこうというのが世界の動きであります。日本だけ各基礎自治体対応であるとか、渋谷が突出しているとか、そういうふうなことで行っていますけれども、これは私は、この国として改めていかなければいけない、またルールを作っていかなければいけない問題だと、ずっと以前から考えておりました(31)。

政策過程において、運動家によるSNS上の書き込みは観測できなかった。

●神奈川県小田原市（**二〇一九年四月一日導入**）

小田原市では、市に登録申請書を提出すると、市が要件を満たしていることを確認し、登録証明書と、登録を受けたことに関する事実証明書の二種類を発行するという、他の自治体とはやや異なる仕組みが導入された。先行する自治体では、窓口や別室で二人が誓う「宣誓」方式が多かったが、住居移転後に再び宣誓しなくても済むよう、「登録」方式を採用した(32)。

二〇一九年二月二十二日の神奈川新聞によると、市が二〇一八年十二月十四日から実施したパブリックコメントでは、七件のうち六件が「選択肢が増えることは誰にとっても暮らしやすい市になる」などと肯定的意見だった。二〇一九年二月二十四日のOUT JAPANは、当事者団体が市に働きかけを行ったのではなく、担当課の中でLGBTの住民の支援が必要だという認識になり、パブリックコメントでも肯定的な意見が多かったため、実現に至ったと報じている。

政策過程において、運動家によるSNS上の書き込みは観測できなかった。

●大阪府枚方市（二〇一九年四月一日導入）

枚方市では、第三次枚方市男女共同参加計画に基づき、性の多様性の理解促進に向けた市民向けの啓発や職員向けの研修を実施していた。こうした中、同性パートナーシップ制度や専門相談窓口を開設するなどの事業を行う自治体が増えたため、市としても取り組む意思を示す必要があると判断した（枚方市 2019）。

政策過程において、運動家によるSNS上の書き込みは観測できなかった。

●東京都江戸川区（二〇一九年四月一日導入）

江戸川区では、七崎良輔と古川亮介のゲイカップルが主催する「LGBTコミュニティ江戸川」が、LGBTが暮らしやすい社会の実現に向けて、市に長年働きかけを続けてきた。二〇一五年には、婚姻届を区役所に提出して不受理となったことから、区に対して「パートナーシップ制度を求める陳情」を行った。また、二〇一八年十二月には、議員へ根回しの上、「江戸川区の区営住宅に『同性パートナー』も入居できるよう求める陳情」を区議会に提出し、全会一致で採択されていた（七崎 2018）。

当事者団体によるSNSやブログでの活動報告はあったが、報告にとどまり、区長の認知は陳情等でつくられたと考えられる。

●東京都豊島区（二〇一九年四月一日導入）

二〇一八年七月の区議会本会議に、豊島区男女平等推進センターの活動を手伝ったり、巣鴨地蔵通り商店街で地元の方々とふれあうイベントを開催したりするなど、地域密着の活動を続けてきた当事者団体「NPO法人レインボーとしまの会」から制度導入を求める請願が提出され、議会が賛成多数で採択した。九月の本会議では区長の高野之夫が条例化を明言しており[33]、年内には制度設計を行っていた。その後、豊島区男女共同参画推進会議からの答申も踏まえ、区から条例案が提出された。

区では、二〇一一年十二月に策定した第三次男女共同参画推進行動計画に「性的少数者の人々への理解の促進」を掲げ、区民への啓発事業を実施してきた。また、二〇一八年からは全職員を対象に「男女共同参画職員研修」を行っている。筆者は、この背景には、ゲイであることをカミングアウトして議員としてLGBT関連の発言を続けてきた石川大我の地道な提案の成果もあると推察する。

豊島区は、渋谷区に続き、条例で制度を定めたケースとなった。条例には、LGBTへの差別禁止、パートナーシップ制度、アウティングの禁止、SOGIハラの規定も盛り込まれた。

当事者団体によるSNSやブログでの活動報告はあったが、報告にとどまり、区長の認知は請願等でつくられたと考えられる。

●東京都港区（二〇二〇年四月一日導入）

区民からの請願を受け、区長が二〇二〇年四月一日の導入を決定した。札幌市の運動のキーパーソンに刺激を受けたゲイバーの経営者によって運動が行われた。導入過程では、渋谷区でつくられ、世田谷区で確定したフレームがそのまま使われ、フレーム伝播が行われた。

【注】

(1) 二〇一七年十月十日に、伊賀市男女共同参画課人権政策係の担当・西村に行った電話インタビューによる（以下、「西村」とする）。
(2) 西村
(3) 二〇一八年二月二十一日に、LGBT団体「ELLY」の代表である山口颯一に行った電話インタビューによる（以下、「山口」とする）。
(4) 山口
(5) 同上
(6) 西村
(7) 山口
(8) 同上
(9) 二〇一七年七月十八日に、世田谷区の制度導入のキーパーソンである世田谷区議会議員の上川あやに、議員の控え室で行ったインタビューによる。
(10) 同上
(11) 二〇一七年十月十日に、那覇市平和交流・男女参画課の担当・藤間に行った電話インタビューによる。

（12）同上

（13）二〇一四年十一月十六日の琉球新報電子版によると、当時、自民党は「新風会」、「自由民主党」、「自民党・無所属・改革の会」の三つに分裂しており、最大会派の「新風会」は、選挙戦で社民や共産、社大とともに市長を応援し、市長与党となっていた。

（14）平成二十七年那覇市議会二月定例会（二月二十日）会議録 http://www.gikai.city.naha.okinawa.jp/voices/CGI/voiweb.exe?ACT=200&KENSAKU=1&SORT=0&KTYP=2,3&KGTP=1,2,3&TITL_SUBT=%95%BD%90%AC%81@27%94N%81i2015%94N%81j%81@%82Q%8C%8E%92%E8%97%E1%89%EF%81%7C02%8C%8E20%93%FA-02%8D%86&SFIELD1=HTGN&SKEY1=%93%96%8E%96%8E%D2%82%E2%97L%8E%AF%8E%D2%82%E7%82%CC%88%D3%8C%A9%82%F0%95%B7%82%AD%82%C6%82%C6%82%E0%82%C9&SSPLIT1=+%2B%2F%21%28%29-&KGNO=165&FINO=1117&HUID=132332&UNID=K_H27022000022250（二〇一九年十一月二十三日取得）

（15）平成二十九年福岡市議会第四回定例会（九月十四日）会議録 http://www.city.fukuoka.fukuoka.dbsr.jp/index.php/3989212?Template=doc-one-frame&VoiceType=onehit&VoiceID=74250（二〇一九年十一月十二日取得）

（16）三浦暢久に Facebook のＤＭで送った質問に対し、二〇一八年二月十一日に得た回答による。

（17）同上

（18）五十嵐ゆりに Facebook のＤＭで送った質問に対し、二〇一八年二月十二日に得た回答による（以下、「五十嵐」とする）。

（19）五十嵐

（20）二〇一八年二月十九日に福岡市人権推進課の担当・片岡に行った電話インタビューによる。

（21）五十嵐

（22）同上

（23）ＬＧＢＴ等の性的マイノリティに関する正しい知識と理解を深め、少数者の人権を尊重したまちづくりを進めるため、淀川区役所は二〇一三年九月に全国で初めて行政として「ＬＧＢＴ支援宣言」を発表した。

（24）豊島区議会議員の石川大我と同時期に、日本で初めて自身がゲイであることを公表した地方議員が当選した。

（25）平成二十七年中野区議会第一回定例会（二月二十日）会議録 http://kugikai-nakano.jp/view.html?gijiroku_id=2545（二〇一九年十一月十一日取得）

（26）一方で、二〇一五年十二月十六日の朝日新聞によると、千葉市での導入については「多様性を象徴する議会の中で、議員間の理解が広がっていくのが理想」と話したという。

（27）平成三十年熊本市議会第二回定例会（六月六日）会議録 http://kumamoto.gijiroku.com/voices/cgi/voiweb.exe?ACT=200&KENSAKU=0&SORT=0&KTYP=0,1,2,3&KGTP=1&FYY=2018&TYY=2018&TITL_SUBT=%95%BD%90%AC%82R%82O%94N%91%E6%81@%82Q%89%F1%92%E8%97%E1%89%EF%81%7C06%8C%8E06%93%FA-02%8D%86&KGNO=1310&FINO=2546&UNID=K_H30060600021（二〇一九年十一月十二日取得）

（28）平成三十年堺市議会第三回定例会（九月三日）会議録 http://www12.gijiroku.com/sakai/CGI/voiweb.exe?ACT=200&KENSAKU=0&SORT=0&KTYP=0,1,2,3&KGTP=1&FYY=2018&TYY=2018&TITL_SUBT=%95%BD%90%AC%82R%82O%94N%91%E6%81@%82R%89%F1%92%E8%97%E1%89%EF%81%7C09%8C%8E03%93%FA-02%8D%86&KGNO=1638&FINO=3904&UNID=K_H30090300021（二〇一九年十一月十二日取得）

（29）平成二十八年堺市議会第一回定例会（三月一日）会議録 http://www12.gijiroku.com/sakai/CGI/voiweb.exe?ACT=200&KENSAKU=0&SORT=0&KTYP=0,1,2,3&KGTP=1&FYY=2016&TYY=2016&TITL_SUBT=%95%BD%90%AC%82Q%82W%94N%91%E6%81@%82P%89%F1%92%E8%97%E1%89%EF%81%7C03%8C%8E01%93%FA-02%8D%86&KGNO=1390&FINO=3386&UNID=K_H28030100021（二〇一九年十一月十二日取得）

（30）平成二十九年横須賀市議会第三回定例会（九月二十七日）会議録 https://ssp.kaigiroku.net/tenant/yokosuka/SpMinuteView.html?power_user=false&tenant_id=231&council_id=1038&schedule_id=5&view_years=2017（二〇一九年十一月十二日取得）

（31）平成三十年総社市議会十一月定例会（十二月六日）会議録 https://ssp.kaigiroku.net/tenant/soja/MinuteView.html?council_id=237&schedule_id=4&is_search=false&view_years=2018（二〇一九年十一月十二日取得）

（32）先行する自治体では窓口や別室で二人が誓う「宣誓」方式が多かったが、住居移転後も再び宣誓しなくても済むよう「登録」方式を採用した。

（33） 平成三十年豊島区議会第三回定例会（九月二十七日）会議録 http://www.kensakusystem.jp/toshima/cgi-bin3/ResultFrame.exe?Code=jejucn3ptc8dzc6egg&fileName=H300927A&startPos=0（二〇一九年十一月十二日取得）

札幌市	港区	その他波及自治体
フレーム伝播 2月11日 運動家の鈴木が当事者団体設立 29日 住民票をSNSで集める運動 フレームブリッジ 3月23日 鈴木が自民党・公明党に要望 6月6日 鈴木が市長に面会し住民票提出 フレーム拡張 12月22日 制度導入に関する観測報道		4月 伊賀市 6月 宝塚市 7月 那覇市
1月25日 ハッシュタグ運動 フレーム拡張 31日 財政市民委員会に要綱案を提出 **3月31日 要綱の制定** 6月1日 制度の運用開始	ゲイバーの林がLGBT勉強会に参加 6月16日 林がFacebookグループを作成 30日 林が議員の横尾・清家と面会 フレームブリッジ 9月11日 林が各会派に要望 11月22日 林がSNSで請願書への署名呼びかけ 29日 議会に請願書を提出 12月6日 総務常任委員会で請願採択 8日 本会議で請願採択	フレーム拡張 フレーム伝播 フレームブリッジ

【付録 2】同性パートナーシップ制度の波及過程に関する年表

年	渋谷区	世田谷区
2012	6月5日 議員の岡田による議会質問（→庁内に検討会設置） フレームブリッジ	
2013	6月8日 議員の長谷部による議会質問	
2014	↓	9月18日 議員の上川による議会質問 フレームブリッジ
2015	1月20日 検討会の報告書を区長に提出	上川による当事者団体設立
	2月12日 区長によるプレスリリース	
	18日 運動家の松中によるネット署名 フレーム拡張	
	3月6日 総務区民常任委員会に条例案を提出	3月5日 当事者団体と区長の面会 フレーム拡張
	9日 右翼系団体による反対運動	
	10日 ハッシュタグ運動 フレーム増幅	
	20日 ネット署名を議長へ提出 フレーム拡張	
	31日 条例案の可決	
	4月1日 条例の制定	4月1日 区長の保坂が庁内にプロジェクトチーム設置
	26日 渋谷区長・区議会議員選挙	26日 世田谷区長・区議会議員選挙 ↓
		7月29日 区民生活常任委員会に要綱案を提出
		8月15日 上川が『togetter』に書き込み フレーム増幅
		9月25日 要綱の決定
	11月5日 制度の運用開始	11月5日 制度の運用開始
2016		
2017		

●参考文献　（邦語文献も含め、アルファベット順に記載）

阿部祐子　2015　「『何でも言ってほしい』渋谷区長、共働き世帯を応援」『NIKKEISTYLEDUAL プレミアム』http://style.nikkei.com/article/DGXMZO80911900V11C14A2000000（二〇一七年四月十五日取得）

秋葉賢也　2001　『地方議会における議員立法』文芸社

秋月謙吾　2000　「地方空港をめぐる環境変動と政府間関係」水口憲人・北原鉄也・秋月謙吾編著『変化をどう説明するか――地方自治篇』木鐸社、pp.115-133

Aldrich, John H., 1995, *Why Parties?: The Origin and Transformation of Political Parties in America,* Chicago: University of Chicago Press.

Allcott, Hunt and Gentzkow Matthew, 2017, "Social Media and Fake News in the 2016 Election??," *Journal of Economic perspectives, 31*(2), 211-236.

Allison, Graham, 1971, Essence of Decision: Explaining the Cuban Missile Crisis, Boston: Little, Brown and Company.

Bekkers, Victor, Beunders Henri, Edwards Arthur and Moody Rebecca, 2011, "New Media, Micromobilization, and Political Agenda Setting: Crossover Effects in Political Mobilization and Media Usage," The Information Society: *An International Journal, 27*(4), 209-219.

Benford, Robert D. and David A. Snow, 2000, "Framing Processes and Social Movements: An Overview and Assessment," *Annual Review of Sociology, 26,* 611-39.

Bennett, D., P. Fielding and J. D. Rocketeller, 1999, *The Net Effect: How Cyberadvocacy is Changing the Political Landscape,* Merrifield: E-Advocates Press.

Bennett, W. Lance, 2003, "Communicating global activism," Information, Communication & Society, 6: 143-168.
Bennett, W. Lance and Segerberg Alexandra, 2012, "The Logic of Connective Action: Digital Media and the Personalization of Contentious Politics," *Information, Communication & Society,15*(5), 739-768.

Benstein, Mary, 2002, "Identities and Politics: Toward a Historical Understanding of the Lesbian and Gay Movement," *Social Science History, 26*(3): 531-81.

Berry, Frances S. and William D. Berry, 1990, "State Lottery Adoptions as Policy Innovations: An Event History Analysis," *American Political Science Review, 84*: 395-415.

Berry, J. M., 2002, "Validity and Reliability Issues in Elite Interviewing," *PS: Political Science & Politics, 35*(4): 679-682.

Beunders, Victor, 2011, "New Media, Micromobilization, and Political Agenda Setting: Crossover Effects in Political Mobilization and Media Usage," *The Infromation Society, 27*: 209-219.

Bosi, L., Giugni, M. and Uba, K. eds., 2016, *The consequences of social movements,* Cambridge: Cambrdige University Press.

Bourdieu, Pierre, 1977, *Outline of a Theory of Practice,* Cambridge: Cambridge University Press.

Campbell, John C., 1992, *How Policies Change: The Japanese Government and the Aging Society,* Princeton: Princeton University Press.（1995　三浦文夫・坂田周一監訳『日本政府と高齢化社会――政策転換の理論と検証』中央法規出版）

Carty, V., 2010, "New information communication technologies and grassroots mobilisation." *Information, Communication & Society, 13*: 155-173.

Chadwick, A., 2007, "Digital network repertoires and organizational hybridity," *Political Communication, 24*: 283-301.

千葉市　2017「平成二十八年度ランチ・ミーティング開催結果」https://www.city.chiba.jp/shimin/shimin/kohokocho/h28ranntimithinngu.html（二〇二二年二月二十七日取得）

地方自治研究資料センター　1979a 『地方自治体における政策形成過程のミクロ分析――政策形成の政治行政力学』地方自治研究資料センター

――――1979b 『自治体における政策形成の政治行政力学』ぎょうせい

――――1982 『都市化と議員・地域リーダーの役割行動』ぎょうせい

Cobb, R. and Elder C., 1981, "Communication and public policy," in D. Nimmo and K. Sanders eds., *Handbook of Political Communication,* Beverly Hills: Sage Publications, pp.391-416.

Cohen, Michael D., James G. March and Johan P. Olsen, 1972, "A Garbage Can Model of Organizational Choice," *Administrative Science Quarterly, 17*(1): 1-25.

Dahlberg, L., 2007, "The Internet and Discursive Exclusion," in L. Dahlberg and E. Siapera eds., *Radical Democracy and the Internet,* London: Palgrave Macmillan, pp.128-47.

della Porta, Donatella and Mario Diani, 2006, *Social Movements: An Introduction*（Second edition）, Malden: Blackwell Publishing.

DeLuca, K. M., S. Lawson and Y. Sun, 2012, "Occupy Wall Street on the Public Screens of Social Media: The Many Framings of the Birth of a Protest Movement," *Communication, Culture & Critique 5*: 483-509.

電通ダイバーシティ・ラボ　2015 「LGBT調査二〇一五」https://www.dentsu.co.jp/news/release/pdf-cms/2015041-0423.pdf（二〇二〇年二月二十二日取得）

――――2019 「LGBT調査二〇一八」https://www.dentsu.co.jp/news/release/pdf-cms/2019002-0110-2.pdf（二〇二〇年二月二十二日取得）

土肥義則　2009 「なぜブログは炎上するのか？〝嫌いな人が好き〟の論理」『ITmediaビジネスONLINE』. http://bizmakoto.jp/makoto/articles/0907/27/news 008.html（二〇一九年十一月七日取得）

Downs, Anthony, 1957, *An Economic Theory of Democracy,* New York: Harper and Row.（1980 古田精司監訳『民主主義の経済理論』成文堂）

Earl, Jennifer, 2010, "The Dynamics of Protest-related Diffusion on the Web," *Information, Communication &*

Society, 13: 209–225.
Earl, Jennifer and Katrina Kimport, 2011, *Digitally Enabled Social Change: Activism in the Internet Age,* Cambridge: The MIT Press.
Edwards, Frank, Philip N. Howard, and Mary Joyce, 2013, "Digital Activism and Nonviolent Conflict." https://ssrn.com/abstract 2595115 (Retrieved 15 August, 2018)
閻亜光　2021 「職場で行われるＬＧＢＴ施策に対する認識ズレ及び職場環境分析――ＬＧＢＴ当事者と非当事者男女との比較を用いて」『社会システム研究』*43*: 131–180
遠藤薫　2005 「ネット・メディアと〈公共圏〉」『日本社会情報学会学会誌』*17*(2): 5–12
―――2010 「『ネット世論』という曖昧――〈世論〉、〈小公共圏〉、〈間メディア性〉」『マス・コミュニケーション研究』*77*: 105–126
―――2011 『間メディア社会における〈世論〉と〈選挙〉――日米政権交代に見るメディア・ポリティクス』東京電機大学出版局
―――2016a 「ソーシャルメディアの浸透と〈社会関係〉」遠藤薫編『ソーシャルメディアと〈世論〉形成』東京電機大学出版局
―――2016b 「間メディア民主主義と〈世論〉――二〇一六年都知事選をめぐるスキャンダル・ポリティクス」『社会情報学』*5*(1): 1–17
榎美紀・村上明子・レイモンドルディー・小口正人　2014 「ソーシャルメディア上の情報拡散分析」DEIM Forum 2014 報告原稿
エスムラルダ・KIRA　2015 『同性パートナーシップ証明、はじまりました。――渋谷区・世田谷区の成立物語と手続きの方法』ポット出版
Fenno, Richard F., 1978, *Home Style: House Members in Their Districts*, New York: Harper Collins Publishers.
Flanagin, A. J., Stohl C., and Bimber B., 2006, "Modeling the structure of collective action," *Communication Monographs, 73*: 29–54.

Flesher, C., 2014, *Social movements and Globalisation,* London: Palgrave.

ふちがみ猛志　2019 「堺市政を動かした高校生」https://fuchigami.info/ 堺市政を動かした高校生（二〇一九年十一月一日取得）

藤野英明　2018 「最速で二〇一九年二月十五日からスタートの可能性も！　横須賀市はパートナーシップ制度を要綱で早期導入すべき」との答申を決定しました／人権施策推進会議（第三回）」https://www.hide-fujino.com/blog/2018/11/12/51716/（二〇一九年十一月一日取得）

————2019 「初日は二組のパートナーが宣誓証明書の交付を受けました！／横須賀市パートナーシップ制度が本格スタート」https://www.hide-fujino.com/blog/2019/04/09/53086/（二〇一九年十一月一日取得）

藤代裕之　2015 『ソーシャルメディア論 —— つながりを再設計する』青弓社

古川誠　2001 「「性」暴力装置としての異性愛社会 —— 日本近代の同性愛をめぐって」『法社会学』*54*: 80–93

Gamson, W. A. and D. S. Meyer, 1996, "Framing Political Opportunity," in D.McAdam, J. D. McCarthy, and M. N. Zald eds., *Comparative Perspectives on Social Movements: Political Opportunities, Mobilizing Structures, and Cultural Framings,* Cambridge: Cambridge University Press: pp.275–290.

George, A. L. and A. Bennett, 2005, *Case Studies and Theory Development in the Social Sciences,* Cambridge: MIT Press.（2013　泉川泰博訳『社会科学のケース・スタディ —— 理論形成のための定性的手法』勁草書房）

Gerbaudo, P., 2012, *Tweets and the streets: Social media and contemporary activism,* London: Pluto Press.

Giugni, Marco, 1999, "How social movements matter: Past research, present problems, future developments," in Guigni Marco, MacAdam Doug and Tilly Charles eds., *How social movements matter,* Minneapolis: University of Minnesota Press, pp.xiii–xxxiii.

呉國怡　2006 「『市場の達人』とインターネット —— 『オピニオンリーダー』との比較」池田謙一編著『インターネット・コミュニティと日常世界』誠信書房

Goffman, Erving, 1974, *Frame analysis: An essay on the organization of the experience,* Boston: Northeastern University Press.

五野井郁夫　2012　『「デモ」とは何か ―― 変貌する直接民主主義』ＮＨＫ出版
Gray, Virginia, 1994, “Competition, Emulation, and Policy Innovation,” in L. C. Dodd and C. C. Jillson eds., *New perspectives on American Politics,* Washington DC: Congressional Quarterly Press, pp.230-248.
Hara, Noriko and Huang Bi-Yun, 2011, “Online social movements,” *Annual Review of Information Science and Technology, 45*(1): 489-522.
Hardt, M. and Negri A., 2005, *Multitude: War and democracy in the age of empire,* New York: Penguin Books.
長谷川公一　1999　「『六ヶ所村』と『巻町』のあいだ ―― 原子力施設をめぐる社会運動と地域社会」『社会学年報』28: 53-75
長谷川孝治・小向佳乃　2019　「Twitter 上での類似性認知が他者への不寛容性に及ぼす効果」『信州大学人文科学論集』*6*: 71-82
橋本信之　1984　「地方議員と政策過程」黒田展之編『現代日本の地方政治家 ―― 地方議員の背景と行動』法律文化社
羽藤雅彦　2018　「ソーシャルメディア上でのクチコミに関する研究 ―― オピニオン・ギビングとオピニオン・パッシングに注目して」『流通科学大学論集 ―― 流通・経営編』*31*(1): 1-16
服部保志　2017　「ＬＧＢＴ政策の動向と企業のＬＧＢＴ対応の状況」『季刊 政策・経営研究』*2017*(4): 91-101
Hein, Wolfgang and Suerie Moon, 2013, *Informal Norms in Global Governance: Human Rights, IntellectualProperty Rules and Access to Medicines,* London: Routledge.
樋口直人　1999　「社会運動のミクロ分析」『ソシオロジ』*44*(1): 71-86
――――2004　「国際ＮＧＯの組織戦略 ―― 資源動員と支持者の獲得」大畑裕嗣・成元哲・道場親信・樋口直人編『社会運動の社会学』有斐閣、97-115
――――2020　『３・11後の社会運動八万人のデータから分かったこと』筑摩書房
枚方市　2019　「ＬＧＢＴ支援、宣言します　三月二十八日に式典パートナーシップ制度を導入」https://www.city.hirakata.osaka.jp/cmsfiles/contents/0000023/23067/190226.pdf（二〇二一年二月二十七日取得）
Hong, L., O. Dan, and B. Davison, 2011, “Predicting Popular Messages in Twitter,” *WWW'11: Proceedings of the*

20th International Conference Companion on World Wide Web, 57–58.

本郷正武　2007　『HIV/AIDSをめぐる集合行為の社会学』ミネルヴァ書房

堀江有里　2010　「『受容』を求める運動戦略への批判的考察――カナダ合同教会における同性愛者の運動を手がかりに」『女性学評論』24: 75–98

堀川修平　2016a　「日本のセクシュアル・マイノリティ〈運動〉における「学習会」活動の役割とその限界――南定四郎による〈運動〉の初期の理論に着目して」『ジェンダー史学』12: 51–67

――――2016b　「日本のセクシュアル・マイノリティ運動の変遷からみる運動の今日的課題――デモとしての『パレード』から祭りとしての『パレード』へ」『女性学』23: 64–85

五十嵐敬喜・小川明雄　1995　『議会――官僚支配を超えて』岩波書店

池田謙一　2008　「新しい消費者の出現――採用者カテゴリー要因の再検討」宮田加久子・池田謙一編著『ネットが変える消費者行動――クチコミの影響力の実証分析』ＮＴＴ出版

井上智史　2020　「性的マイノリティの承認――社会意識とパートナーシップ制度について」『社会分析』47: 29–42

石原英樹　2012　「日本における同性愛に対する寛容性の拡大――「世界価値観調査」から探るメカニズム」『相関社会科学』22: 23–41

石井健一　2011　「『強いつながり』と『弱いつながり』のＳＮＳ――個人情報の開示と対人関係の比較」『情報通信学会誌』29(3): 25–36

石川准　1992　『アイデンティティ・ゲーム』新評論

伊藤亜聖　2020　『デジタル化する新興国――先進国を超えるか、監視社会の到来か』中公新書

石坂わたる　2018　「中野区でも同性パートナーシップ制度がスタートします！」https://ishizaka.exblog.jp/29774563/（二〇一九年十月三十一日取得）

伊藤昌亮　2012　『デモのメディア論――社会運動社会のゆくえ』筑摩書房

伊藤修一郎　2002　『自治体政策過程の動態――政策イノベーションと波及』慶應義塾大学出版会

――――2004　「政策過程における自治体間情報伝達の実態――景観政策アンケート調査の結果から」『社会情報学

研究』*8*(20): 1-12
――――2006『自治体発の政策革新――景観条例から景観法へ』木鐸社
岩井紀子・佐藤博樹編　2002『日本人の姿――JGSS にみる意識と行動』有斐閣
Jacobsson, K. eds., 2015, *Urban grassroots movements in central and Eastern Europe,* Farnham: Ashgate.
Jenness, V., 1995, "Social Movement Growth, Domain Expansion, and Framing Processes: The Gay/Lesbian Movement and Violence against Gays and Lesbians as a Social Problem," *Social Problems, 42*(1): 145-170.
Joppke, C., 1993, *Mobilizing against Nuclear Energy: A Comparison of Germany and the United States,* Berkeley: University of California Press.
上川あや　2015「世田谷区 同性カップル公的承認までの道のり。」https://togetter.com/li/860865（二〇一七年九月二十四日取得）
――――2016「世田谷区における同性パートナーシップの取組について」棚村政行・中川重徳編著『同性パートナーシップ制度――世界の動向・日本の自治体における導入の実際と展望』日本加除出版
兼子仁・礒野弥生　1989『地方自治法（自治体法学全集）』学陽書房
片岡正昭　1994『知事職をめぐる官僚と政治家』木鐸社
――――2003『地方政府の政策イノヴェーション研究――現状と課題　第五稿』片岡研究プロジェクト二〇〇三年度春学期参考論文
加藤博徳・城山英昭・中川善典　2005「広域交通政策における問題把握と課題抽出手法――関東圏交通政策を事例とした分析」『社会技術研究論文集』*3*: 214-230
Katz, E. and Lazarsfeld, P. F. 1955, *Personal Influence: the Part Played by People in the Flow of Mass Communications,* New York: Free Press.
Kavanagh, D., 1996, "New Campaign Communications: Consequences for British Political Parties," *Harvard International Journal of Press/Politics, 1*(3): 60-76.
川坂和義　2013「アメリカ化されるＬＧＢＴの人権――『ゲイの権利は人権である』演説と〈進歩〉というナラティ

ヴ」Gender and Sexuality: Journal of the Center for Gender Studies, *ICU 8*: 5-28
風間孝　2002 「カミングアウトのポリティクス」『社会学評論』*53*(3): 348-364
風間孝・河口和也　2010 『同性愛と異性愛』岩波書店
菊池裕生・大谷栄一　2003 「社会学の現在（2）方法としての物語論 社会学におけるナラティヴ・アプローチの可能性 ── 構築される「私」と「私たち」の分析のために」『年報社会科学基礎論研究』*2*: 167-183
Killian, Lewis M., Neil J. Smelser and Ralph H. Turner, "Social Movement", *Encyclopedia Britannica, 19* November 2020. https://www.britannica.com/topic/social-movement (Retrieved 26 February, 2021)
Kingdon, John W., 1984, *Agendas, Alternatives and Public Policies,* UK: The Book Service Ltd.
小林良彰・新川達郎・佐々木信夫・桑原英明　1987 『アンケート調査にみる地方政府の現実 ── 政策決定の主役たち』学陽書房
小林良江　2013 「日本における反核運動に対する一考察」『群馬県立女子大学紀要』*34*: 113-123
Kolb, Felix, 2007, *Protest and Opportunities: The Political Outcomes of Social Movements,* Frankfurt: Campus Verlag.
公明党　2019 「同性パートナーシップ承認 東京・府中市」https://www.komei.or.jp/komeinews/p28264/（二〇一九年十一月一日取得）
クィア・スタディーズ編集委員会編　1996 『クィア・スタディーズ '96』七ツ森書館
────1997 『クィア・スタディーズ '97』七ツ森書館
Kriesi, Hanspeter, Ruud Koopmans, Jan Willem Duyvendak and Marco G. Giugni, 1995, *New Social Movements in Western Europe: A Comparative Analysis,* Mineeapolis: University of Minnesota Press.
Kristiansen, M. and J. Bloch-Poulsen, 2008, "Working with 'Not Knowing' Amid Power Dynamics among Managers: From Faultfinding and Exclusion towards Co-learning and Inclusion," *The SAGE Handbook of Action Research: Participative Inquiry and Practice,* pp.463-472.
くまにじ　2018 「大西一史現熊本市長 パートナーシップ制度導入 任期中に実現したい」https://kumaniji.hatenablog.com/entry/2018/10/29/205050（二〇一一年一月二十七日取得）

クレア・マリイ　1997「集団カミング・アウト」クィア・スタディーズ編集委員会編『クィア・スタディーズ '97』七ツ森書館、pp.224-233
黒田展之編　1984『現代日本の地方政治家――地方議員の背景と行動』法律文化社
草郷孝好　2007「アクション・リサーチ」小泉潤二・志水宏吉編『実践的研究のすすめ――人間科学のリアリティ』有斐閣、pp.251-266
草郷孝好・宮本匠　2012「住民による地域生活プロセス評価手法の試み――新潟県長岡市川口木沢地区の導入事例」『関西大学社会学部紀要』*43*(2): 33-60
Leibovich, Mark, 2022, *Thank You for Your Servitude: Donald Trump's Washington and the Price of Submission??*, London: Penguin Press.
Lenz, Tobias, 2018, "Frame Diffusion and Institutional Choice in Regional Economic Cooperation," *International Theory 10*(1): 31-70.
Lewin, K., 1946, "Action Research and Minority Problems," *Journal of Social Issues, 2*: 34-46.
LGBT法連合会編　2016『「LGBT」差別禁止の法制度って何だろう?』かもがわ出版
LGBT総合研究所　2016「LGBTに関する生活意識調査」https://www.hakuhodo.co.jp/uploads/2016/05/HDYnews0601.pdf（二〇二三年二月二十七日取得）
真渕勝　2000「課題設定・政策実施・政策評価」伊藤光利・田中愛治・真渕勝『政治過程論』有斐閣、pp.54-76
町村敦志　1989「現代都市におけるアクティビズムの所在――都市社会運動の新しい動向」矢澤修次郎・岩崎信彦・自治体問題研究所編『特集　都市社会運動の可能性』自治体研究社
――――1994『「世界都市」東京の構造転換――都市リストラクチュアリングの社会学』東京大学出版会
前川直哉　2017『〈男性同性愛者〉の社会史――アイデンティティの受容/クローゼットへの解放』作品社
Majchrzak, A., C. Wagner and D. Yates, 2013, "The impact of shaping on knowledge reuse for organizational improvement with wikis," *Mis Quarterly, 37*, 455-469.
March, James G. and Johan P. Olsen, 1989, *Rediscovering Institutions: The Organizational Basis of Politics*, New

York: Free Press.

松信ひろみ　2016 「結婚の「社会的承認」としての同性パートナーシップ」『駒澤社会学研究』*48*: 71–87

松下圭一　1999 『自治体は変わるか』岩波書店

松田憲忠　2005 「イシュー・セイリアンスと政策変化――ゲーム理論的パースペクティブの有用性」日本政治学会編『年報政治学 2005-II 市民社会における政策過程と政策情報』木鐸社、pp.105–126

Mayer, M., Thorn, C. and Thorn, H. eds., 2016, *Urban uprisings. Challenging Neoliberal Urbanism in Europe,* London: Palgrave.

McAdam, D., 1996, "Conceptual Origins, Current Problems, Future Directions," in Doug McAdam, John. D. McCarthy and Mayer N. Zald eds., *Comparative Perspectives on Social Movements: Political Opportunities, Mobilizing Structures, and Cultural Framings,* Cambridge: Cambridge University Press, 23–40.

McAdam, Doug and David A. Snow, 1997a, "Outcomes and Consequences of Social Movement Participation and Activity," in MacAdam Doug and David A. Snow eds., *Social Movements: Readings on their Emergence, Mobilization and Dynamics,* Los Angels: Roxbury Publishing Company, pp.461–463.

————1997b, "Introduction Social Movements Conceptual and Theoretical Issues," in MacAdam Doug and David A. Snow eds., *Social Movements: Readings on their Emergence, Mobilization and Dynamics,* Los Angels: Roxbury Publishing Company, pp.13–26.

McCarthy, John D. and Zald Mayer N., 1977, "Resource Mobilization and Social Movements: A Partial Theory," *American Journal of Sociology, 82*(6): 1212–41.

McCaughey, M., 2014, "Cyberactivism 2.0: Studying Cyberactivism a Decade into the Participatory Web," McCaughey M. eds., *Cyberactivism on the Participatory Web,* Routledge, pp.1–6.

Melucci, Albert, 1996, *Challenging Codes: Collective Action in the Information Age,* New York: Cambridge University Press.

Metaxas, P. T., E. Mustafara, K. Wong, L. Zeng, M. O'Keefe, and S. Finn, 2014, "Do Retweets Indicate Interest,

Trust, Agreement?" arXiv: 1411.3555v1

御厨貴　2002『オーラル・ヒストリー――現代史のための口述記録』中央公論新社

御厨貴編　2007『オーラル・ヒストリー入門』岩波書店

Moe, Terry M., 1997, "The Positive Theory of Public Bureaucracy," in Dennis Mueller C. eds., *Perspectives on Public Choice*, Cambridge : Cambridge University Press.

モニタス　2018「Facebook・Instagram・Twitter の使用率に関する調査」https://monitas.co.jp/media/89e093ef17280b0930963194556695125-1.pdf（二〇二一年二月二十七日取得）

村松岐夫、1988『地方自治』東京大学出版会

村松岐夫・伊藤光利　1986『地方議員の研究――日本的政治風土の主役たち』日本経済新聞社

村松岐夫・北山俊哉　2010「現代国家における地方自治」村松岐夫編『テキストブック　地方自治（第二版）』東洋経済新報社

Murthy, Dhiraj, "Introduction to Social Media, Activism, and Organizations," *Social Media + Society, January-March 2018*, 1-4.

灘光洋子・浅井亜紀子・小柳志津　2014「質的研究方法について考える――グラウンデッド・セオリー・アプローチ、ナラティブ分析、アクションリサーチを中心として」『異文化コミュニケーション論集』*12*: 67-84

中川重徳　2016「渋谷区男女平等・多様性社会推進会議での議論から」棚村政行・中川重徳編著『同性パートナーシップ制度――世界の動向・日本の自治体における導入の実際と展望』日本加除出版

中西絵里　2017「ＬＧＢＴの現状と課題――性的指向又は性自認に関する差別とその解消への動き」『立法と調査』*394*: 1-17

中野潤　2018「斜陽の公明党がカギを握る『安倍改憲』」『世界』*905*: 96-109

中野実　1986「地方利益の表出・媒介と公共的意思決定」中野実編『日本型政策決定の変容』東洋経済新報社

中野ＬＧＢＴネットワークにじいろ　2018「中野区にも同性パートナー公認制度を！第三回『自治体とＬＧＢＴ』連続学習会3」https://www.facebook.com/events/207711956466537/（二〇二〇年七月二十七日取得）

中澪　2021「同性愛に対する意識——間メディアが世界を揺るがすJGSSを用いた規定要因分析と要因分解」『日本版総合的社会調査共同研究拠点研究論文集』*19*: 115-126
七崎良輔　2018「告知やら愚痴やら」https://ameblo.jp/ryousuke-1983-1987/entry-12423844037.html（二〇二一年二月二十七日取得）
岡本正明・亀田暁宙　2020「ポスト・トゥルース時代のインドネシア政治の始まり——ビッグデータ、ＡＩ、そしてマイクロターゲティング」川村晃一編『2019年インドネシアの選挙——深まる社会の分断とジョコウィの再選』日本貿易振興機構アジア経済研究所、55-79
ＮＨＫスペシャル取材班　2020『地方議員は必要か 三万二千人の大アンケート』文藝春秋
西田亮介　2013『ネット選挙とデジタル・デモクラシー』ＮＨＫ出版
———2015『メディアと自民党』、角川書店
———2016「ネット選挙とソーシャルメディア——社会は、データ化で加速する『イメージ政治』をいかにして読み解くか」遠藤薫編著『ソーシャルメディアと〈世論〉形成——間メディアが世界を揺るがす』東京電機大学出版局
———2018『なぜ政治はわかりにくいのか 社会と民主主義をとらえなおす』春秋社
———2020『コロナ危機の社会学 感染したのはウイルスか、不安か』朝日新聞出版
西城戸誠　2003「抗議活動への参加と運動の「文化的基盤」——フレーム分析の再検討」『現代社会学研究』*16*: 119-136
西澤由隆　2012「都道府県議会議員の選挙戦略と得票率」『レヴァイアサン』51: 33-63
野田恵子　2012「ヘテロセクシズムの系譜学——『性愛の術』と『性の科学』をめぐる比較文化論的考察」『文明』*17*: 55-67
野宮亜紀　2004「『性同一性障害』を巡る動きとトランスジェンダーの当事者運動——Trans-Net Japan（ＴＳとＴＧを支える人々の会）の活動史から」『日本ジェンダー研究』*2004*(7): 75-91
野村康　2017『社会科学の考え方——認識論、リサーチ・デザイン、手法』名古屋大学出版会
柏木宏　2016「アメリカにおけるＬＧＢＴの権利擁護と企業社会——ＮＰＯによる企業への働きかけの視点からの検

討」『地域活性化ニューズレター』*10*: 6-8

加藤浩徳・城山英明・中川善典　2005「広域交通政策における問題把握と課題抽出手法――関東圏交通政策を事例とした分析」『社会技術研究論文集』*3*: 214-230

Runciman, David, 2018, *How Democracy Ends*, London: Profile Books.（2020　若林茂樹訳『民主主義の壊れ方』白水社）

岡野千代　2006「承認の政治」に賭けられているもの――解放か権利の平等か」『法社会学』*64*: 60-76

大畑裕嗣・成元哲・道場親信・樋口直人編　2004『社会運動の社会学』有斐閣

――2007「メディア・フレームと社会運動に関する一考察」『三田社会学』*12*: 19-31

小川祐樹・山本仁志・宮田加久子　2014「Twitter における意見の多数派認知とパーソナルネットワークの同質性が発言に与える影響」『人工知能学会論文誌』*29*: 483-492

小熊英二　2012『社会を変えるには』講談社

――2016「波が寄せれば岩は沈む――福島原発事故後における社会運動の社会学的分析」『現代思想』*44*(7): 206-233

――2018「『3:2:5』の構図――現代日本の得票構造と『ブロック帰属意識』」『世界』903: 79-92

小倉利丸　2002「新しい社会運動」西垣通・北川高嗣・須藤修・浜田純一・吉見俊哉・米本昌平編『情報学事典』弘文堂、pp.17-19

大石裕　1998「政治社会学から見たモダニティ――社会運動論の展開を中心に」『三田社会学』*3*: 10-16

Olson, Mancur, 1965, *The Logic of Collective Action: Public Goods and the Theory of Groups*, Cambridge: Harvard University Press.

大泉町　2020「第三次大泉町男女共同参画推進計画進捗状況調査報告書」https://www.town.oizumi.gunma.jp/s007/kurashi/010/020/030/R1houkokusyo.pdf（二〇二一年二月二十七日取得）

逢坂巌　2014「デジタルメディア時代のデモクラシー」『マス・コミュニケーション研究』*85*: 43-61

小澤かおる　2015「受容戦略の限界と個人的アイデンティティ追求の重要性――性的少数者の場合」『社会学論考』*36*:

25-47
Papacharissi, Z., 2016, "Affective Publics and Structures of Storytelling: Sentiment, Events and Mediality," *Information, Communication & Society, 19*(3): 307-324.
Pariser, Eli, 2011, *The Filter Bubble: What the Internet Is Hiding from You,* New York: Penguin Press.（2012　井口耕二訳『閉じこもるインターネット――グーグル・パーソナライズ・民主主義』早川書房）
Rattanaritnont, Geerajit, Toyoda Masashi, Kitsuregawa Masaru, 2011, *A Study on Characteristics of Topic-SpecificInformation Cascade in Twitter,* in Forum on Data Engineering 2011.
Reed, Steven R., 1983, "Patterns of Diffusion in Japan and America," *Comparative Political Studies, 16*(2): 215-234.
Reed, David P., 1999, "That Sneaky Exponential-Beyond Metcalfe's Law to the Power of Community Building," *Context Magazine (Spring)*. https://www.immagic.com/eLibrary/ARCHIVES/GENERAL/GENREF/C030200R.pdf（Retrieved 9 August, 2018）
Richardson, D., 2000, *Rethinking Sexuality,* California: SAGE Publications.
Rogers, Everett M., 2003, *Diffusion of Innovations, 5th Edition,* New York: Free Press.（2007　三藤利雄訳『イノベーションの普及』翔泳社）
Runciman, David, 2018, *How Democracy Ends*, London: Profile Books.（2020　若林茂樹訳『民主主義の壊れ方』白水社）
笠京子　1990　「中央地方関係の分析枠組――過程論と構造論の統合へ」『香川法学』*10*(1): 39-93
斉藤淳　2010　『自民党長期政権の政治経済学――利益誘導政治の自己矛盾』勁草書房
斉藤巧称　2019　「1990年代の「ゲイリブ」におけるゲイとレズビアンの差異――北海道札幌市における活動を事例に」『ジェンダー研究』*22*: 131-149
酒井克彦　1999　「市町村会議員の自治体政策過程での役割に関する一考察――石川県内の市町村を対象として」『日本公共政策学会年報』*2*: 1-40
坂本治也　2019　「議員行動とNPO政策――NPO政策を推進するのは誰か」『ノンプロフィット・レビュー』*19*(1・

2): 47–60
坂田利康　2018「政治マーケティング：ＳＮＳと選挙結果の関係性――二〇一七年第二十回東京都議会議員選挙候補者のデジタルメディア利用調査結果より」『高千穂論叢』*52*(4): 127–171
佐々木信夫　2009『地方議員』ＰＨＰ研究所
Segerberg, A., and W. L. Bennett, 2011, "Social media and the organization of collective action: Using Twitter to explore the ecologies of two climate change protests," *The Communication Review, 14*, 197–215.
政策研究院政策情報プロジェクト編　1998『政策とオーラルヒストリー』中央公論社
世耕弘成　2005『プロフェッショナル広報戦略』ゴマブックス
Sell, Susan K., 2013, "Revenge of the "Nerds" : Collective Action against Intellectual Property Maximalism in the Global Information Age," *International Studies Review, 15*(1), 67–85.
重冨真一　2015「社会運動は政治を変えるのか――社会運動のアウトカム研究レビュー」重冨真一編『社会運動論の再検討――予備的考察』基礎理論研究会成果報告書、アジア経済研究所
清水唯一朗　2007『政党と官僚の時代――日本における立憲統治構造の相克』藤原書店
――――2013『近代日本の官僚』中公新書
――――2019「オーラル・ヒストリーの方法論――仮説検証から仮説発見へ」御厨貴編『オーラル・ヒストリーに何ができるか――作り方から使い方まで』岩波書店
清水唯一朗・諏訪正樹　2014「オーラル・ヒストリーメソッドの再検討――発話シークエンスによる対話分析」『Keio SFC journal』14(1): 108–132.
塩原勉　2017「社会運動」『日本大百科全書（ニッポニカ）、ジャパンナレッジ』http://japanknowledge.com/psnl/display/?lid 1001000111129（二〇一七年十一月二十二日取得）
Shirky, Clay, 2011, "The Political Power of Social Media," *Foreign Affairs, January/February 2011, 90*(1): 28–41.
城山英明　2008「技術変化と政策革新 フレーミングとネットワークのダイナミズム」城山英明・大串和雄編『政治空間の変容と政策革新1 政策革新の理論』東京大学出版会、pp.67–90

城山英明・鈴木寛・細野助博編著　1999『中央省庁の政策形成過程――日本官僚制の解剖』中央大学出版部
宍戸邦章・岩井紀子　2010「JGSS 累積データ 2000–2008 にみる日本人の意識と行動の変化」『日本版総合的社会調査共同研究拠点 研究論文集』*10*: 1–22
指定都市市長会　2018「性的少数者に係る窓口の一元化及びパートナーシップ制度を含めた取組の強化に関する指定都市市長会要請（内閣府）」http://www.siteitosi.jp/activity/honbun/h30 07 23 03.html（二〇二〇年七月二十七日取得）
白崎護　2020「フェイクニュースとメディア環境 ??」『研究論集』*112*: 331–349
庄司昌彦　2012「ソーシャルメディアを活用する小集団の活動と社会変革」『智場』(117): 104–112
――――2013「ソーシャルメディアの栄枯盛衰と地方自治体による Facebook ページ利用実態」『行政&情報システム』*49*（6）: 55–58
Smelser, Neil J., 1965, *Theory of collective behavior,* New York: Free Press.
Snow, David A. and R. Benford, 1988, "Ideology, Frame Resonance, and Participant Mobilization," *International Social Movement Research, 1*: 197–218.
Snow, David A., E. Burke Rochford, Jr., Steven K. Worden, and Robert D. Benford, 1986, "Frame Alignment Processes, Micromobilization, and Movement Participation," *American Sociological Review, 51*(4): 464–481.
曽我謙悟・待鳥聡史　2007『日本の地方自治――二元代表制政府の政策選択』名古屋大学出版会
曽我謙悟　2012「政党・会派・知事与野党――地方議員における組織化の諸相」『レヴァイアサン』*51*: 114–135
総務省　2016「情報通信メディアの利用時間と情報行動に関する調査」https://www.soumu.go.jp/iicp/chousakenkyu/data/research/survey/telecom/2016/01 160825mediariy ou gaiyou.pdf（二〇二〇年二月十三日取得）
――――2019「地方公共団体の議会の議員及び長の所属党派別人員調等」http://www.soumu.go.jp/main content/000608468.pdf（二〇一九年十一月四日取得）
Strauss, Anselm and Juliet Corbin, 1997, *Grounded Theory in Practice,* California: Sage Publications.
砂川秀樹　2015「多様な支配、多様な抵抗」『現代思想』*43*(16): 100–6

Sunstein Cass R., 2001, *Republic.com,* New Jersey: Princeton University Press.
成元哲・中澤秀雄・角一典・水澤弘光・樋口直人　2003「政治的機会構造と文化的フレーミングの統合モデルをめざして――戦後日本の住民運動の盛衰と抗議レパートリーを事例として」『社会科学研究』*16*: 1-30
Surzhko-Harned, L. and A. J. Zahuranec, 2017, "Framing the Revolution: The Role of Social Media in Ukraine's Euromaidan Movement," *Nationalities Papers, 45*(5): 758-779.
鈴木寛　2000「市民は政策形成に参加できるか?」林紘一郎・牧野二郎・村井純監修『IT 2001 なにが問題か』岩波書店、pp.404-425
鈴木智子　2013『イノベーションの普及における正当化とフレーミングの役割――「自分へのご褒美」消費の事例から』白桃書房
鈴木賢　2017「法的権利を獲得してゆくＬＧＢＴ――札幌、台湾での成功」『世界』897: 34-37
――――2017「ＬＧＢＴの権利保障にとっての地方自治体の役割」『議員NAVI』http://www.dh-giin.com/article/20171110/10015/（二〇一七年十一月二十三日取得）
高畑卓　2016「最新版！国会議員のネット活用状況　運用するＳＮＳはTwitterよりFacebookで82パーセントが更新中。InstagramやLINEも」『勝つ政治家.com』. http://www.katsuseijika.com/2016/03/3513/（二〇一八年八月二日取得）
高野和良　2009「過疎農山村における市町村合併の課題――地域集団への影響をもとに」『社会分析』36: 49-64
高谷邦彦　2017「ソーシャルメディアは新しいつながりを生んでいるのか?――女子学生の利用実態」『名古屋短期大学研究紀要』55: 13-27
高安雄一　2007「韓国における女性の国会への参画推進と我が国への示唆点」『諸外国における政策・方針決定過程への女性の参画に関する調査――ドイツ共和国・フランス共和国・大韓民国・フィリピン共和国』https://www.gender.go.jp/research/kenkyu/sekkyoku/pdf/h19shogaikoku/sec4.pdf（二〇二一年二月十三日取得）
高寄昇三　1981『地方政治の保守と革新』勁草書房
竹田香織　2010「マイノリティをめぐる政治過程分析のための理論的考察」『GEMC Journal』*3*: 148-157

武田隆　2011『ソーシャルメディア進化論』ダイヤモンド社

田窪祐子　2002「エネルギー政策の転換と市民参加――地域集団への影響をもとに」『社会分析』*36*: 49-64

――――2002　実質的政策転換の再評価の試み」『環境社会学研究』*8*:24-37

田中愛治　2009「自民党衰退の構造――得票構 造と政策対立軸の変化」田中愛治・河野勝・日野愛朗・飯田健・読売新聞世論調査部編『二〇〇九年、なぜ政権交代だったのか』勁草書房、pp.1-26

田中辰雄・山口真一　2016『ネット炎上の研究』勁草書房

玉村雅敏・横田浩一・上木原弘修・池本修悟　2014『ソーシャルインパクト――価値共創（CSV）が企業・ビジネス・働き方を変える』産学社

棚村政行・中川重徳編　2016『同性パートナーシップ制度――世界の動向・日本の自治体における導入の 実際と展望』日本加除出版

田尾雅夫　1990『行政サービスの組織と管理――地方自治体における理論と実際』木鐸社

Tarrow, Sidney, 1977, *Between Center and Periphery: Grassroots Politicians in Italy,* New Havan: Yale University Press.

――――1991, *Struggle, Politics, and Reform: Collective Action, Social Movements, and Cycles of Porotest,* Ithaca: Center for International Studies, Cornell University.

――――1994, *Power in Movement: Social Movements, Collective Action and Politics,* New York: Cambridge University Press.

建林正彦　2004『議員行動の政治経済学――自民党支配の制度分析』有斐閣

鳥海不二夫・榊剛史　2016「デマ・流言と炎上――その拡散と収束」遠藤薫編著『ソーシャルメディアと〈世論〉形成――間メディアが世界を揺るがす』東京電機大学出版局

Tremayne, Mark, 2013, "Anatomy of Protest in the Digital Era: A Network Analysis of Twitter and Occupy Wall Street," *Social Movement Studies, 13*(1): 110-126.

Tsatsou, Panayiota, 2018, "Social Media and Informal Organisation of Citizen Activism: Lessons From the Use of

Facebook in the Sunflower Movement," *Social Media + Society,* January-March 2018: 1–12.
津田大介　2012　『動員の革命――ソーシャルメディアは何を変えたのか』中央公論新社
Van, Aelst P. and S. Walgrave, 2003, "Open and closed mobilization contexts and the normalization of the protester," in Van, De Donk W., D. Loader B., G. Nixon P. and D. Ructh eds., *Cyberprotest: New media, citizens and social movements,* London: Routledge, 123–146.
涌田幸宏　2015　「アジェンダ・セッティングにおける意味ネットワークとフレーミング――『地産地消』を事例として」『日本情報経営学会誌』*35*(3)
Wasserman, 2016, "Forward," in Mutsvairo, Bruce eds., *Digital Activism in the Social Media Era,* London: Palgrave Macmillan, pp.i–vii.
山田真裕　2016　『シリーズ日本の政治4　政治参加と民主政治』東京大学出版会
山腰修三　2013　「デジタルディアと政治参加」大石裕編『デジタルメディアと日本社会』学文社、pp.151–165
――――2014　「デジタルメディアと政治参加をめぐる理論的考察『マス・コミュニケーション研究』*85*: 5–23
山本英弘・渡辺勉　2001　「社会運動の動態と政治的機会構造――宮城県における社会運動イベントの計量分析、1986–1997」『社会学評論』*52*(1): 147–62
山本英弘　2005　「社会運動の発生と政治的機会構造」数土直紀・今田高俊編『数理社会学入門』勁草書房、pp.147–167
矢守克也　2010　『アクションリサーチ――実践する人間科学』新曜社
依田博　1995　「地方政治家と政党」『年報行政研究』*30*: 1–13
横尾俊成　2013　『「社会を変える」のはじめかた――僕らがほしい未来を手にする6つの方法』産学社
――――2019a　「地方自治体の政策転換におけるＳＮＳを用いた社会運動のフレーミング効果――渋谷区「同性パートナーシップ条例」の制定過程を事例に」『関西学院大学先端社会研究所紀要』*16*: 1–16
――――2019b　「札幌市パートナーシップ宣誓制度」の導入過程におけるＳＮＳを介したフレーム伝播」『社会情報学』*8*(1): 65–79

吉田徹　2011　『ポピュリズムを考える――民主主義への再入門』ＮＨＫ出版
ユリア・マウサー　2019　「日本における自治体発のパートナーシップ政策の動向と課題」『慶應義塾大学大学院政策・メディア研究科 修士論文二〇一九年度』

●新聞・雑誌等記事（日付順に記載）

「那覇市長に城間氏当選　翁長市政の継承支持」『琉球新報電子版』（二〇一四年十一月十六日）https://ryukyushimpo.jp/news/prentry-234611.html（二〇一九年十一月二十四日取得）
「[生活調べ隊] 性的少数者職場で配慮　多様性認め理解者増やす」『読売新聞』（二〇一五年一月三日）
「東京・渋谷区――同性カップルに証明書 条例案「結婚に相当」「夫婦」の扱い、協力求める」、『毎日新聞』（二〇一五年二月十二日）
「原動力は〝クール〟な運動　渋谷区が同性カップルを認める条例案提出」『AERA』（二〇一五年三月二日号）：70
「同性カップル世田谷へ要望」『読売新聞』（二〇一五年三月六日）
「世田谷区長、「区長判断で」対応を示唆 同カップル、認証で要望書提出」、『朝日新聞』（二〇一五年三月六日）
「谷垣幹事長同性結婚相当の証明書に懸念」『NHK NEWS WEB』（二〇一五年三月十日）https://www3.nhk.or.jp/news/html/20150310/k10010010131000.html（二〇一九年一月五日取得）
「同性カップル条例　家族のありよう考えたい」『産経新聞』（二〇一五年四月二日）
「同性パートナー条例も争点!?　四新人激突の東京・渋谷区長選」『産経新聞』（二〇一五年四月十九日）
「明治神宮が『同性婚の聖地』になる日」『正論』（二〇一五年五月号）：226-233
「ＨＩＶへの懸念、市民から出る」宝塚の市議、性的少数者支援めぐり発言」『朝日新聞』（二〇一五年六月二十五日）
「同性カップル宣誓で認定へ　世田谷区十一月から」『読売新聞』（二〇一五年七月三十日）
「世田谷、同性カップル「証明書」区議「認める先例に」」『朝日新聞』（二〇一五年七月三十日）
「同性カップル世田谷区も認定　十一月にも証明書」『産経新聞』（二〇一五年七月三十日）
「多様な愛、認める街へ 同性パートナー、渋谷・世田谷区で制度開始」『朝日新聞』（二〇一五年十一月五日）
「同性パートナー認定、千葉市が施策前向き『当事者と意見交換図っていく』」『朝日新聞』（二〇一五年十二月十六日）

「同性カップル結婚認定へ　那覇市七月めどに制度スタート」『沖縄タイムス』（二〇一六年二月二十三日）
「LGBT『家族と認めて』札幌のグループ、市に要望書提出」『朝日新聞』（二〇一六年六月七日）
「SNSとメディア　作られた炎上、『世論』に」『朝日新聞』（二〇一六年七月二十六日）
「札幌が同性カップル認める方針」『NHK NEWS WEB』（二〇一六年十二月二十二日）https://www3.nhk.or.jp/sapporo-news/20161222/5454801.html（二〇一九年十一月十二日取得）
「養育里親――男性カップルを大阪市が全国初認定」『毎日新聞』（二〇一七年四月五日）
「福岡市同性カップル認証へ　来年度導入」『毎日新聞』（二〇一八年二月八日）
「LGBTへの理解、熊本市から広げる　市長会が国に要請」『朝日新聞デジタル』（二〇一八年八月二十日）https://digital.asahi.com/articles/ASL8N3TR9L8NUBQU007.html（二〇二〇年七月二十七日取得）
「神奈川県横須賀市が来年五月に同性パートナーシップ証明制度を導入する方針を発表」『OUT JAPAN』（二〇一八年十一月十四日）https://www.outjapan.co.jp/LGBTcolumn news/news/2018/11/5.html（二〇二〇年七月 二十七日取得）
「横須賀市〝パートナー〟認識見直しへ　制度導入来年四月目指す」『タウンニュース』（二〇一八年十二月七日）https://www.townnews.co.jp/0501/2018/12/07/461016.html（二〇一九年十一月一日取得）
「パートナー制度　大泉町が来月導入」『毎日新聞』（二〇一八年十二月二十七日）
「『世間の価値観変えたい』千葉市パートナーシップ宣誓制度施行　市民や事業者にも理解を」、『千葉日報』（二〇一九年一月三十日）
「LGBTカップル認める　堺市も四月から制度導入」『産経新聞』（二〇一九年一月三十一日）
「パートナーシップ宣誓度を導入（千葉県千葉市）」『自治体クリップ』（二〇一九年二月二十一日）https://clip.zaigenkakuho.com/partnership chiba city/（二〇一九年十月三十一日取得）
「パートナーシップ制度、小田原市が四月導入　県内二例目」『神奈川新聞』（二〇一九年二月二十二日）
「神奈川県小田原市が四月から同性パートナーシップ証明制度を導入、県内二例目」『OUT JAPAN』（二〇一九年二月二十四日）https://www.outjapan.co.jp/LGBTcolumn news/news/2019/2/14.html（二〇一九年十一月一日取得）
「「パートナーシップ制度」導入が一〇〇自治体に　性的少数者の支援に広がり」『東京新聞』（二〇二一年四月一日）

著者紹介

横尾俊成（よこお　としなり）
1981年神奈川県横浜市生まれ。早稲田大学人間科学部卒業。早稲田大学大学院人間科学研究科修了。株式会社博報堂、認定NPO法人グリーンバード代表を経て、港区議会議員。慶應義塾大学大学院政策・メディア研究科後期博士課程修了後、慶應義塾大学SFC研究所上席所員。博士（政策・メディア）。第6回マニフェスト大賞・グッドマニフェスト賞および第10回同大賞・優秀コミュニケーション・ネット選挙戦略賞受賞。著書に『「社会を変える」のはじめかた――僕らがほしい未来を手にする6つの方法』（産学社、2013年）、共著書に『18歳からの選択――社会に出る前に考えておきたい20のこと』（フィルムアート社、2016年）。
HP：http://www.ecotoshi.jp/
Twitter: @ecotoshi

新曜社
〈マイノリティ〉の政策実現戦略
SNSと「同性パートナーシップ制度」

初版第1刷発行　2023年　1月22日

著　者　横尾俊成
発行者　塩浦　暲
発行所　株式会社　新曜社
101-0051　東京都千代田区神田神保町3-9
電話（03）3264-4973（代）・FAX（03）3239-2958
e-mail：info@shin-yo-sha.co.jp
URL：https://www.shin-yo-sha.co.jp/

印　刷　中央精版印刷株式会社
製　本　中央精版印刷株式会社

ISBN978-4-7885-1796-7 C1036